Direito e Criptografia

www.editorasaraiva.com.br/direito
Visite nossa página

Carlos **Liguori**

Direito e Criptografia

Direitos Fundamentais, Segurança da Informação e os limites da regulação jurídica na tecnologia

2022

saraiva jur

saraiva EDUCAÇÃO | saraiva jur

Av. Paulista, 901, 3º andar
Bela Vista – São Paulo – SP – CEP: 01311-100

SAC | sac.sets@saraivaeducacao.com.br

Diretoria executiva Flávia Alves Bravin
Diretoria editorial Ana Paula Santos Matos
Gerência editorial e de projetos Fernando Penteado

Novos projetos Aline Darcy Flôr de Souza
Dalila Costa de Oliveira

Gerência editorial Isabella Sánchez de Souza
Edição Daniel Pavani Naveira
Samantha Rangel Gonçalves
Stephanie Cristina Pereira
Tobias Viana Paiva

Produção editorial Daniele Debora de Souza (coord.)
Cintia Aparecida dos Santos
Daniela Nogueira Secondo

Arte e digital Mônica Landi (coord.)
Camilla Felix Cianelli Chaves
Claudirene de Moura Santos Silva
Deborah Mattos
Guilherme H. M. Salvador
Tiago Dela Rosa

Projetos e serviços editoriais Daniela Maria Chaves Carvalho
Emily Larissa Ferreira da Silva
Kelli Priscila Pinto
Klariene Andrielly Giraldi

Prejeto gráfico Mônica Landi
Diagramação LGB Publicações
Revisão Amélia Ward
Capa Tiago Dela Rosa
Produção gráfica Marli Rampim
Sergio Luiz Pereira Lopes

Impressão e acabamento

DADOS INTERNACIONAIS DE CATALOGAÇÃO NA PUBLICAÇÃO (CIP)
VAGNER RODOLFO DA SILVA – CRB-8/9410

L727d Liguori, Carlos

Direito e Criptografia: direitos fundamentais, segurança da informação e os limites da regulação jurídica na tecnologia / Carlos Liguori. – São Paulo : SaraivaJur, 2022.

328 p.

ISBN 978-65-536-2346-0 (Impresso)

1. Direito. 2. Criptografia. 3. Direito Digital. 4. Criptografia. 5. LGPD. 6. Novas tecnologias. 7. Marco civil da internet. I. Título.

CDD 340.0285
2021-3897 CDU 34:004

Índices para catálogo sistemático:

1. Direito Digital 340.0285
2. Direito Digital 34:004

Data de fechamento da edição: 12-11-2021

Dúvidas? Acesse www.editorasaraiva.com.br/direito

CL 607201 CAE 785410

Para Zoraide Gonçalves de Andrade,

que agora nada ao lado de seu outro cisne.

AGRADECIMENTOS

Tudo no debate sobre direito e criptografia me fascina: os discursos inflamados, as posições apaixonadas, o direito estranhando os limites da tecnologia e a tecnologia estranhando os limites do direito; podendo falar em público que estudo "direito e criptografia" e, com isso, ser perguntado inúmeras vezes sobre "como funciona o *Bitcoin*". O lado feio (mas real) da escrita é que não há glamour nenhum na elaboração do livro. É uma mistura de insônia, vista forçada de leitura, autoquestionamento e mais desperdício de papel do que a gente, que é *eco-friendly*, tem coragem de admitir.

Além disso, mente aquele que se vende como gênio solitário. Qualquer trabalho de fôlego decente envolve inúmeras reuniões com professores e colegas, conversas na mesa de bar, e ligações via Zoom quando nenhuma dessas coisas pode acontecer. Agradeço a todos e todas que contribuíram, cada um do seu jeito, para me tornar o pesquisador que sou hoje.

Este livro é fruto de muita pesquisa em três grandes centros de excelência: a Faculdade de Direito da Universidade de São Paulo, o Centro de Ensino e Pesquisa em Inovação da FGV Direito SP e o *Information Society Project* da *Yale Law School*.

Em primeiro lugar, por óbvio, sou e serei eternamente grato ao **Rafael Mafei Rabelo Queiroz,** por me receber de volta na São Francisco, por topar desbravar este trabalho nada ortodoxo e, principalmente, por me fazer acreditar, sem cinismos e ceticismos, que é possível fazer pesquisa jurídica de qualidade, séria e inovadora. Enfim, por me fazer acreditar que sim, a São Francisco tem jeito.

Um agradecimento mais do que especial aos meus amigos, referências e amigos-referência que leram criticamente este trabalho nas mais diversas fases de sua concepção: **Marcel Leonardi, Marta Saad, Mônica Steffen Guise Rosina, Diego Aranha, Yuri Luz, Davi Tangerino, Victor Nóbrega Luccas, Daniel Amorim Friaça, Ramon Alberto dos Santos, Maria Cecília Dias Gomes** e **Bruno Ricardo Bioni**.

Ao meu grande amigo/consultor/advogado **Victor Doering Xavier da Silveira**, que merece parágrafo próprio por literalmente me ajudar em todos os momentos deste trabalho: da sua concepção, ao contato com o orientador, a redação, o intercâmbio e muito mais coisa que daria um capítulo próprio.

O Centro de Ensino e Pesquisa em Inovação da FGV foi minha segunda casa por muito tempo. Lá nasci e cresci pesquisador. Sou imensamente grato a todos com quem tive o prazer de trabalhar, mas este trabalho simplesmente não existiria se não fosse a incansável *Cripturma* – devidamente promovida a *Criptime* ao fim de 2018 – **João Pedro Favaretto Salvador, Tatiane Guimarães** e **Guilherme Kenzo dos Santos**. Foi um prazer e uma honra coordenar um projeto com esse timaço.

Seria imperdoável se eu esquecesse de mencionar minha fantástica família do ISP. Muito obrigado por me fazerem sentir em casa nos EUA: **Jack Balkin, Nikolas Guggenberger, Maren Wöbbeking, Jisu Kim, Artur Péricles Monteiro, Rafael Nunes, Przemek Palka, Chinmayi Arun, Michael Karanicolas, Ramesh Subramanian, Sari Mazzurco**, e tantos outros.

Sou muito grato a todos que participaram do 2019 *Student Symposium on Cybersecurity Policy* na *Tufts University*, especialmente aos professores **Susan Landau**, **Steven Bellovin** e **David O'Brian**, pelos comentários ao artigo que acabou se tornando o capítulo 5 deste livro.

Aos meus amigos, que foram fundamentais para que eu mantivesse a sanidade mental ao longo destes últimos anos: **Rodrigo Moura Karolczak, João Lyra Pessoa de Queiroz, Felipe de Medeiros Guarnieri, Tomás**

Silveira Fernandes, André de Castro Moricochi, André Coletto Pedroso Goulart, André Luís Menegatti, Laura Emi Miyazaki, e outros já mencionados acima.

Reforço aqui o agradecimento à **Mônica Rosina**, pela orientação e inspiração ao longo de toda minha vida profissional.

Agradeço à **Marina Helena Velloso de Andrade** e **Fernando Augusto Liguori**, minha família, pela paciência, apoio e força em todos os momentos da minha nada ortodoxa carreira.

Por fim, este livro não existiria sem minha coautora de vida, minha companheira **Louise Lacalendola Tundisi**. Obrigado pelo apoio todos os dias.

ABREVIATURAS

AA Act – *Telecommunications and Other Legislation Amendment (Assistance and Access) Act 2018*

ABIN – Agência Brasileira de Inteligência

ADI – Ação Direta de Inconstitucionalidade

ADPF – Arguição de Descumprimento de Preceito Fundamental

AES – *Advanced Encryption Standard*

ANATEL – Agência Nacional de Telecomunicações

ANPD – Autoridade Nacional de Proteção de Dados

BvG – *Bundesverfassungsgericht*

BKAG – *Bundeskriminalamtgesetz*

CALEA – *Communications Assistance for Law Enforcement Act* de 1994

CEPI – Centro de Ensino e Pesquisa em Inovação da FGV Direito SP

CF – Constituição da República Federativa do Brasil de 1988

COCOM – *Coordinating Committee for Multilateral Export Controls*

CP – Código Penal

CPP – Código de Processo Penal

DNS – *Domain Name System*

DES – *Data Encryption Standard*

DUDH – Declaração Universal dos Direitos Humanos

EFF – *Electronic Frontier Foundation*

ECPA – *Electronic Communications Privacy Act* de 1986

FBI – *Federal Bureau of Investigation*

GDPR – *General Data Protection Regulation* (Regulamento Geral sobre a Proteção de Dados)

HTTPS – *Hyper Text Transfer Protocol Secure*

IP – *Internet Protocol*

IPA – *Investigatory Powers Act* de 2016

ITAR – *International Traffic in Arms Regulations*

LGPD – Lei Geral de Proteção de Dados (Lei n. 13.709/2018)

LIT – Lei de Interceptações Telefônicas (Lei n. 9.296/96)

MCI – Marco Civil da Internet (Lei n. 12.965/2014)

MDAO – *Manhattan District Attorney's Office*

NASEM – *National Academies of Science, Engineering and Medicine*

NSA – *National Security Agency*

OCDE – Organização para Cooperação e Desenvolvimento Econômico

PIN – *Personal Identification Number*

PGP – *Pretty Good Privacy*

RIM – *Research in Motion*

RIPA – *Regulation of the Investigatory Powers Act* de 2000

RSA – Algoritmo Rivest-Shamir-Adleman

SISBIN – Sistema Brasileiro de Inteligência

SSL – *Secure Sockets Layer*

STF – Supremo Tribunal Federal

StPO – *Strafprozessordnung*

STJ – Superior Tribunal de Justiça

TLS – *Transport Layer Security*

TSA – *Transportation Security Administration*

VEP – *Vulnerabilities Equities Process*

VoIP – Voz sobre IP

SUMÁRIO

APRESENTAÇÃO

Desde seus primórdios, a criptografia gera desafios jurídicos fascinantes. Antes da idade moderna, a criptografia se limitava à *encriptação* para comunicação segura (convertendo informação legível em algo incompreensível para adversários, assegurando que apenas remetente e destinatário pudessem conhecer o teor da mensagem) e tinha aplicações em cenários de guerra e de espionagem, muito distantes do cotidiano do cidadão comum e, consequentemente, objeto de poucos estudos jurídicos.

Com o avanço tecnológico, o desenvolvimento de criptografia assimétrica (também conhecida como "criptografia de chave pública") e o uso maciço da Internet, a sociedade passou a depender de criptografia para múltiplas tarefas do cotidiano: operações financeiras, transações de comércio eletrônico, comunicação corporativa, gerenciamento de direitos autorais e troca de mensagens privadas entre indivíduos, entre diversas outras. Com dispositivos mais baratos e capacidade computacional mais robusta, a criptografia passou a ser acessível a todos – trazendo com isso múltiplos debates sobre como resolver questões jurídicas derivadas de seu uso.

Ao longo dos anos, a criptografia já foi considerada heroína e vilã em múltiplas ocasiões: classificada como "arma" por governos com o objetivo de limitar ou mesmo proibir seu uso e exportação; declarada "ilegal" ou de "uso restrito" em certos países; vista como "essencial" por *whistleblowers* para denunciar ilegalidades; e considerada como prática obrigatória, por autoridades de defesa do consumidor, para o oferecimento de produtos e serviços online de forma adequada e segura.

Mais recentemente, os debates sobre o tema têm sido centralizados no dilema conhecido como "going dark": a impossibilidade técnica de acesso a informações necessárias para investigações em decorrência do uso de criptografia. Na esmagadora maioria dos casos, sugere-se como solução simplista a "quebra forçada" da criptografia, por meio de leis que imponham a revelação de chaves para acesso a informações relevantes para investigações criminais – as quais nem sempre levam em consideração que a tutela de múltiplos direitos fundamentais e a confiança nas relações e transações online dependem de criptografia forte.

É nesse contexto que tenho a honra de apresentar a obra *"Direito e Criptografia: Direitos Fundamentais, Segurança da Informação e os limites da regulação jurídica na tecnologia"*, de Carlos Augusto Liguori Filho – pesquisador extraordinário, que consegue balancear seriedade e profundidade acadêmica com senso de humor, sempre com escrita fácil e agradável – que traz importantes contribuições para entendermos qual deve ser o papel do direito em relação à criptografia.

Fruto de Tese de Doutorado apresentada à Faculdade de Direito da Universidade de São Paulo, a obra começa apresentando ao leitor respostas concretas para perguntas básicas: *Por que segurança da informação é importante? Criptografia é mesmo necessária? Que aplicações práticas ela tem?* A análise destes pontos é crucial para afastar o simplismo de soluções por vezes sugeridas por burocratas, como as estapafúrdias *"chaves de acesso excepcional – backdoors – para uso restrito de autoridades caso necessário"*.

Na sequência, a obra ingressa no caloroso debate sobre a regulação da criptografia, apontando o quão equivocado é reduzir o assunto à surrada dicotomia "privacidade vs. segurança", quando em verdade múltiplos outros direitos estão em jogo: liberdade de expressão e comunicação, liberdade de associação, livre iniciativa e desenvolvimento tecnológico, bem como aborda a evolução histórica dos debates, por meio da análise das famosas "Crypto Wars" e a postura de governos, do setor privado, da comunidade técnica e de ativistas a respeito do tema ao longo das décadas de 1990, 2000 e 2010.

Feitas essas análises, a obra levanta questões a respeito de como o direito brasileiro deve lidar com a criptografia, tanto da perspectiva *constitucional*, demonstrando como ela serve de ferramenta para implementar o direito à privacidade, o sigilo de comunicações e a liberdade de comunicação e expressão, quanto da perspectiva *infraconstitucional*, abordando os principais temas relacionadas à Internet, comunicações e correlatos: Marco Civil da Internet, interceptação telefônica e telemática, provas digitais e acesso a dados.

O capítulo seguinte apresenta propostas de soluções para os diversos dilemas levantados ao longo da obra, analisando e sugerindo aperfeiçoamentos em abordagens legislativas e formas de investigação, destacando como implementar o "*hacking* governamental" enquanto mecanismo alternativo de investigação, dado seu potencial de solucionar boa parte desses dilemas e evitar o simplismo de soluções de acesso extraordinário/backdoors ou a revelação forçada de senhas ou biometria (inclusive por métodos pouco ortodoxos, envolvendo as malfadadas "mangueiras de borracha"), ameaçando a segurança de sistemas de informação e direitos fundamentais.

Em seu capítulo final, a obra apresenta conclusões importantes sobre: a) a regulação da criptografia, destacando a relevância de eventual regulação estimular criptografia forte e viabilizar, em circunstâncias muito bem definidas e com respeito ao direito à não autoincriminação, a entrega do conteúdo objeto de investigação de forma desencriptada; b) o aprimoramento, a curto prazo, de mecanismos existentes de obtenção de dados, particularmente aqueles existentes em nuvem e metadados; e c) o estabelecimento, a longo prazo, de arcabouço jurídico para o hacking governamental, orientado pela proteção de direitos fundamentais, com a imprescindível capacitação técnica de investigadores, magistrados e policymakers.

Carlos contribui de modo extraordinário para o estudo do tema, enfrentando as principais questões propostas e adotando posicionamentos que auxiliam não apenas o intérprete do direito já existente como stakeholders dedicados a construir soluções futuras para as diversas questões inerentes ao uso de criptografia. Sem qualquer vaidade, Carlos aponta tanto os benefícios quanto os potenciais problemas e efeitos colaterais das soluções que sugere, permitindo ao leitor que compreenda melhor as limitações inerentes às tentativas de regular tecnologias e que não há respostas prontas nem caminhos fáceis.

É, assim, com enorme orgulho que apresento esta notável obra. As contribuições de Carlos para o estudo do tema traduzem tanto sua qualidade acadêmica quanto sua experiência como advogado, o que se reflete em um texto coeso, objetivo, de fácil e agradável leitura – inclusive com citação humorística do brilhante Randal Munroe (*xkcd*) – evitando tanto as armadilhas de uma abordagem puramente teórica quanto um pragmatismo superficial, e que representa um importantíssimo passo para o progresso da doutrina jurídica nacional.

Em tempos de tanta superficialidade e déficit de atenção, é gratificante deparar-se com um texto que merece leitura integral e atenciosa e que semeia ideias tão importantes para construir soluções concretas que alcancem objetivos práticos e, ao mesmo tempo, respeitem direitos fundamentais.

São Paulo, outubro de 2021.

Prof. Dr. Marcel Leonardi

Bacharel, mestre e doutor em Direito pela USP. Pós-doutorado pela Berkeley Law. Certificado pela International Association of Privacy Professionals (IAPP) em Privacidade Europeia (CIPP/E) e em Privacidade dos Estados Unidos (CIPP/US). Foi diretor de Políticas Públicas na Google Brasil (2011 a 2018), tendo colaborado intensamente para a elaboração do Marco Civil da Internet e da Lei Geral de Proteção de Dados. Professor da FGVLaw desde 2005. Autor de "Responsabilidade Civil dos Provedores de Serviços de Internet", "Tutela e Privacidade na Internet" e de "Fundamentos do Direito Digital". Advogado.

INTRODUÇÃO

A discussão sobre a regulação da criptografia, ainda que não totalmente recente, se complexificou nos últimos anos. O pontapé inicial do debate ocorreu em 2013, com as revelações de Edward Snowden.

À época, Snowden divulgou documentos que expuseram um complexo esquema de vigilância global conduzido pelo governo dos Estados Unidos. O ex-prestador de serviços da *Central Intelligence Agency* (CIA) e da *National Security Agency* (NSA) apresentou milhares de documentos oficiais apoiando as alegações. As revelações mostraram programas de vigilância voltados a cidadãos de dentro e de fora dos EUA, incluindo autoridades governamentais de vários países. Para viabilizar esse esquema, a NSA desenvolveu e adquiriu mecanismos sofisticados de exploração de vulnerabilidades de sistemas e de coleta e tratamento de dados. A Agência também acessava e monitorava dados de usuários de grandes provedores de serviços de Internet.

As revelações pegaram a comunidade internacional de surpresa, e questões de segurança, privacidade e proteção de dados passaram a ocupar os holofotes. Por mais que o governo estadunidense tenha sido a figura central do escândalo, muitas das repercussões negativas também recaíram sobre as empresas de tecnologia. Os consumidores começaram a desconfiar da qualidade e da segurança de seus produtos e serviços, o que gerou uma movimentação do mercado em relação ao aprimoramento desses pontos, a fim de reconquistar a confiança do consumidor.

Com isso, diversas empresas de tecnologia passaram a implementar criptografia forte *por padrão* em seus produtos e serviços. Isso quer dizer que a criptografia dos dados é disponibilizada ao usuário sem qualquer necessidade de *opt-in*, instalação de softwares específicos ou alteração nas configurações do sistema. Essa abordagem foi adotada tanto por serviços de troca de mensagens, para comunicação de dados (WhatsApp, iMessage), quanto por sistemas operacionais, para dados armazenados (iOS).

O resultado disso foi o seguinte: se, no passado, a criptografia era um privilégio para aqueles com recursos e conhecimento, agora ela está facilmente disponível a qualquer usuário – dos mais inofensivos até os mais perigosos.

O ponto de virada do debate aconteceu nos Estados Unidos em 2015: em dezembro, em meio à investigação de um ataque terrorista em San Bernardino[1], a polícia estadunidense não conseguiu, em um primeiro momento, acessar os dados armazenados em *smartphones* de suspeitos em razão da criptografia dos seus sistemas operacionais, iPhones com criptografia por padrão. O *Federal Bureau of Investigation* (FBI) então solicitou à Apple que desenvolvesse um sistema operacional que viabilizasse o acesso ao conteúdo criptografado, por meio de um mecanismo de acesso excepcional que seria utilizado apenas para fins investigativos. A Apple resistiu, alegando que o mecanismo fragilizaria a segurança de seus aparelhos e comprometeria a privacidade de seus usuários, e o debate acabou tomando proporções globais.

James Comey, ex-diretor do FBI, afirmou na época que a disseminação desenfreada de criptografia forte seria extremamente prejudicial

---

1 Apple challenges "chilling" demand to decrypt San Bernardino shooter's iPhone. *The Guardian* (17-2-2016). Disponível em: <https://www.theguardian.com/technology/2016/feb/17/apple-challenges-chilling-demand-decrypt-san-bernadino-iphone>. Acesso em: 31 de março de 2021.

para as atividades de investigação, uma vez que impediria o acesso tanto a dados armazenados (no caso da criptografia em sistemas operacionais em dispositivos) quanto a dados em trânsito (no caso de aplicativos de comunicação). De acordo com Comey, a impossibilidade de acesso a esses conteúdos deixa o poder de investigação do Estado "nas trevas", daí a expressão que dá o nome internacionalmente popular do debate: "going dark"[2]. A solução para isso, segundo o ex-diretor, seria a regulamentação, pela via jurídica, do acesso às informações necessárias para a investigação no caso de serviços que utilizam criptografia, e só seria possível com a imposição de medidas de acesso excepcional, pelo poder público, aos dados cifrados – o que é pejorativamente chamado de *backdoor*.

Por outro lado, estudiosos e profissionais do meio, assim como a comunidade técnica, têm apontado os inúmeros riscos inerentes à obrigação jurídica de inserção de mecanismos de acesso excepcional em serviços e dispositivos, o que pode afetar a segurança e privacidade de milhões de usuários que os utilizam regularmente. Qualquer tipo de fragilização nos sistemas, ainda que bem-intencionada, pode ser encontrada e utilizada por criminosos cibernéticos, por agências de inteligência de países, dentre outros atores com interesses escusos.

Ademais, alegam que o constante desenvolvimento tecnológico, para além de permitir a elaboração de técnicas complexas de cifragem, viabilizou também diversas outras formas de investigação, que podem e devem – com responsabilidade – ser utilizadas por autoridades e que não comprometem a segurança dos usuários na mesma intensidade que a restrição da criptografia.

O debate tomou proporções globais, com diversas autoridades se manifestando contra ou a favor de regulações que restringem a utilização de criptografia. No Brasil, o debate surgiu em 2016, após o WhatsApp

---

2 "We call it 'Going Dark', and what it means is this: Those charged with protecting our people aren't always able to access the evidence we need to prosecute crime and prevent terrorism even with lawful authority. We have the legal authority to intercept and access communications and information pursuant to court order, but we often lack the technical ability to do so" (COMEY, 2014).

implementar por padrão a criptografia ponta a ponta em seu serviço, com os sucessivos bloqueios judiciais do serviço em resposta ao descumprimento de ordem judicial pela empresa – solicitava-se o fornecimento do conteúdo de conversas e, pelo sistema ser criptografado ponta a ponta, a empresa sustentou ser tecnicamente impossível cumprir a ordem – com o caso sendo levado ao STF.

De forma geral, o debate "going dark" é apresentado como um dos elementos principais de um debate maior: de um lado, alega-se que a criptografia forte viabiliza a organização e consecução de crimes, deixando autoridades de investigação impotentes. Nesse sentido, uma regulação restritiva da criptografia seria fundamental para viabilizar a **segurança pública** na sociedade da informação. Por outro lado, há aqueles que afirmam que qualquer tipo de inserção de mecanismos de acesso excepcional pode fragilizar a segurança do sistema como um todo, comprometendo todos aqueles que utilizam tal sistema. Dessa maneira, uma regulação restritiva da criptografia seria extremamente prejudicial à segurança e **privacidade de usuários.**

Essa abordagem foi o que levou a chamar esse estado do debate de "privacidade *vs.* segurança" ou, mais recentemente, de "segurança *vs.* segurança": a divergência seria entre o enfoque particular na segurança pública, ameaçada pela criptografia, e o enfoque na segurança e privacidade de usuários diante de terceiros, protegidas pela criptografia.

Argumento que a visão de que o debate pode ser resumido ao conflito entre esses dois direitos fundamentais (o direito à privacidade e o direito à segurança pública) é insuficiente e possivelmente perigosa. Insuficiente, porque não descreve a pluralidade de direitos fundamentais envolvidos na tutela da criptografia; e perigosa, porque leva a um imobilismo prescritivo acerca das soluções jurídicas para a questão.

Ademais, a condução do debate público dessa maneira superficial também pode ser perigosa, uma vez que uma decisão judicial ou diploma legal construído de maneira a tratar apenas da dicotomia "segurança pública *vs.* segurança do usuário" pode trazer consequências negativas a todos esses outros direitos elencados. Em um período de constante desenvolvimento tecnológico, decisões judiciais ou normas jurídicas que não levem em consideração os limites técnicos de determinada tecnologia podem ser ineficazes no caso concreto ou terem consequências desastrosas para além de suas intenções iniciais.

Com todo esse cenário em mente, a principal pergunta que enfrentarei neste livro é a seguinte: *Levando em consideração a importância do exercício pleno dos direitos fundamentais na Internet, e a da criptografia na viabilização deste exercício, qual deve ser o papel do direito diante das questões trazidas pelo debate "going dark"?*

Para respondê-la, buscarei desmembrá-la em três problemas:

(i) Levando em consideração a essencialidade das tecnologias de informação e comunicação na sociedade atual e o papel da criptografia em seu desenvolvimento e segurança, quais direitos fundamentais são viabilizados e quais são prejudicados pela criptografia, em sua elaboração, implementação e utilização?

(ii) Quais são as consequências, no que tange à garantia desses direitos, de estabelecer restrições jurídicas para o desenvolvimento, a implementação e a utilização da criptografia?

(iii) Levando em consideração as perguntas anteriores, como deve ser enfrentada a questão da aparente impossibilidade de acesso a dados criptografados no contexto de investigações criminais e as consequências trazidas por isso?

Busco responder essas questões e contribuir para o debate contemporâneo de duas formas:

A primeira contribuição é o desenvolvimento de um estudo aprofundado da relação entre direito e criptografia e compreender os impactos e os limites de mecanismos jurídicos na regulação desse tipo de tecnologia, derivando a partir daí uma reflexão original sobre os limites de uma abordagem "segurança *vs.* segurança" para a compreensão e a resolução dos conflitos entre direitos fundamentais nos debates sobre criptografia.

Uma segunda questão que assola trabalhos acadêmicos sobre o debate refere-se ao seu caráter majoritariamente avaliativo: ainda que a questão principal centre-se em um problema prático (acesso a dados criptografados em investigações) e consequências práticas (insegurança de sistemas e tudo que vem com isso), a maior parte da produção acadêmica busca diagnosticar o cenário e possíveis consequências, sem oferecer ou aprofundar o debate sobre potenciais caminhos regulatórios. Nesse sentido, buscarei contribuir com a evolução do debate, analisando de maneira esmiuçada as soluções oferecidas às restrições da criptografia e suas implicações jurídicas, apontando possíveis encaminhamentos sobre as questões centrais do debate.

Nesse sentido, esta obra será estruturada da seguinte maneira:

No **Capítulo 1**, buscarei fornecer alguns esclarecimentos de ordem técnica para a compreensão do debate regulatório sobre acesso a dados cifrados. De forma simplificada e sucinta para o leitor, este primeiro capítulo tem quatro objetivos principais: (i) descrever aspectos técnicos e arquitetônicos da Internet e dos dispositivos eletrônicos a ela conectados; (ii) apontar a essencialidade da segurança da informação para o devido funcionamento desse ecossistema; (iii) indicar o papel da criptografia na segurança de dados armazenados e de dados em trânsito, explicando a diferença entre os dois; e, por fim, (iv) elucidar algumas características técnicas da criptografia que frequentemente são mencionadas em debates sobre sua regulação, em especial com relação aos limites técnicos pertinentes a ela.

Já adentrando no debate sobre regulação da criptografia, no **Capítulo 2**, apresentarei de forma aprofundada a relação entre criptografia e direito e o debate teórico que orienta o desenvolvimento deste livro. Busco, neste capítulo, identificar insuficiências no atual enquadramento do debate, geralmente reduzido a uma oposição de valores, principalmente na errônea presunção de que haveria um embate entre formas de segurança e que soluções necessariamente envolveriam sacrifícios de determinados direitos como um todo em prol da consecução de outros. Aprofundarei, portanto, a análise do debate "privacidade *vs.* segurança", apontando os atores e argumentos de ambos os lados, além de situar o debate "going dark" nesse contexto.

Além disso, apontarei o papel fundamental da criptografia na viabilização do exercício de diversos direitos no ambiente virtual, buscando superar a errônea noção de que o que está em questão é apenas o direito à privacidade e proteção de dados (incluem-se aqui: liberdade de expressão e comunicação, liberdade de associação, desenvolvimento tecnológico e segurança pública). É todo esse arcabouço de direitos que devem ser levados em conta na condução do debate.

No **Capítulo 3**, elaborarei uma análise da evolução do debate sobre acesso governamental a dados criptografados na prática, nas chamadas *Crypto Wars*, traçando suas origens na década de 1990, sua aparente "resolução" nos anos 2000 e a retomada das discussões, de forma mais intensificada com reações legislativas de fato a partir dos anos 2010. O objetivo aqui é descrever reações regulatórias ao uso da criptografia em dois momentos distintos, com um espaçamento de 20 anos, e identificar semelhanças e diferenças na sua abordagem na prática.

Em seguida, no **Capítulo 4**, buscarei desenvolver, de um lado, um panorama de questões sobre criptografia e segurança da informação presentes no ordenamento jurídico brasileiro e, de outro lado, descrever como o debate sobre acesso governamental a dados criptografados vem sendo conduzido no país. Por se tratar de caso fundamental para o desenvolvimento da obra, o cenário brasileiro contará com capítulo próprio.

Em relação ao ordenamento jurídico nacional, apontarei questões constitucionais sobre utilização e regulação da criptografia, em especial, as particularidades de seu papel no direito à privacidade, no sigilo de comunicações e na liberdade de comunicação e expressão. No aspecto infraconstitucional, tratarei da segurança da informação como abordado no Marco Civil da Internet, seu decreto regulamentador e na recente Lei Geral de Proteção de Dados Pessoais. Por fim, e com ainda maior destaque, tratarei de questões envolvendo criptografia e investigações criminais na Lei de Interceptações Telefônicas e, de maneira geral, sobre prova digital e acesso a dados armazenados em dispositivos eletrônicos.

No que se refere ao debate sobre regulação da criptografia no Brasil, apontarei os efeitos das revelações Snowden no país, que culminou na aprovação do Marco Civil da Internet, viabilizando, em um primeiro momento, os bloqueios do WhatsApp, após a empresa não fornecer o conteúdo de mensagens para autoridades de investigação; e como isso culminou em uma audiência pública sobre os limites técnicos da criptografia no Supremo Tribunal Federal.

No **Capítulo 5**, apresentarei as possíveis soluções jurídicas para o problema levantado ao longo desta obra e questões jurídicas que devem ser levadas em consideração na regulamentação de cada uma dessas alternativas, caso implementadas.

A primeira parte do capítulo será dedicada a apresentar diversas abordagens legislativas relacionadas a imposições jurídicas ao desenvolvimento, implementação, disponibilização e utilização de sistemas criptográficos, que foram adotadas ao redor do mundo.

A segunda parte é dedicada a formas de investigação que são frequentemente apresentadas como alternativas à imposição de mecanismos de acesso excepcional em sistemas criptográficos, sendo eles análise de metadados e dados não cifrados armazenados em nuvem e dados de dispositivos da Internet das Coisas (IoT). Por fim, a terceira parte tratará em maiores detalhes de um mecanismo alternativo de investigação que, em minha opinião, orientará todo o futuro do debate "going dark": o "hacking governamental". Argumento que esse mecanismo deve ser perseguido de forma a adequar as autoridades de investigação ao século XXI. No entanto, apontarei os diversos e complexos pontos que devem ser levados em consideração em sua regulamentação.

Por fim, no **Capítulo 6**, pretendo, por meio de um apanhado do que foi estudado e analisado ao longo dos demais capítulos, contribuir com a progressão do debate de duas maneiras: (i) A primeira contribuição, de maneira mais aplicada, consiste em propor algumas orientações sobre o papel do direito na regulação da criptografia, indicando o que deve ser promovido e o que deve ser limitado. Além disso, proporei alternativas jurídicas para enfrentamento do problema a curto e longo prazos, com base no que foi estudado no Capítulo 5; (ii) A segunda contribuição, sob um viés mais geral, busca identificar no próprio debate "going dark" algumas lições sobre o papel do direito na regulação de novas tecnologias.

CAPÍTULO 1

CRIPTOGRAFIA E SEGURANÇA NA SOCIEDADE DA INFORMAÇÃO

A introdução deste livro não parece, em um primeiro momento, muito convidativa ao jurista tradicional. Expressões como *backdoor*, "criptografia ponta a ponta", "vulnerabilidades de sistemas" são bastante distantes do vocabulário jurídico, e isso costuma ser uma barreira presente na maioria dos temas que envolvem direito e tecnologia. Dessa forma, vem a falsa impressão de que o jurista precisa basicamente de uma segunda graduação para compreender e solucionar esses problemas interdisciplinares. Por mais que eu acredite que esta é uma impressão exagerada, não há como ignorar certos aspectos técnicos quando se debate o papel do direito na regulação da tecnologia. Deve-se compreender o que a tecnologia faz, para que ela é utilizada e – talvez o aspecto mais importante – quais são os limites técnicos do que pode ser feito com ela. Entendendo esses três pontos, pode-se pensar a regulação dessa tecnologia de forma mais qualificada.

Neste primeiro capítulo, discorrerei brevemente sobre aspectos técnicos da criptografia, limitando-me apenas aos pontos mais fundamentais da tecnologia, na medida em que eles forem relevantes para a discussão central deste livro: acesso a dados cifrados no contexto de investigações criminais.

O capítulo está dividido em duas partes: a primeira será dedicada a explicar a importância da segurança da informação – especificamente da *cibersegurança* – para a sociedade da informação, em especial, para a comunicação via Internet e para a segurança de dados armazenados em dispositivos eletrônicos. Na segunda parte, descreverei elementos fundamentais da criptografia: o que ela é, quais suas utilizações principais e quais são as formas de decifrar o conteúdo e suas consequências.

Este capítulo tem uma função dupla no contexto deste livro como um todo:

Em primeiro lugar, ele servirá como base para abordar determinadas "soluções simples" de ordem técnica que são trazidas à tona no debate sobre regulação de criptografia[1], como a possibilidade de desenvolver mecanismos de acesso excepcional seguros. Afinal, se "colocamos o homem na lua, porque isso ainda não foi resolvido?"[2].

Em segundo lugar, em relação ao direito, é importante abordar esses pontos para compreender, de um lado, os limites da eficácia da norma jurídica diante do que é ou não tecnicamente possível de ser implementado; e, de outro lado, os impactos que imposições jurídicas à criptografia podem gerar na segurança e na estabilidade de todo o ecossistema tecnológico a curto e longo prazos.

Para rápida consulta ao longo da leitura desta obra, desenvolvi um glossário simplificado de termos técnicos que pode ser consultado ao final deste livro (Anexo).

1.1. Por que a cibersegurança importa?

A importância da cibersegurança, aqui entendida como o conjunto de técnicas que buscam garantir confidencialidade, integridade, disponibili-

---

1 E que será aprofundado nos Capítulos 3 e 4.

2 FBI Boss Chris Wray: We Put A Man On The Moon So Why Not Encryption Backdoors? *TechDirt* (25-7-2018). Disponível em: <https://www.techdirt.com/articles/20180721/12074340282/fbi-boss-chris-wray-we-put-man-moon-so-why-not-encryption-backdoors.shtml>. Acesso em: 31 de março de 2021.

dade e resiliência dos sistemas de informação (SINGER, FRIEDMAN, 2014, p. 34)[3], cresce na medida em que dependemos cada vez mais do ambiente digital para realizar atividades pessoais e profissionais, seja na comunicação e acesso a conteúdos via Internet; seja na obtenção, na criação e no armazenamento de arquivos digitais em nossos dispositivos eletrônicos.

A seguir, apresento em duas partes a importância da cibersegurança para o ambiente digital. Em um primeiro momento, descrevo de forma simplificada os elementos principais da comunicação via Internet, apontando para sua inerente insegurança – elementos cuja compreensão será importante para os próximos capítulos deste livro. Em seguida, exploro rapidamente a sua importância da segurança para os dispositivos eletrônicos e os dados neles armazenados.

1.1.1. Breves apontamentos sobre a estrutura, o funcionamento e a insegurança da Internet

De forma geral, a Internet é uma "rede de redes" transnacional e descentralizada, composta de cabos e dispositivos computacionais que podem comunicar entre si por meio de protocolos de comunicação. Com relação a sua **infraestrutura**, Benkler (2006, p. 392) explica a sua composição a partir de três camadas distintas: de conteúdo, lógica e física. A camada de conteúdo é composta por todo tipo de informação humanamente inteligível compartilhada na Internet, incluindo textos, imagens, vídeos, áudios etc. A camada lógica é aquela responsável pela tradução do conteúdo legível por humanos para o conteúdo legível por máquinas e pela comunicação desse conteúdo por meio das redes; algoritmos, códigos e protocolos que compõem essa camada. Por fim, a camada física é composta por servidores, computadores, modems, cabos e outros dispositivos que permitem a comunicação.

---

3 **Disponibilidade** – garantir que o sistema funcione como esperado quando requisitado; **Integridade** – garantir que as informações não sejam acessadas/alteradas sem autorização; **Confidencialidade/Sigilo** – manter informações privadas, impedindo acesso não autorizado de terceiros; e **Resiliência** – capacidade de antecipar e resistir ataques. Ainda que ela tenha outras funções, o foco do presente trabalho envolve o papel da criptografia na garantia da confidencialidade/sigilo de informações (SINGER, FRIEDMAN, 2014, p. 35-36).

Com relação aos **atores** que compõem a cadeia de comunicação por meio da Internet, podemos destacar três de especial relevância[4]. Em primeiro lugar, há o próprio *usuário* que, dotado de um dispositivo com acesso à Internet e um navegador, conecta-se à rede. Em segundo lugar, há o agente responsável por fornecer ao usuário os mecanismos necessários para que ele se conecte à Internet, o chamado *provedor de conexão* – Net, Vivo, Claro são exemplos desses atores (SOUZA et al., 2018, p. 56). Uma vez conectado, o usuário acessa determinado serviço pela Internet. Esse serviço pode consistir em uma rede social, fórum de discussão, aplicativo de caronas, dentre outros. O agente responsável pela provisão desse tipo de serviço na Internet é chamado de *provedor de aplicação* (Twitter, Facebook, Uber, Whatsapp são exemplos disso).

Ao tratar de formas de regulação da Internet, Lessig (2006) aponta que é a sua própria estrutura técnica ("arquitetura") que viabiliza e restringe comportamentos online. Nesse sentido, a possibilidade de monitoramento e a filtragem do conteúdo dependem diretamente de controle ou interferência dos agentes responsáveis pela viabilização da comunicação online (provedores de conexão e aplicação) e das limitações impostas por mecanismos de segurança das redes, como aos sistemas criptográficos.

A fim de compreender de que forma os provedores podem ser utilizados para filtragem de conteúdo e monitoramento, é necessário observar um pouco mais de perto como a arquitetura da Internet funciona.

Pode-se dizer, de forma simplificada, que a Internet busca cumprir duas funções principais: a primeira é estabelecer uma conexão entre dois dispositivos computacionais para viabilizar a comunicação entre eles; e a segunda é realizar a troca de informações entre esses dispositivos. Exponho a seguir as principais:

Cada terminal de conexão à Internet (do servidor de uma universidade ao *modem* da sua casa) possui um número de identificação específico chamado de "endereço de protocolo de Internet" ou, simplesmente, **endereço IP.** Esse número possui dois objetivos: identificar o ponto da

4 De forma a deixar o texto deste livro mais harmônico, adoto aqui a divisão proposta pelo Marco Civil da Internet (Lei n. 12.965/2014).

rede que acessa a Internet e precisar sua localização física. Na forma numérica, um exemplo de endereço IP é 186.208.189.58.

Para acessar determinado site na Internet, é necessário que seu dispositivo identifique o endereço IP dos dispositivos computacionais (no caso, os servidores) que contém o conteúdo almejado.

Vamos supor que determinado usuário queira acessar o website oficial da Sociedade Terraplanista do Brasil. Uma vez conectado à Internet e dotado de um software que viabiliza a comunicação (navegador/*browser*), é necessário identificar o IP do servidor dos Terraplanistas. Como é impraticável decorar a sequência numérica do endereço, no caso, o número "177.12.161.35", estabeleceu-se um sistema de simplificação desse endereçamento, o chamado *Domain Name System* (**DNS**) (SINGER, FRIEDMAN, 2014, p. 21). Esse sistema possibilitou a tradução dos endereços IP para nomes de domínio possíveis de serem memorizados, como "http://sociedadeterraplana.com.br/". Uma vez digitado isso no navegador, o dispositivo comunica-se com servidores de DNS[5] que realizarão a tradução do nome para o respectivo IP e, enfim, a conexão entre os dispositivos será realizada. Vale dizer que o responsável pela efetuação de toda essa comunicação é o provedor de conexão.

Uma vez que a conexão é realizada, resta saber como funciona a troca de informações entre os dispositivos. Voltando ao exemplo dos Terraplanistas, vamos supor que o usuário quer assistir a vídeos contidos no portal; dois protocolos são importantes para isso: o primeiro é o *HyperText Transfer Protocol* (HTTP), que estabelece a forma pela qual requisita-se e entrega conteúdo em determinado website (SINGER, FRIEDMAN, 2014, p. 23). Nesse sentido, é o **HTTP** que viabiliza interações no site, por exemplo, requisitar acesso a um vídeo.

---

5 No contexto da governança da Internet, o funcionamento e a gestão dos servidores de DNS são um dos tópicos mais importantes. A explicação aqui ilustrada é uma versão bastante simplificada de um sistema que envolve órgãos nacionais e transnacionais de gestão de nomes e números, e servidores nacionais e locais para realização dessa "tradução", dentre outros detalhes importantes. Para melhor compreensão, cf. KURBALIJA, Jovan. Uma introdução à governança da Internet. *Cadernos CGI.br*, n. 3, 2016.

O segundo protocolo importante atua na camada lógica da Internet, é o chamado **TCP/IP**. Seus objetivos principais consistem em fragmentar as informações a serem compartilhadas em pacotes de dados, encaminhar esses pacotes ao IP destinatário e, uma vez entregues, reconfigurar os pacotes na informação inicial (LEONARDI, 2014, p. 80). Dados como textos, vídeos, imagens, dentre outros, trafegam dessa maneira.

Todo esse conjunto de sistemas e protocolos, por si só, são bastante inseguros e as informações que podem ser retiradas desse ecossistema dizem muito sobre os usuários da rede: o endereço IP determinaria com razoável precisão a localização do usuário; o controle do tráfego de dados com os servidores DNS denunciaria o seu histórico de navegação; e um possível monitoramento do usuário no âmbito do HTTP pode identificar de forma precisa a sua atividade no website, por exemplo.

Além disso, o fato de a Internet ser descentralizada dificulta seu controle e segurança. No desenvolvimento do elemento fundamental da Internet, o protocolo TCP/IP, o foco de seus criadores foi desenvolver uma rede que funcionasse sem problemas quando requisitada (que fosse sempre *disponível*) e robusta, capaz de comunicar pacotes de dados entre dispositivos de forma rápida e eficiente (LANDAU, 2011, p. 38). A preocupação com segurança passou a ser prioridade quando a rede deixou de ser algo exclusivamente acadêmico e militar e passou a ser comercialmente disponível. Uma das principais tecnologias para garantir a confidencialidade dos dados enquanto eles trafegam na Internet é justamente a criptografia.

1.1.2. Insegurança dos dispositivos eletrônicos e dos dados neles armazenados

Mecanismos de cibersegurança são essenciais também para garantir a confidencialidade dos dados armazenados em computadores e outros dispositivos eletrônicos. Eles garantem que terceiros não autorizados não sejam capazes de acessar esses dados, mesmo que eles tenham acesso ao dispositivo (seja acesso físico, como o furto de um celular, ou acesso remoto, como por meio da instalação de um *spyware* no computador da vítima). Aqui, novamente, a criptografia se destaca como ferramenta fundamental para garantir a segurança nesse meio.

1.2. O papel, a importância e os limites da criptografia

Neste item, explorarei de forma breve os elementos fundamentais da criptografia, apontando os conceitos principais, as aplicações mais importantes e as formas de decriptação, atentando para sua viabilidade e suas limitações.

1.2.1. O que é criptografia?

A criptografia, como área de pesquisa e conhecimento, dedica-se:

> ao estudo, projeto e implementação de técnicas para comunicação segura entre múltiplas partes na presença de atacantes ou adversários. Estes últimos, cujo principal objetivo consiste em impedir que as partes se comuniquem de maneira segura, representam entidades no mundo real como fraudadores, empresas intrusivas e até governos autoritários, capazes de empregar uma variedade de recursos e abordagens para alcançar sua finalidade (ARANHA, 2018, p. 27).

Como técnica, a criptografia consiste na aplicação de algoritmos criptográficos (**cifras**) que transformam uma mensagem compreensível (***plaintext***) em uma mensagem cifrada (***ciphertext***) utilizando uma informação secreta (**chave criptográfica**). Somente aqueles que possuem essa informação secreta, que orienta a tradução do texto para a forma legível, conseguem compreendê-la (GILL et al., 2018, p. 1; DIFFIE, LANDAU, 2007, p. 13). Esse sistema orienta sua função principal: garantir a confidencialidade do conteúdo de determinada informação contra terceiros que possam tentar acessá-la[6].

A segurança e a confidencialidade de informações são indispensáveis tanto para armazenamento de dados em dispositivos (evitando, por exemplo, que terceiros acessem os conteúdos de um celular quando ele é roubado), quanto na Internet, tendo em vista a supramencionada in-

6 A criptografia também tem outras utilidades muito relevantes, como autenticar a identidade do emissor da mensagem original, evitando que terceiros se passem por ele; e garantir a integridade de um arquivo, mensagem ou documento eletrônico, impedindo que ele seja modificado por terceiros (GILL et al., 2018, p. 1).

segurança no que tange ao compartilhamento de dados. A seguir, explorarei alguns conceitos importantes para a compreensão da criptografia como técnica.

1.2.1.1. Criptografia simétrica e assimétrica

"Criptografia simétrica" (ou "criptografia de chave privada") refere-se a um tipo de sistema criptográfico que utiliza a mesma chave criptográfica para cifrar e decifrar. Exemplo extremamente simples para explicar esse conceito: temos o *plaintext* "livro"; estabelecemos que a chave criptográfica consiste em substituir cada letra por sua subsequente no alfabeto (L+1); aplicando a regra no *plaintext*, temos o *cyphertext* "mjwsp"; sabendo qual é a chave criptográfica, é possível chegar ao *plaintext* realizando a operação inversa (L-1). Sistemas criptográficos modernos, obviamente, utilizam operações muito mais complexas e estabelecem chaves muito maiores, sendo praticamente impossível chegar nessas chaves por meio de tentativa e erro – mesmo com computadores de ponta realizando tentativas de forma automatizada (SINGER, FRIEDMAN, 2014, p. 47; GILL et al., 2018, p. 6).

Visualmente, de forma simplificada, podemos ilustrar o sistema de criptografia simétrica da seguinte maneira:

Figura 1 – Criptografia de Chave Privada (criptografia simétrica)

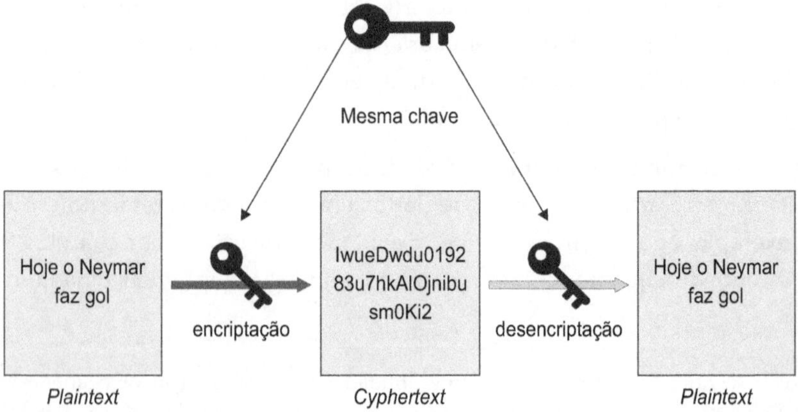

Fonte: Elaboração própria.

Essa modalidade de sistema criptográfico é útil quando aplicada a dados armazenados, em que somente o usuário do dispositivo tem conhecimento da chave. Para a comunicação segura, no entanto, ela tem diversas limitações.

Pode-se, claro, combinar de antemão entre as partes qual será a chave utilizada: Carlos e Rafael se encontram em uma livraria e combinam que, em suas conversas via cartão postal, a chave criptográfica será a substituição de cada letra por sua sucessora do alfabeto. Terceiros que interceptarem os cartões não conseguirão compreender o conteúdo da mensagem.

A situação fica muito mais complexa quando: (i) as partes não podem se encontrar pessoalmente para estabelecer as chaves; e (ii) o meio onde ocorre a troca da informação (no caso, a Internet) é inerentemente inseguro. Para resolver essas questões, foi desenvolvida a chamada "criptografia assimétrica" (ou "criptografia de chave pública").

Sobre essa modalidade de sistema criptográfico, Lex Gill, Tamir Israel e Christopher Parsons (2018, p. 7) explicam:

> A criptografia assimétrica, muitas vezes chamada de criptografia de chave pública, resolve este problema usando um par de chaves geradas criptograficamente que têm uma relação matemática especial uma com a outra. Nestes sistemas, uma das chaves é mantida em segredo (a chave privada) e a outra (a chave pública) é disponibilizada livremente: ela pode ser compartilhada abertamente por meio de uma rede não segura. Neste modelo, mesmo que Ariel e Biella nunca se tenham encontrado, Ariel pode divulgar sua chave pública online (por exemplo, em seu website, em sua conta no Twitter, ou em servidores dedicados à troca de chaves públicas). Biella pode então usar a chave pública de Ariel para criptografar mensagens que somente Ariel pode decodificar usando sua chave privada única e secreta associada à chave pública que ela compartilhou. A criptografia de chave pública é essencial para proteger o tráfego na web e as comunicações on-line, além de ser a base de tecnologias de criptografia como TLS/SSL e PGP[7].

---

7 Tradução própria. No original, em inglês: "Asymmetric encryption, often referred to as public key encryption, addresses this problem by using a cryptographically

Visualmente, podemos ilustrar esse modelo da seguinte maneira:

Figura 2 – Criptografia de Chave Pública (criptografia assimétrica)

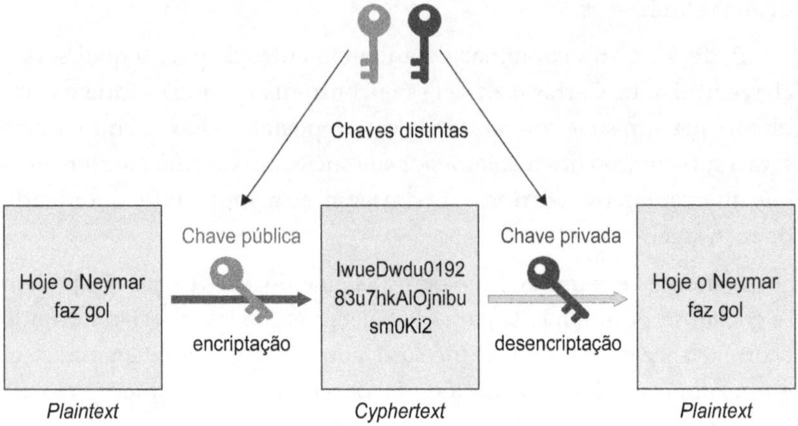

Fonte: Elaboração própria.

A criptografia assimétrica é essencial para a segurança de dados na Internet, sendo utilizada tanto para o estabelecimento de comunicações seguras entre clientes e servidores (HTTPS, que utiliza protocolo SSL/TLS) quanto para comunicação segura entre usuários, com a chamada criptografia ponta a ponta (WhatsApp, Signal, PGP), que envolve também a utilização de chaves privadas em seu sistema[8].

---

generated pair of keys which have a special mathematical relationship to each other. In such systems, one of the keys is kept secret (the private key) and the other (the public key) is made freely available: it can be shared openly over an unsecured network. In this model, even if Ariel and Biella have never met, Ariel can post her public key online (e.g., on her website, to her Twitter account, or to servers dedicated to facilitating public key exchanges). Biella can then use Ariel's public key to encrypt messages that only Ariel can decrypt using the unique, secret private key associated with the public one she shared. Public key cryptography is essential to securing web traffic and communications online and is the foundation of encryption technologies like TLS/SSL and PGP".

8 Cf. 1.2.2.2 *infra*.

1.2.1.2. Outros elementos importantes: *forward secrecy* e retrocompatibilidade

Outros dois pontos relevantes, ambos relacionados à aplicação de criptografia em dados em trânsito, são o *forward secrecy* e a retrocompatibilidade. Como será visto ao longo desta obra, ambos os mecanismos impactam diretamente as atividades de investigação e as intentadas regulatórias à criptografia.

Em sistemas de criptografia ponta a ponta, o ***forward secrecy*** ("sigilo encaminhado") consiste na alteração da chave simétrica para cada comunicação (ou sessão). Nesse sentido, caso um atacante descubra a chave para decifrar uma mensagem, ele não será capaz de utilizá-la para decifrar nenhuma das mensagens pretéritas ou futuras entre as mesmas partes, uma vez que cada uma delas necessitará de uma chave distinta (ABELSON et al., 2015, p. 2). Aplicativos de mensagem privada populares, como o WhatsApp, já adotam esse mecanismo em seus sistemas.

Tratando-se da infraestrutura de comunicações, a ideia de **retrocompatibilidade** de sistemas é igualmente relevante, dessa vez para compreensão do impacto a longo prazo que determinadas escolhas e imposições restritivas de hoje podem acarretar. Trata-se do desafio de garantir padrões de segurança robustos à tecnologia moderna e, ao mesmo tempo, viabilizar que essa tecnologia possa se comunicar com tecnologias passadas e ultrapassadas. Sobre isso, Susan Landau (2017, p. 94-95) afirma:

> Os sistemas de comunicação, sejam telefones ou navegadores web, são projetados para serem compatíveis com as versões anteriores. É por isso que os *smartphones* de hoje podem se conectar com o telefone de disco da casa de seus avós, e porque os navegadores de hoje podem se conectar com sistemas configurados há duas décadas. Mas uma consequência é que as más escolhas de hoje podem ter impacto por anos. (...) Os browsers modernos ainda têm código que permite o uso de criptografia de quarenta bits no caso de estarem conectados a um servidor que diz "quarenta bits ou nada". Em 2015, pesquisadores demonstraram que as escolhas relativas a criptografia de quarenta bits nos navegadores criou um risco de segurança. Toda vez que uma conexão segura – uma conexão "https" – é estabelecida entre um navegador e um servidor (digamos, para proteger informações de cartão de crédito ou dados de saúde, ou simples-

> mente para manter o intercâmbio privado), há uma negociação. O navegador e o servidor concordam em um algoritmo criptográfico e uma chave para cifrar a sessão de comunicação. Os pesquisadores encontraram uma maneira de restabelecer o conjunto inicial de comunicações entre o navegador e o servidor para fazer parecer que o servidor estava solicitando o uso de criptografia de quarenta bits para a conexão. O resultado: a conexão entre o servidor e o usuário dependeria de uma criptografia totalmente inadequada. Se fosse necessário um sistema de acesso excepcional e depois se descobrisse que criava sérios riscos de segurança, veríamos o mesmo problema: ele ainda apareceria nos sistemas para que as versões antigas que usavam o sistema de acesso excepcional pudessem funcionar[9].

Uma regulação restritiva imposta à criptografia nos dias de hoje – como a imposição de mecanismo de acesso excepcional para acesso das autoridades de investigação, o famoso *backdoor*, como veremos a seguir – impactará a segurança de sistemas futuros, uma vez que o sistema moderno precisa ser capaz de se comunicar com o mais antigo (e, consequentemente, mais vulnerável)[10].

---

9 Tradução própria. No original, em inglês: "Communication systems, whether phones or web browsers, are designed to be 'backwards compatible'. That's why today's smartphone can connect with the rotary phone at your grandparents' house, and why today's browsers can connect with systems set up two decades ago. But a consequence is that today's poor choices can have impact for years. (...) Modern browsers still have code permitting use of that forty-bit encryption in case they're connecting to a server that says 'forty-bit or nothing'. In 2015 researchers demonstrated that the forty-bit cryptographic option in browsers creates a security risk. Every time a secure connection – an 'https' connection – is set up between a browser and a server (say, to protect credit card information or health data, or simply to keep the interchange private), there's a negotiation. The browser and server agree on a cryptographic algorithm and key for encrypting the communication session. The researchers found a way to reset the initial set of communications between the browser and server to make it appear that the server was requesting the connection use forty-bit cryptography. The result: the connection between the server and the user would rely on utterly inadequate encryption. If an exceptional-access system were to be required and then found to create serious security risks, we'd see the same problem: it would still appear in systems so that the old versions that used the exceptional-access system could work".

10 A questão da retrocompatibilidade foi central em 2015, com a descoberta de uma vulnerabilidade na implementação do protocolo SSL/TLS, utilizado em todas as conexões HTTPS. A vulnerabilidade "FREAK" foi o resultado de uma imposição

1.2.2. Aplicações práticas da criptografia

Na prática, costuma-se aplicar mecanismos de criptografia em diversos componentes dos dispositivos eletrônicos, como no hardware, no firmware (que conecta o hardware ao sistema operacional da máquina) e no software. Sem entrar nos detalhes técnicos, descreverei aqui duas aplicações de criptografia para segurança de dados de forma geral: para dados armazenados na memória dos dispositivos e para dados em trânsito, que transitam de um dispositivo a outro por meio da Internet.

1.2.2.1. Criptografia de dados armazenados

Trata-se da aplicação de criptografia aos dados que estão armazenados – "estáticos" – na memória de determinado dispositivo computacional. A cifragem pode ser realizada em arquivos específicos, em partições do disco ou no disco inteiro (a chamada *full disk encryption*). Para essa modalidade, utiliza-se criptografia de chave simétrica (GILL et al., 2018, p. 4; NASEM, 2018, p. 20-22; AMNESTY INTERNATIONAL, 2016, p. 6).

Nos sistemas mais modernos, como *smartphones* com iOS, por exemplo, sempre que o dispositivo estiver bloqueado os dados armazenados estarão cifrados (iOS utiliza *full disk encryption*). A chave para decifrar o conteúdo é acessada uma vez que o usuário fornece uma senha ou PIN específico (a senha ou PIN não são a chave criptográfica, mas sim uma forma *user-friendly* de autenticar e validar o acesso a ela).

Empresas como a Apple incluem esse tipo de criptografia de dados por padrão em seus sistemas operacionais – ou seja, a função já está ativada de fábrica, sem que seja necessária nenhuma configuração extra pelo usuário. A criptografia do iOS foi o principal objeto de controvérsia no caso Apple *vs.* FBI, que explorarei mais adiante[11].

---

restritiva ao desenvolvimento e exportação de mecanismos de criptografia nos anos 1990, que afetou sistemas presentes por causa da retrocompatibilidade entre as tecnologias. Cf. BREWSTER, Thomas. What The FREAK? Why Android And iPhone Users Need To Pay Attention To The Latest Hot Vulnerability. *Forbes* (3-3-2015). Disponível em: <https://www.forbes.com/sites/thomasbrewster/2015/03/03/freak-flaw-hits-android-and-iphone-users/#6dd437fd755c>. Acesso em: 31 de março de 2021.

11 Cf. 3.3 *infra*.

1.2.2.2. Criptografia de dados em trânsito e criptografia ponta a ponta

A criptografia de dados em trânsito refere-se (GILL et al., 2018, p. 5):

> ao processo de utilização da criptografia para proteger as informações transportadas de um computador para outro. Isso impede que dados como o tráfego da web, uma mensagem de texto, conteúdo inserido em um formulário da web ou um e-mail – sejam interceptados ou modificados por terceiros não autorizados enquanto viajam para seu destino por meio da rede. A criptografia em trânsito protege a confidencialidade e a integridade do conteúdo enquanto facilita a autenticação[12].

Exemplos relevantes dessa modalidade são a criptografia da camada de transporte e a criptografia ponta a ponta.

Voltando ao sistema de comunicação via Internet, há a **criptografia da camada de transporte**. Essa modalidade atua no protocolo HTTP, que estabelece a comunicação de dados entre o usuário e a aplicação. O objetivo desse tipo de criptografia é impedir que terceiros tenham acesso à atividade do usuário em determinado site. Nomes de usuários, senhas, número de cartão de crédito, dentre outras informações, ficam acessíveis somente ao seu dispositivo e ao servidor acessado. O sistema mais comum dessa modalidade de criptografia é o *HyperText Transfer Protocol Secure* (HTTPS), que utiliza o protocolo SSL ou TLS para criptografia (AMNESTY INTERNATIONAL, 2016, p. 6-7).

Além disso, há a **criptografia ponta a ponta** (ou "ponto a ponto" ou "fim a fim"), sistema utilizado para garantir a segurança das informações em aplicações de comunicação (como aplicativos de mensagem instantânea). A ideia desse mecanismo é, de forma simplificada, cifrar o conteúdo da mensagem no dispositivo do emissor a partir da chave pública

---

12 Tradução própria. No original, em inglês: "the process of using encryption to secure information as it travels from one computer to another. This prevents data – such as web traffic, a text message, content entered into a webform, or an e-mail – from being intercepted or modified by an unauthorized third party as it travels to its destination over the network. Encryption in transit protects the confidentiality and integrity of the content while facilitating authentication".

do receptor e ela só poder ser decifrada no dispositivo do receptor a partir de sua chave privada. Nessa lógica, mesmo se houver um servidor central que encaminhe a mensagem a um usuário do sistema, ele não conseguirá acessar o conteúdo da mensagem, uma vez que não possui a chave para tanto.

Visualmente, podemos ilustrar as duas últimas aplicações da criptografia com o exemplo abaixo, que representa o sistema de uma aplicação de comunicação entre dois usuários, intermediado por um servidor central:

Figura 3 – Tipos de criptografia de dados em trânsito

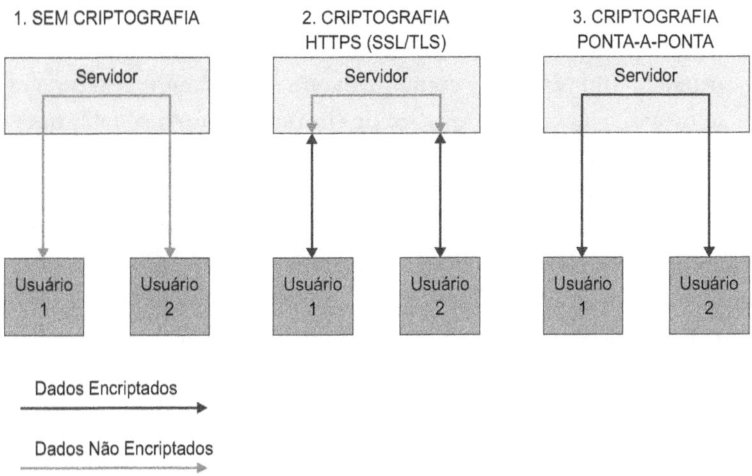

Fonte: Adaptado de AMNESTY INTERNATIONAL (2016).

A criptografia ponta a ponta foi central para a ascensão do debate sobre acesso governamental a dados criptografados no Brasil, como explorarei no Capítulo 4.

1.2.3. Formas de acesso a conteúdos cifrados e os limites dos sistemas criptográficos

A *criptanálise* é o estudo de sistemas criptográficos com o objetivo de acessar os conteúdos cifrados na forma legível, mesmo se a chave criptográfica for desconhecida. Se, por um lado, é utilizada por atacantes mal-intencionados, por outro, trata-se de uma atividade essencial para assegurar a integridade e segurança desses sistemas. Apresento algumas formas de acesso aos conteúdos cifrados a seguir.

1.2.3.1. Obtenção das chaves criptográficas

A primeira e mais óbvia forma de decriptação consiste na obtenção das chaves criptográficas. O jeito mais simples, naturalmente, é obtê-las diretamente de quem as detêm: seja do proprietário do dispositivo, no caso de sistemas operacionais cifrados; ou de uma das pontas da comunicação, no caso da criptografia ponta a ponta.

No contexto de investigações criminais, o fornecimento da chave pode se dar tanto de modo voluntário ou – havendo previsão específica no ordenamento jurídico – como forma de cumprimento de uma obrigação de assistência ou de entrega de chaves. Costuma-se falar que, em sistemas de segurança, o ser humano é sempre o elo mais fraco ("weakest link"), sendo a obtenção de informações direto do indivíduo (por erro ou por força) a forma mais simples (SINGER, FRIEDMAN, 2014, p. 64). Justamente por isso, a existência desse tipo de obrigação deve ser adequada tanto ao devido processo legal (garantindo transparência e salvaguarda àquele que deve entregar as chaves ou prestar assistência) quanto ao direito à não autoincriminação e outras garantias constitucionais. Como veremos adiante, alguns países vêm legislando especificamente nesse sentido – o que não é o caso do Brasil[13].

Caso não haja cooperação nem obrigação legal, é possível também buscar a chave em outros lugares. Dotados de mandados de busca, investigadores podem se deparar com registros físicos das informações necessárias para decriptação nas residências ou locais de trabalho de investigados (eles podem registrá-las, por exemplo, em um caderno ou *post-it*). A mesma coisa vale para a busca em dispositivos eletrônicos apreendidos, uma vez que é cada vez mais comum o uso de "gerenciadores de senha", softwares desenvolvidos especialmente para gestão

---

13 Cf. 5.1 *infra*.

dessas informações[14]. Vamos supor que um computador e um *pendrive* sejam apreendidos pela polícia, sendo que apenas o *pendrive* está cifrado. É possível que a perícia no computador se depare com as chaves em algum arquivo ou gerenciador de senha.

A chance de sucesso desse último tipo de obtenção das chaves depende de diversos fatores, que variam desde as habilidades dos investigadores, a incompetência dos investigados e, claro, sorte.

1.2.3.2. Ataques de "força bruta"

De forma coloquial, o ataque de "força bruta" consiste em "chutar" todas as combinações alfanuméricas possíveis até que a chave criptográfica seja encontrada e o conteúdo possa ser decifrado (GILL et al., 2018, p. 3). Essa abordagem é útil em poucos casos, especialmente quando a chave é liberada por meio da inserção de uma senha ou um PIN numérico no sistema (como é, por exemplo, o caso do iPhone). Aqueles despreocupados com a segurança de seus dispositivos podem colocar senhas simples, como a sua data de aniversário, ou manter a senha padrão de fábrica, que muitas vezes é "admin", "password" ou "1234".

Na prática, as coisas não são simples assim. Algumas aplicações que utilizam criptografia forte, como o sistema operacional iOS da Apple, acrescentam diversas medidas de segurança adicionais para frustrar ataques de força bruta. Destaco duas principais: (i) a autenticação em dois fatores; e o (ii) bloqueio do dispositivo após certa quantidade de inserções de senhas incorretas.

Sobre a autenticação em dois fatores ("two factor authentication" ou "2FA"): uma vez detectada atividade suspeita no acesso ao sistema (*e.g.*, várias senhas incorretas, tentativa de acesso remoto etc.), uma segunda forma de autenticação é solicitada ao usuário. Ela pode consistir em um código que é enviado a ele por outro meio que, teoricamente, só ele tenha

---

14 JOHNSON, Dave. Yes, password managers are safe – here's why you should use them, and how they keep your data secure. *Business Insider* (4-6-2020). Disponível em: <https://www.businessinsider.com/are-password-managers-safe>. Acesso em: 31 de março de 2021.

acesso. As formas mais comuns de envio do código são via mensagem SMS ou e-mail[15]. Além dessa segunda camada de proteção, os caracteres enviados são randômicos, o que dificulta ainda mais uma segunda tentativa de força bruta para adivinhá-lo.

O bloqueio do dispositivo após tentativas incorretas é autoexplicativo: o dispositivo limita a quantidade de tentativas erradas que podem ser inseridas. Alguns sistemas bloqueiam totalmente o acesso ao aparelho por certo período (por exemplo, após 10 tentativas, o dispositivo fica inacessível por 10 minutos). A Apple, no entanto, disponibiliza aos seus usuários a possibilidade de apagamento total de todos os dados armazenados no aparelho após certo número de tentativas[16].

Ataques de força bruta que buscam descobrir diretamente qual seria a chave criptográfica (sem PIN ou senha) são, via de regra, realizados de forma automatizada, com computadores tentando todos os tipos de combinações possíveis. O sucesso desse tipo de ataque é mais improvável, uma vez que o número de combinações possíveis varia exponencialmente de acordo com o tamanho da chave criptográfica. Hoje em dia, é padrão que sistemas criptográficos adotem chaves de 128 ou 256 bits. A primeira gera um conjunto de 2^{128} de combinações diferentes; a segunda, 2^{256}. Um supercomputador com a tecnologia de ponta, capaz de realizar trilhões de operações por segundo, levaria algumas dezenas de milhões de anos para encontrar a chave de 128 bits. A chave de 256 bits demoraria inimaginavelmente mais tempo[17].

---

15 DONOHUE, Brian. O que é a autenticação de dois fatores e como usá-la? *Kaspersky Daily* (9-6-2014). Disponível em: <https://www.kaspersky.com.br/blog/o-que-e-a-autenticacao-de-dois-fatores-e-como-usa-la/3226/>. Acesso em: 31 de março de 2021.

16 Essa medida de segurança foi central no caso Apple *vs.* FBI, que será analisado com detalhes nos próximos capítulos. Cf. <https://www.businessinsider.com/iphone-security-failed-passcode-attempts-2018-6>. Acesso em: 31 de março de 2021.

17 2128 são 340.282.366.920.938.463.463.374.607.431.768.211.456 combinações possíveis. Cf. What Is a Brute Force Attack?. *Clouflare Blog.* Disponível em: <https://www.cloudflare.com/learning/bots/brute-force-attack/>. Acesso em: 31 de março de 2021.

1.2.3.3. Exploração de vulnerabilidades no sistema

Outra forma de "quebrar" a criptografia é explorando vulnerabilidades presentes no sistema. Grosso modo, trata-se de encontrar determinados "erros" no sistema que, uma vez explorados, viabilizam que ele se comporte de uma forma na qual ele não foi programado para se comportar. Dependendo da vulnerabilidade encontrada, pode-se obter a chave criptográfica ou simplesmente viabilizar acesso ao conteúdo do sistema a terceiros não autorizados, efetivamente contornando a proteção criptográfica. Na expressão popular, trata-se efetivamente de "hackear" o sistema para obter acesso às informações.

Nenhum código é perfeito e é normal que essas vulnerabilidades possam ser encontradas. Boa parte das atualizações de sistemas, que somos frequentemente obrigados a aturar, buscam corrigir essas falhas, deixando os sistemas mais seguros. Falhas não intencionais, descobertas após a disponibilização do software ao público, são chamadas de "zero-day vulnerabilities", nome que reflete a quantidade de dias que a vulnerabilidade é conhecida pelo fornecedor do software[18]. Estas são bastante cobiçadas por criminosos, agências de espionagem e autoridades de investigação.

Vulnerabilidades podem estar presentes em diversas partes do sistema, não apenas no protocolo criptográfico. Sobre isso, e especificamente em relação à exploração de vulnerabilidades em aplicações de comunicação, Diego Aranha (2018, p. 31) explica:

> (...) erros de programação e vulnerabilidades de software possuem efeito prejudicial duplo sobre a segurança da criptografia: defeitos na implementação em si do algoritmo costumam torná-lo mais frágil e, mais gravemente, defeitos em processos anteriores ao processamento criptográfico de informação ou vulnerabilidades na plataforma podem permitir a captura de mensagens antes mesmo que haja oportunidade para sua proteção por criptografia.

---

18 Cf. Zero-day vulnerability: What it is, and how it works. *Norton US*. Disponível em: <https://us.norton.com/internetsecurity-emerging-threats-how-do-zero-day-vulnerabilities-work-30sectech.html>. Acesso em: 31 de março de 2021.

O uso de técnicas de *hacking* por autoridades de investigação para acessar informações criptografadas é algo que vem sendo debatido ao redor do mundo como alternativa à imposição de restrições à criptografia. Trata-se de um debate complexo e necessário, que explorarei em detalhes no Capítulo 5[19].

1.2.3.4. Imposição de mecanismos de acesso excepcional: os *backdoors*

"Mecanismo de acesso excepcional" é um termo genérico utilizado para se referir a qualquer tipo de vulnerabilidade inserida propositadamente em um sistema criptográfico que tenha a finalidade de viabilizar o acesso ao conteúdo das informações em *plaintext* a terceiros. *Backdoor* (porta dos fundos) é uma forma pejorativa utilizada por acadêmicos, sociedade civil e comunidade técnica para se referir a esses mecanismos no contexto do debate internacional sobre acesso a dados criptografados em investigações criminais (KERR; SCHNEIER, 2018, p. 1006). Já de antemão, é importante apontar que nenhuma (ou quase nenhuma) autoridade governamental se refere a esses mecanismos como *backdoors*, usando termos como "acesso excepcional" ou "criptografia responsável", que se referem exatamente à mesma coisa.

Trata-se de um ponto central para a compreensão do debate "going dark". Como forma de resolver a questão da impossibilidade de acesso a dados criptografados por autoridades de investigação, algumas autoridades sugerem o estabelecimento de normas jurídicas que obriguem provedores de aplicação a implementar mecanismos de acesso excepcional em seus sistemas, de modo a viabilizar a elas o conteúdo na forma legível.

Na década de 1990, como veremos no Capítulo 3, essa sugestão era mais concreta: debateu-se a imposição de um mecanismo de *key escrow* em sistemas de comunicação criptografados (DIFFIE, LANDAU, 2007, p. 234-235). A ideia era que, para cada chave criptográfica gerada aos usuários, uma cópia seria gerada e encaminhada a autoridades gover-

---

19 Cf. 5.3 *infra*.

namentais. Dotadas de uma base de dados contendo todas as chaves, elas poderiam, quando autorizadas, utilizá-las para acessar o conteúdo na forma legível.

Hoje em dia, com o *forward secrecy*, sistemas de *key escrow* teriam de enfrentar mais um desafio: como viabilizar o repasse ou armazenamento de literalmente bilhões de chaves geradas a cada dia?[20].

No debate contemporâneo sobre criptografia e investigações criminais, a regulamentação do acesso excepcional é requerida por autoridades de forma mais genérica, sem delimitar a forma, a técnica ou a tecnologia.

Independentemente da modalidade, é consenso na comunidade técnica que a inserção de qualquer tipo de mecanismo de acesso excepcional implica na fragilização do sistema como um todo (ARANHA, 2018; HABELSON et al., 2015; LANDAU, 2017; SINGER, FRIEDMAN, 2014; BERKMAN KLEIN, 2016; LEWIS et al., 2017). Aponto aqui duas razões de fácil compreensão para este diagnóstico:

A primeira refere-se ao aumento da *superfície de ataque ao sistema*. Qualquer mecanismo de acesso excepcional envolve o acréscimo de novas funções a serem cumpridas pelo sistema de segurança (*e.g.*, gerar uma nova chave a ser encaminhada para autoridades); acrescentar essas atribuições necessariamente complexifica o código, e um código mais complexo é um código mais propenso a ter vulnerabilidades (ARANHA, 2018, p. 31). Essas vulnerabilidades podem ser encontradas e utilizadas para fins bem menos nobres do que a investigação criminal, comprometendo a segurança dos usuários do sistema. Quanto mais simples o código, menor é a superfície de ataque.

A segunda consiste na inerente insegurança da existência de uma base de dados (provavelmente concentrada) que contenha as chaves criptográficas de uma quantidade enorme de usuários, como seria no esquema de *key escrow*. Essa concentração tornará, necessariamente, o banco de dados um desejado alvo de ataques.

---

20 O WhatsApp, que conta com 2 bilhões de usuários ativos ao redor do mundo, dispõe do mecanismo de *forward secrecy* em seu sistema de criptografia ponta a ponta.

Tomemos um aplicativo de mensagens com criptografia ponta a ponta (WhatsApp) como exemplo: sem o acesso excepcional, as chaves para decifrar as mensagens estão exclusivamente contidas nos dispositivos das pontas da comunicação. O comprometimento de um dos dispositivos viabiliza o acesso a todas as conversas passadas e futuras daquele único usuário, sem prejudicar ninguém fora de seus contatos. Um vazamento de banco de dados de chaves, por sua vez, prejudicará a totalidade dos usuários do serviço.

Poderia se argumentar que esse tipo de sistema funcionaria sem problemas contanto que o banco de dados estivesse bem protegido, mas o histórico de vazamento de dados de agências de investigação e inteligência (que, via de regra, prezam pelo sigilo e segurança de suas atividades), não é muito favorável[21].

Especificamente sobre o vazamento de chaves, uma parábola um pouco caricata pode ser feita entre os *backdoors* da criptografia e o caso dos cadeados TSA.

Após o atentado de 11 de setembro de 2001, os EUA intensificaram o controle de passageiros e bagagens que circulam em seus aeroportos. Na prática, essa rigidez também se traduziu em um número maior de bagagens abertas e inspecionadas pela *Transportation Security Administration* (TSA), agência responsável por esse tipo de fiscalização. Como muitos viajantes fechavam suas malas com cadeado, como forma de proteger seus pertences, a TSA quebrava e os substituía por um lacre plástico.

---

21 Temos como exemplos razoavelmente recentes os vazamentos de dados do FBI, da CIA (Vault 7, em 2017), e da NSA (revelações Snowden, em 2013). Nem sempre os vazamentos envolvem invasão de sistemas pela exploração de vulnerabilidades, claro. Mas, de um jeito ou de outro, as informações acabaram aparecendo. Cf. GOLDMAN, Adam. Justice Dept. Investigating Years-Old Leaks and Appears Focused on Comey. *The New York Times* (16-1-2020). Disponível em: <https://www.nytimes.com/2020/01/16/us/politics/leak-investigation-james-comey.html>; Vault 7: CIA Hacking tools revealed. *Wikileaks*. Disponível em: <https://wikileaks.org/ciav7p1/>; MACASKILL, Ewen et al. NSA Files Decoded. *The Guardian* (1º-11-2013). Disponível em: <https://www.theguardian.com/world/interactive/2013/nov/01/snowden-nsa-files-surveillance-revelations-decoded#section/1>. Acesso em: 31 de março de 2021.

Tendo em vista a insegurança e o prejuízo gerado pela inspeção, a empresa Travel Sentry desenvolveu, com autorização da TSA, um cadeado especial: na frente, a combinação numérica tradicional de cadeado de bagagem, que deve ser programada pelo viajante. Abaixo, há uma entrada de chave de uso exclusivo da TSA. O cadeado abre das duas maneiras: com a combinação secreta do viajante e com uma "chave mestra" em posse da TSA. 7 tipos de entradas para 7 "chaves mestras" distintas foram desenvolvidos. A entrada de chave funciona, literalmente, como uma "porta dos fundos/*backdoor*" física, como visto na imagem abaixo.

Figura 4 – Cadeado TSA visto de frente e de baixo

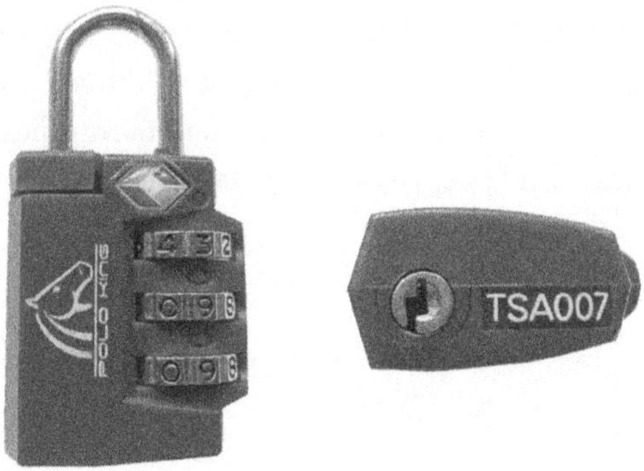

Fonte: Acervo pessoal do autor.

Inicialmente, a ideia era equilibrar a segurança das malas dos passageiros com a segurança dos aeroportos dos EUA. A senha estaria segura com o indivíduo e a "chave mestra" segura com a TSA. Em 2014, no entanto, o Washington Post publicou uma reportagem com uma foto das 7 "chaves mestras" e, a partir dessa imagem, estudiosos de segurança da informação modelaram as chaves em 3D, viabilizando sua impressão por literalmente qualquer pessoa que disponha de uma impressora 3D[22]. Por se tratar de objetos físicos, que são usados há vários anos, não

22 ESTES, Adam. You Can Now 3D-Print Your Own TSA Master Keys. *Gizmodo* (11-9-2015). Disponível em: <https://gizmodo.com/you-can-now-3d-print-your-own-tsa-master-keys-1730134042>. Acesso em: 31 de março de 2021.

é factível que haja uma "atualização do sistema de cadeados" nesse caso. Fica aqui, no entanto, uma espécie de "lição de moral" ilustrativa para os perigos apresentados pelos mecanismos de acesso excepcional.

A ideia de toda essa exposição é também deixar claro: não é possível, de acordo com a comunidade técnica e com o estado da arte da tecnologia atual, garantir o acesso excepcional sem prejudicar a segurança dos usuários. A solução normativa nesse sentido parece uma saída fácil, mas as consequências são perigosas, ainda que não imediatamente perceptíveis.

Feitos esses apontamentos técnicos iniciais, tem-se o ferramental *técnico* para a compreensão do restante do livro. A seguir, apresentarei, sob o prisma *teórico*, a relação entre criptografia e direito. Tratarei do uso da técnica como forma de viabilizar o exercício de direitos fundamentais na sociedade da informação, seu papel como entrave para o exercício de outros direitos e o embate que é construído para fundamentar o chamado debate "going dark", expressão popularizada pelo ex-Diretor do FBI James Comey e utilizada para se referir ao debate contemporâneo sobre regulação da criptografia e investigações criminais.

CAPÍTULO 2

INTERFACES ENTRE CRIPTOGRAFIA, DIREITOS FUNDAMENTAIS E INVESTIGAÇÃO CRIMINAL

Em maio de 2017, após apenas três anos e meio de mandato, James Comey foi demitido do cargo de Diretor do FBI pelo então Presidente dos EUA, Donald Trump. Nesse curto período de tempo[1], Comey acumulou numerosas controvérsias, das quais duas se destacam: o caso do vazamento de e-mails de Hilary Clinton e o caso dos *hackers* russos.

No primeiro, o FBI investigou se a então candidata do Partido Democrata à presidência dos EUA utilizara seu e-mail pessoal para comunicação de informações confidenciais, enquanto foi Secretária de Estado durante o primeiro mandato de Barack Obama (2009-2012) – fato que colocaria em risco a segurança nacional. O caso foi encerrado em julho de 2016, com resultado favorável à Clinton. No final de outubro, onze dias antes das eleições presidenciais, Comey decidiu reabrir a investigação em razão de um novo conjunto de supostos e-mails vazados. No entanto, a investigação foi novamente encerrada com a mesma conclusão no dia 6 de novembro – dois dias antes das eleições. Esse processo foi alvo de muitas crí-

1 Tenha-se em mente que o mandato normal de um diretor do FBI é de 10 anos.

ticas, com algumas vozes (incluindo a própria Clinton) sugerindo que a movimentação do FBI teria tido o efeito de enfraquecer a campanha da presidenciável e favorecer a de seu adversário, Trump[2].

O segundo caso refere-se à suposta interferência da Rússia nos resultados das eleições de 2016, cuja investigação foi encabeçada por Comey. A conclusão do FBI foi que *hackers* russos de fato tentaram ajudar a eleição de Trump ao sabotar candidatos democratas sem, no entanto, concluir se essa interferência foi crucial para o resultado das urnas. Apenas alguns meses após a conclusão dessa investigação, Comey foi destituído do cargo pelo presidente. Acumulando desafetos em todo o espectro político dos EUA, ele insistiu que suas escolhas como homem público, no papel de Diretor do FBI, transcendiam interesses partidários e individuais[3].

Desde seu protagonismo nesses eventos que abalaram a credibilidade das instituições democráticas estadunidenses, Comey não desapareceu da vida pública. Em 2019, publicou um *best seller* sobre sua trajetória profissional, que culmina em um relato bastante desfavorável da presidência de Trump[4]. Os relatos desagradaram boa parte do Partido Republicano, que lhe atribuiu o apelido "Lyin' Comey" pouco depois do anúncio do lançamento de seu livro[5]. O ex-diretor segue, até hoje, com diversas aparições na mídia, em palestras, eventos e até mesmo numa série de TV baseada em seu livro[6].

---

2 CHOZICK, Amy. Hillary Clinton Blames F.B.I. Director for Election Loss. *The New York Times* (12-11-2016). Disponível em: <https://www.nytimes.com/2016/11/13/us/politics/hillary-clinton-james-comey.html>. Acesso em: 31 de março de 2021.

3 Na frase original: "Ethical leaders choose a higher loyalty to those core values over their own personal gain".

4 MCCARTHY, Thomas. Comey book likens Trump to a mafia boss "untethered to truth". *The Guardian* (13-4-2018). Disponível em: <https://www.theguardian.com/us-news/2018/apr/12/james-comey-book-trump-unethical-untethered-to-truth-a-higher-loyalty>. Acesso em: 31 de março de 2021.

5 YGLESIAS, Matthew. The RNC's new Lyin' Comey website, explained. *Vox* (12-4-2018). Disponível em: <https://www.vox.com/policy-and-politics/2018/4/12/17228546/lyin-comey-rnc-fbi>. Acesso em: 31 de março de 2021.

6 LEFRAK, Mikaela. There's A TV Show Based On James Comey's Book Filming In D.C. *DCist* (15-11-2019). Disponível em: <https://dcist.com/story/19/11/15/theres-

Em outubro de 2019, tive a oportunidade de assistir uma palestra de Comey proferida na Universidade de Yale, organizada pelo *Yale Law National Security Group*[7]. O evento consistiu numa conversa informal entre o ex-diretor e a Professora Kate Stith, com foco em temas de segurança nacional e na sua passagem pelo *Bureau*. Aberta a intervenções dos alunos, a conversa foi monopolizada por questões sobre e-mails e *hackers* russos. Uma surpresa, no entanto, surgiu quando um dos participantes perguntou qual foi o caso mais difícil enfrentado por Comey em seus anos de FBI, ao que o ex-diretor lhe respondeu: "sem dúvidas, a questão da criptografia".

Para aqueles de fora da "bolha" dos estudos sobre regulação de tecnologia, o protagonismo (ou antagonismo, dependendo do interlocutor) de James Comey no debate sobre regulação da criptografia soa como uma mera nota de rodapé de sua carreira, totalmente obscurecido pelos imbróglios das eleições de 2016. No entanto, é difícil imaginar qual seria o impacto do debate ao redor do mundo sem a sua participação.

Entre 2014 e 2015, Comey proferiu dois discursos que sintetizaram as dificuldades das autoridades de investigação diante da popularização da criptografia forte. Ambos possuíam conteúdo semelhante e exatamente o mesmo título: "Going Dark", expressão paradigmática utilizada para sintetizar os problemas que a incapacidade de acesso a conteúdos criptografados representaria para as autoridades: deixam-nas "no escuro", incapazes de acessar informações possivelmente relevantes para a investigação. A expressão – na língua inglesa mesmo – é utilizada ao redor do

---

a-tv-show-based-on-james-comeys-book-filming-in-d-c/>. A minissérie "The Comey Rule" estreou em 27 de setembro de 2020 no canal *Showtime*, com críticas medianas, mas boa recepção por parte do público. Cf. <https://www.metacritic.com/tv/the-comey-rule>. Acesso em: 31 de março de 2021.

7 O evento ocorreu em 8 de outubro de 2019, e foi aberto a toda comunidade da *Yale Law School*. Como é praxe na faculdade, não houve gravação nem transmissão ao vivo. Disponível em: <https://law.yale.edu/yls-today/yale-law-school-events/conversation-former-fbi-director-james-comey?date=2019-10-08T12%3A10%3A00-04%3A00>. Acesso em: 31 de março de 2021.

mundo para identificar o debate; ela não foi cunhada por Comey, mas ele definitivamente a popularizou[8].

No primeiro discurso, proferido na *Brookings Institution* pouco mais de um ano após as revelações de Edward Snowden, o ex-diretor questionava: "estaria a tecnologia, a privacidade e a segurança pública em rota de colisão?". No evento, seu objetivo foi iniciar um debate nacional sobre o impacto da tecnologia na segurança pública e esclarecer algumas preconcepções em relação às capacidades técnicas do FBI.

Em sua fala, Comey (2014) proferiu percepções que seriam ecoadas por autoridades ao redor do mundo. Podemos desmembrá-la em nove pontos:

> (i) O desenvolvimento tecnológico fez com que boa parte de nossas atividades diárias sejam realizadas online;
>
> (ii) Isso enseja uma grande preocupação em relação à privacidade e à proteção dos nossos dados na esfera digital;
>
> (iii) Provedores de serviços de Internet adequaram seus produtos e serviços de forma a suprir essa preocupação, implementando robustos sistemas de segurança da informação, em especial mecanismos de criptografia forte;
>
> (iv) Esses produtos e serviços seguros são utilizados por cidadãos comuns, mas também por criminosos;
>
> (v) O uso dessas aplicações afetou desproporcionalmente algumas atividades essenciais das autoridades de investigação: a interceptação de dados e o acesso a dados armazenados em dispositivos eletrônicos;
>
> (vi) A dificuldade compromete o cumprimento da função principal dessas autoridades: garantir a segurança pública;
>
> (vii) As leis existentes, em teoria, garantiriam às autoridades o poder de acessar essas informações, mas a criptografia torna isso tecnicamente impossível;

---

8 Isto ocorre inclusive no Brasil. Em fevereiro de 2019, o então Ministro da Justiça e Segurança Pública Sérgio Moro conduziu, a portas fechadas, o "I Simpósio Going Dark Brasil", que contou com autoridades do Brasil e dos EUA para debater o tema. Disponível em: <https://www.justica.gov.br/news/collective-nitf-content-1549651780.89>. Acesso em: 31 de março de 2021.

(viii) As autoridades não têm capacidade técnica para superar os mecanismos de segurança e, mesmo se tivessem, em alguns casos o acesso ao conteúdo levaria tempo – o que é problemático na medida em que as investigações precisam ser resolvidas de forma rápida;

(ix) Pede-se, portanto, que os provedores desenvolvam formas de viabilização do acesso a esses conteúdos, de maneira que as autoridades possam garantir a segurança pública.

Comey não sugere nenhuma solução concreta em sua fala, mas é assertivo em relação à necessidade de algum tipo de mecanismo de acesso excepcional aos conteúdos protegidos, tendo o cuidado de não usar a malfadada expressão *backdoor* para denominá-lo:

> Não estamos buscando uma abordagem que envolva *backdoors*. Queremos usar a "porta da frente", com clareza e transparência, e com clara orientação fornecida por lei. Estamos completamente à vontade com ordens judiciais e devido processo legal – portas da frente que fornecem as provas e informações necessárias para investigar o crime e prevenir ataques terroristas[9].

O segundo discurso (COMEY, 2015) foi conduzido na forma de um depoimento prestado pelo ex-diretor ao Comitê Judiciário do Senado, com o título "Going Dark: Encryption, Technology, and the Balance Between Public Safety and Privacy", que contou também com a participação de representantes do governo, comunidade técnica e da academia. A estrutura desse discurso é praticamente idêntica à do de 2014, mas com uma diferença notável: Comey enfatizou as dificuldades que a criptografia impõe ao combate ao terrorismo, explicando o uso que o Estado Islâmico do Iraque e do Levante (ISIL, na sigla em inglês e ISIS, na sigla mais popularmente utilizada) fazia de redes sociais e aplicativos de mensageria criptografados para recrutamento de membros e plane-

---

9 Tradução própria. No original, em inglês: "We aren't seeking a back-door approach. We want to use the front door, with clarity and transparency, and with clear guidance provided by law. We are completely comfortable with court orders and legal process – front doors that provide the evidence and information we need to investigate crime and prevent terrorist attacks".

jamento de ataques. Essa abordagem é bastante influente e paradigmática, na medida em que ataques terroristas de grande repercussão foram utilizados por autoridades ao redor do mundo para pressionar por soluções legislativas que viabilizassem o acesso ao conteúdo criptografado.

Dois pontos dos discursos de Comey são relevantes para entender como o debate "going dark" é conduzido de 2015 até os dias de hoje: em primeiro lugar, haveria dois direitos/valores em questão – o direito individual à privacidade (dos usuários) e o direito coletivo à segurança (pública e nacional); em segundo lugar, esses direitos estariam em conflito, sendo necessário encontrar um equilíbrio na garantia de cada um deles.

Acredito, no entanto, que o debate seja mais complexo do que isso, bem como que a simplificação do problema pode ensejar soluções regulatórias apressadas, ineficazes e com efeitos problemáticos.

Nesse sentido, o objetivo deste capítulo é fornecer uma apreciação crítica dos argumentos de Comey. Traçarei, na primeira parte, as raízes da suposta relação conflitante entre privacidade e segurança, descrevendo suas origens no combate ao terrorismo, questionando a perspectiva combativa entre os dois valores e identificando as particularidades que o debate "going dark" adquire sob essa lente.

Na segunda parte, buscarei superar a ideia de que apenas a privacidade e a segurança estão em jogo, apontando a importância da criptografia para o exercício de direitos fundamentais na esfera digital, seu papel no desenvolvimento tecnológico e como diferencial de mercado e, enfim, sua complexa relação com a segurança pública – seja como medida antiforense ou como ferramenta de garantia de segurança das atividades de investigação.

Por fim, como forma de conclusão do capítulo, buscarei repensar o debate "going dark" além da oposição entre esses dois valores ou direitos, estabelecendo a lente sob a qual os próximos capítulos desta obra serão analisados.

2.1. O debate "Privacidade *vs.* Segurança"

A noção de que segurança nacional e privacidade individual podem ser colocadas como valores inconciliáveis ou conflitantes é muito antiga, mas o desenvolvimento das tecnologias digitais deu a ela nova roupagem. Podemos identificar muito do que foi colocado por Comey no *zeitgeist* pós-atentados de 11 de setembro de 2001.

À época, os dilemas de política pública se colocaram da seguinte forma: deveríamos flexibilizar e expandir os poderes de monitoramento do Estado sob seus cidadãos, restringindo, com isso, nossa privacidade e outras liberdades individuais, para que as autoridades pudessem identificar, prevenir e coibir atividades terroristas?

Alguns especialistas (ETZIONI, 1999; MATTHEW, SHAMBAUGH, 2005; COMEY, 2014) sugerem que o equilíbrio entre privacidade e segurança funciona como uma espécie de "pêndulo" que reflete a situação política de determinado país: em tempos de instabilidade, como na "guerra ao terror", haveria um prevalecimento da retórica da proteção à segurança nacional, com políticas e reações legislativas refletindo esse cenário; em tempos de paz e estabilidade, o pêndulo balançaria em direção à proteção à privacidade e outros direitos e garantias individuais. Na prática, contudo, a predileção pela segurança costuma se sobrepor na vasta maioria das vezes.

Jennifer Chandler (2009, p. 122-131) sugere alguns motivos para justificar essa abordagem: (i) a segurança é muitas vezes vista como um pré-requisito para a viabilização dos demais valores e direitos (como a própria privacidade); (ii) em tempos incertos, tende-se a superestimar o risco e a consequência do terrorismo e, ao mesmo tempo, subestimar os efeitos negativos da restrição à privacidade; e (iii) danos à segurança nacional são, superficialmente, mais palpáveis do que danos à privacidade.

Sobre esse último ponto, explico: do jeito como é apresentado, o debate opõe os danos imediatos e tangíveis que a priorização da segurança pode prevenir, diante dos danos mediatos e intangíveis que a restrição da privacidade enseja. Em outras palavras: no curto prazo, a restrição à privacidade se materializa de forma aparentemente inócua, por exemplo, por meio da obrigatoriedade de escaneamento corporal em aeroportos ou pela necessidade de envio de documentos e informações pessoais para obtenção de visto de turismo nos EUA. O mero incômodo burocrático parece, à primeira vista, mais aceitável do que o risco de um atentado terrorista.

Foi com essa mentalidade que os EUA aprovaram, no rescaldo do 11 de setembro, o *USA PATRIOT Act*[10], lei que expandiu as atividades de monitoramento e vigilância conduzidas por suas Agências de Inteligência, flexibilizando diversos entraves legais (como, em alguns casos, a necessidade de obtenção de ordens judiciais)[11] relacionados a interceptação de comunicações e coleta massiva de registros de comunicação no país[12].

Inúmeros autores criticam tanto a priorização da segurança diante da privacidade quanto a perspectiva combativa entre os dois valores (SCHNEIER, 2001; CHANDLER, 2009; LANDAU, 2017; VALKENBURG, 2015; SOLOVE, 2011). Nesse sentido, Bruce Schneier (2001, p. 773) alerta:

> Segurança e privacidade não são dois lados de uma equação. Essa associação é simplista e em grande parte falaciosa. As melhores maneiras de aumentar a segurança não são às custas da privacidade e da liberdade. Dar armas de fogo aos pilotos de linha aérea, reforçar as portas do *cockpit*, melhorar autenticação dos trabalhadores de manutenção do aeroporto, agentes armados que viajam em voos e ensinar karatê aos comissários de bordo são exemplos de medidas de segurança sugeridas que não têm efeito sobre a privacidade ou liberdades individuais. Medidas de segurança que reduzem a liberdade são mais frequentemente encontradas quando os projetistas de sistemas não levam em conta a segurança desde o início[13].

---

10 Trata-se do acrônimo de *Uniting and Strengthening America by Providing Appropriate Tools Required to Intercept and Obstruct Terrorism*. Texto da lei disponível em: <https://epic.org/privacy/terrorism/hr3162.html>. Acesso em: 31 de março de 2021.

11 Cf. Section 215, *USA PATRIOT Act*, sobre a possibilidade da condução de interceptações sem mandados.

12 Inicialmente previsto para expirar em 2005, a lei foi sucessivamente prorrogada até 2015, quando foi substituída pelo *USA FREEDOM Act*, que manteve certas provisões do *PATRIOT ACT*, mas descartou outras. Uma análise mais aprofundada de ambas as leis podem ser conferidas em: OMBRES, Devon. NSA domestic surveillance from the Patriot Act to the Freedom Act: the underlying history, constitutional basis, and the efforts at reform. *Seton Hall Legis. J.*, v. 39, p. 27, 2015.

13 Tradução própria. No original, em inglês: "Security and privacy are not two sides of an equation. This association is simplistic and largely fallacious. The best ways to increase security are not at the expense of privacy and liberty. Giving airline pilots firearms, reinforcing cockpit doors, better authentication of airport maintenance workers, armed air marshals travelling on flights and teaching flight attendants karate are all examples of suggested security measures that have no effect on

Ademais, vale destacar que Daniel Solove dedicou um livro inteiro[14] para desconstruir e criticar a abordagem combativa, do qual destaco um trecho que sintetiza bem sua análise (2011, p. 36):

> Quando a segurança é balanceada frente à privacidade, não se deve pesar toda a medida de segurança diante dos danos à privacidade que ela cria. Uma vez que a proteção da privacidade envolve a imposição de supervisão e regulamentação da iniciativa, o lado da segurança da escala deve medir apenas até que ponto tal supervisão e regulamentação reduz a eficácia da medida de segurança. Se, digamos, a supervisão judicial e a regulamentação destinada a proteger a privacidade resultarem em atrasos e burocracia e limitações que tornem uma medida de segurança 10% menos eficaz, não faz sentido equilibrar toda a medida de segurança contra a privacidade. Em vez disso, o equilíbrio deve ser entre privacidade e a diminuição de 10% na eficácia da medida. No entanto, com demasiada frequência, as discussões sobre segurança e liberdade não conseguem avaliar o equilíbrio dessa forma[15].

Apesar das críticas, é nessa perspectiva que o debate "going dark" costuma ser fundamentado. Assim como com as ocorrências pós-11 de setembro, o que intensificou o debate foi um atentado terrorista ocorrido em San Bernardino ao final de 2015, no qual o FBI apreendeu o iPhone de um dos criminosos, mas não foi capaz de acessar seu conteúdo devi-

---

individual privacy or liberties. Security measures that reduce liberty are most often found when system designers fail to take security into account from the beginning".

14 Trata-se do livro *Nothing to Hide*: The False Tradeoff between Privacy and Security, referenciado aqui como SOLOVE (2011).

15 Tradução própria. No original, em inglês: "When security is balanced against privacy, the entire security measure shouldn't be weighed against the privacy harms it creates. Since protecting privacy involves imposing oversight and regulation on the initiative, the security side of the scale should gauge only the extent to which such oversight and regulation reduce the effectiveness of the security measure. If, say, judicial oversight and regulation designed to protect privacy result in delays and paperwork and limitations that make a security measure 10 percent less effective, it makes no sense to balance the entire security measure against privacy. Instead, the balance should be between privacy and the 10 percent decrease in the measure's effectiveness. Far too often, however, discussions of security and liberty fail to assess the balance this way".

do à criptografia do sistema operacional[16]. O impasse culminou no famigerado caso Apple *vs.* FBI, em que o *Bureau* último buscou, por vias judiciais, compelir a Apple a alterar seu sistema criptográfico para viabilizar o acesso ao conteúdo por autoridades de investigação[17]. Em paralelo, aumentou também a pressão das autoridades por uma solução legislativa em relação ao uso indiscriminado de criptografia forte. Isso foi posteriormente observado em escala global, com os atentados terroristas em lugares como Paris em 2015[18] e Londres em 2017[19] gerando reações no mesmo sentido nos respectivos países.

Ainda que atentados à segurança nacional tenham catalisado o debate em um primeiro momento, as soluções propostas pelas autoridades costumam estender seus efeitos para a garantia da segurança pública de forma ampla. Pede-se, via de regra, que os provedores de serviço adequem seus sistemas de forma a viabilizar o acesso ao conteúdo por autoridades de investigação em geral, o que afasta a ideia de urgência e excepcionalidade que atentados terroristas suscitam. Isso vem sendo incorporado no discurso de autoridades nos últimos anos, em que a ameaça terrorista deu lugar ao tráfico internacional de drogas[20] e ao compartilhamento de pornografia infantil[21] como razões principais

---

16 LICHTBLAU, Eric. Apple Fights Order to Unlock San Bernardino Gunman's iPhone. *The New York Times* (17-2-2016). Disponível em: <https://www.nytimes.com/2016/02/18/technology/apple-timothy-cook-fbi-san-bernardino.html>. Acesso em: 31 de março de 2021.

17 Cf. 3.3.2 *infra*.

18 SELYUKH, Alina. After Paris Attacks, Encrypted Communication Is Back In Spotlight. *NPR* (16-11-2015). Disponível em: <https://www.npr.org/sections/alltechconsidered/2015/11/16/456219061/after-paris-attacks-encrypted-communication-is-back-in-spotlight>. Acesso em: 31 de março de 2021.

19 WhatsApp must not be "place for terrorists to hide". *BBC* (26-3-2017). Disponível em: <https://www.bbc.com/news/uk-39396578>. Acesso em: 31 de março de 2021.

20 Attorney General William P. Barr Delivers Keynote Address at the International Conference on Cyber Security. *Department of Justice* (23-7-2019). Disponível em: <https://www.justice.gov/opa/speech/attorney-general-william-p-barr-delivers-keynote-address-international-conference-cyber>. Acesso em: 31 de março de 2021.

21 BARNES, Julian E. Barr Pushes Facebook for Access to WhatsApp Messages. *The New York Times* (3-10-2019). Disponível: <https://www.nytimes.com/2019/10/03/us/politics/barr-whatsapp-facebook-encryption.html>. Acesso em: 31 de março de 2021.

para que o "pêndulo da privacidade *vs.* segurança" tenda a esta última – dessa vez, segurança *pública*[22].

O enquadramento da questão da criptografia como "privacidade *vs.* segurança" também foi alvo de críticas por parte da comunidade técnica e acadêmica. Diversos autores argumentam que a dicotomia é supérflua e insuficiente na medida em que a criptografia não se limita a garantir apenas a privacidade na esfera digital; ela também é essencial para segurança de infraestrutura crítica, proteção de propriedade intelectual, segurança de transações financeiras online, dentre outros (MORRISON, 2017, p. 429). Além disso, a criptografia é igualmente essencial para o exercício de outros direitos fundamentais, como liberdade de expressão e associação (KAYE, 2015).

Como mostrei no Capítulo 1, a imposição de mecanismos de acesso excepcional implica a fragilização do sistema criptográfico como um todo, comprometendo a segurança de todos os seus usuários. Esses autores sugerem, portanto, que o debate "going dark" opõe "segurança *vs.* segurança", estando de um lado, a segurança pública e do outro, segurança da infraestrutura de dados (LANDAU, 2017, p. xiii; MORRISON, 2017, p. 429; ROZENSHTEIN, 2018, p. 137).

Concordo com todos esses autores no que diz respeito ao diagnóstico geral do debate: há, de fato, muito mais em jogo do que apenas a privacidade individual e a segurança pública, sendo o primeiro desafio mapear os impactos positivos e negativos da criptografia para o exercício de direitos. No entanto, acredito que a colocação da "segurança pública" e "segurança das informações" como valores necessariamente em oposição é algo igualmente equivocado, uma vez que sugere a necessidade do sacrifício de um em prol do outro. Acredito que a relação entre as duas seguranças é bem mais sinérgica do que a literatura sugere, e que soluções apresentadas não devem se debruçar em respostas simples sem a compreensão integral da extensão do problema.

---

22 O Brasil é uma curiosa exceção à regra. Como abordarei no Capítulo 4, foram justamente questões de segurança pública que suscitaram o debate sobre regulação da criptografia por aqui. No caso, o uso do WhatsApp (criptografado ponta a ponta) para comunicação entre suspeitos de tráfico de drogas.

Na próxima seção, buscarei desmembrar de forma organizada o que está em jogo no debate sobre regulação da criptografia para, em seguida, tentar repensar a maneira como o debate é apresentado.

2.2. Desconstruindo o debate "Privacidade *vs.* Segurança" sob a ótica da criptografia

Para compreender a complexidade do que está em jogo no debate sobre regulação da criptografia, é necessária a desconstrução das insuficientes dicotomias "privacidade *vs.* segurança" e "segurança *vs.* segurança". Para isso, o objetivo deste item é desmembrar a multiplicidade de direitos que são tanto viabilizados quanto obstruídos pelo uso de sistemas criptográficos na esfera digital. Buscarei conceitualizar e explorar as funções de cada um desses direitos e explicar de que forma o uso de mecanismos criptográficos contribuem com ou atrapalham seu exercício.

Do lado da viabilização, costuma-se associar o uso da criptografia ao direito à privacidade. *No entanto, ela se faz também necessária para o exercício* dos direitos à liberdade de expressão e associação online, por mais que a relação não seja óbvia de antemão.

Sobre liberdade de expressão, tratarei também brevemente de uma abordagem entre direito e criptografia bastante particular ao cenário estadunidense: a ideia de que o código-fonte do sistema criptográfico implica em forma de expressão, o que relacionaria o ato de desenvolver sistemas criptográficos à liberdade de expressão. Trata-se de um argumento central nos EUA em defesa da não regulação da criptografia, que muitas vezes se sobrepõe aos debates sobre privacidade. A abordagem faz-se necessária dado o protagonismo do país no tema, tendo em vista que argumentos nesse sentido podem orientar os rumos do debate por lá e gerar consequências ao redor do mundo.

Além de seu papel viabilizador de direitos fundamentais, explorarei também a importância da criptografia para a atividade econômica e para o desenvolvimento tecnológico. Sua presença é fundamental tanto como forma de proteção de propriedade intelectual e outras informações sigilosas de empresas quanto como diferencial de mercado, uma vez que a segurança de usuários é cada vez mais fundamental para o oferecimento de software e hardware.

Do lado da obstrução, a questão principal do debate "going dark" refere-se ao uso de ferramentas criptográficas como medida antiforense, definida como técnica que busca comprometer a disponibilidade ou a utilidade de fontes de prova para a investigação criminal, prejudicando sua coleta e análise (HARRIS, 2006). Seu uso por criminosos impede que autoridades de investigação acessem determinadas informações necessárias para a condução de suas atividades e, consequentemente, cria empecilhos à segurança pública. Explorarei o impacto negativo da criptografia para essa atividade, mas indicarei também sua importância para comunicação entre agentes e armazenamento de documentos relevantes à investigação.

O objetivo dessa parte é indicar que há múltiplos direitos em jogo no debate sobre regulação da criptografia. Em qualquer tipo de restrição regulatória do mecanismo, todo o cenário completo deve ser levado em consideração.

2.2.1. Criptografia como ferramenta para o exercício de direitos na esfera digital

2.2.1.1. Privacidade e Proteção de Dados Pessoais

A relação entre criptografia e privacidade parece clara: ao impedir o acesso não autorizado a informações, documentos e comunicações pessoais, o sistema criptográfico viabiliza a proteção da privacidade do indivíduo no ambiente digital. Diversos trabalhos que tratam do debate sobre regulação da criptografia fazem essa associação para ressaltar o principal papel positivo da tecnologia sem, no entanto, explicar de forma aprofundada a relação entre o impedimento do acesso às informações e o direito à privacidade[23]. Para explorar a íntima relação entre a criptografia e a privacidade, é necessário: (i) esclarecer a importância e a posição do direito à privacidade nas esferas internacional e nacional; (ii) compreender os diferentes conceitos de "privacidade"; para enfim (iii)

23 Cf. por exemplo, CSIS, 2017; CITIZENLAB, 2018; UNESCO, 2016.

explicar de que maneira a criptografia auxilia no exercício do direito à privacidade, independentemente do conceito adotado.

O direito à privacidade foi consagrado como direito fundamental em diversos tratados internacionais. Destaca-se, aqui, sua presença no artigo 12 da Declaração Universal dos Direitos Humanos (DUDH):

> Ninguém sofrerá intromissões arbitrárias na sua vida privada, na sua família, no seu domicílio ou na sua correspondência, nem ataques à sua honra e reputação. Contra tais intromissões ou ataques toda a pessoa tem direito a proteção da lei[24].

E no texto quase idêntico no artigo 17 do Pacto Internacional sobre Direitos Civis e Políticos:

> 1. Ninguém poderá ser objetivo de ingerências arbitrárias ou ilegais em sua vida privada, em sua família, em seu domicílio ou em sua correspondência, nem de ofensas ilegais às suas honra e reputação.
>
> 2. Toda pessoa terá direito à proteção da lei contra essas ingerências ou ofensas[25].

Vale mencionar que este segundo é um tratado internacional do qual o Brasil é signatário e parte do ordenamento jurídico brasileiro, tendo sido devidamente ratificado pelo Congresso Nacional e promulgado por meio do Decreto n. 592/92.

Além disso, o direito à privacidade está presente na maioria das Constituições ao redor do mundo – seja de forma explícita, como na

---

24 Curioso mencionar que não há menção da palavra "privacidade" na tradução portuguesa da DUDH, mas esta está presente na versão em inglês: "No one shall be subjected to arbitrary interference with his **privacy**, family, home or correspondence, nor to attacks upon his honour and reputation. Everyone has the right to the protection of the law against such interference or attacks". Entende-se, portanto, que as expressões "privacidade" e "vida privada" são usadas como sinônimo para fins da Declaração.

25 Mesmo comentário da nota anterior se aplica ao texto traduzido deste tratado. Versão em inglês: "1. No one shall be subjected to arbitrary or unlawful interference with his privacy, family, home or correspondence, nor to unlawful attacks on his honour or reputation. 2. Everyone has the right to the protection of the law against such interference or attacks".

Holanda, onde a constituição o prevê de forma literal[26]; ou implícita, como nos Estados Unidos, onde ele aparece como fruto da interpretação da 4ª Emenda à Constituição[27]. O *Comparative Constitutions Project*, que desenvolveu uma plataforma de compilação e comparação de Constituições, indica que mais de 180 delas contêm previsões relacionadas ao direito à privacidade[28]. A Constituição brasileira o prevê explicitamente[29] no rol dos direitos fundamentais, nos incisos X, XI e XII do art. 5º[30].

2.2.1.1.1. A importância e a dificuldade de conceituação da privacidade

A importância da privacidade pode ser explicada a partir de suas funções, ou seja, os objetivos que se busca alcançar na sociedade com a previsão constitucional da proteção da privacidade. Alan Westin aponta que são quatro as suas funções principais (2015, p. 35-43):

---

26 "Article 101. everyone shall have the right to respect for his privacy, without prejudice to restrictions laid down by or pursuant to Act of Parliament." Disponível em: <https://www.government.nl/documents/regulations/2012/10/18/the-constitution-of-the-kingdom-of-the-netherlands-2008>. Acesso em: 31 de março de 2021.

27 Com a ressalva de que o direito à privacidade abstraído da 4ª emenda é oponível apenas a intrusões governamentais. Os Estados Unidos possuem um corpo jurisprudencial distinto para tratar de violações à privacidade realizadas por particulares.

28 Constitute Project. Disponível em: <https://www.constituteproject.org/search?lang=en&key=privacy>. Acesso em: 31 de março de 2021.

29 Não há menção expressa ao termo "privacidade", mas é notável o esforço do constituinte originário em incluir o direito à privacidade da forma mais abrangente possível, garantindo a inviolabilidade da intimidade, da vida privada (esse termo provavelmente emprestado das traduções da DUDH e do PIDCP), da casa, da correspondência e das comunicações. Esse último ponto, no entanto, é fonte de diversas controvérsias interpretativas, como será explorado no Capítulo 4.

30 "Art. 5º (...) X – são invioláveis a intimidade, a vida privada, a honra e a imagem das pessoas, assegurado o direito a indenização pelo dano material ou moral decorrente de sua violação; (...) XI – a casa é asilo inviolável do indivíduo, ninguém nela podendo penetrar sem consentimento do morador, salvo em caso de flagrante delito ou desastre, ou para prestar socorro, ou, durante o dia, por determinação judicial; (...) XII – é inviolável o sigilo da correspondência e das comunicações telegráficas, de dados e das comunicações telefônicas, salvo, no último caso, por ordem judicial, nas hipóteses e na forma que a lei estabelecer para fins de investigação criminal ou instrução processual penal."

(i) Viabilizar o desenvolvimento da individualidade e consciência de escolha do indivíduo, evitando sua manipulação ou dominação por outros. A privacidade permite que o indivíduo se conheça, evitando interferências externas, de forma que ele possa formar e decidir que elementos de seu "eu" (seus pensamentos, ideias, crenças, perspectivas) devem ser conhecidos publicamente. Essa autonomia é importante na medida em que pensamento independente, diversidade de pontos de vista e a não conformidade são consideradas características desejáveis para os indivíduos;

(ii) Possibilitar que o indivíduo extravase as emoções e tensões resultantes da vida em sociedade. Aqui, a privacidade serve para permitir ao indivíduo momentos de relaxamento e sanidade mental, longe do olhar crítico da sociedade, onde ele pode ser ele mesmo – seja na solidão, interações familiares ou momentos de intimidade;

(iii) Proporcionar as condições necessárias para que o indivíduo processe e reflita sobre suas experiências, analisando a si mesmo em situações sociais. Assim, o indivíduo pode decidir se essas experiências serão incorporadas ou não em seu intelecto, atividades, produções etc.; e

(iv) Por fim, a garantir ao indivíduo as condições para que ele possa partilhar confidências e intimidades com aqueles em quem confia e, ao mesmo tempo, estabelecer os limites necessários de distanciamento em situações interpessoais que vão desde as mais íntimas até as mais formais.

Ainda que centradas no indivíduo, essas funções têm igual importância para a sociedade como um todo. Ruth Gavison (1984, p. 369-370) indica que uma sociedade desejável é aquela que garante ao indivíduo a possibilidade de crescimento, autonomia, manutenção da saúde mental e da formação e manutenção de laços pessoais. A privacidade, por viabilizar tudo isso, contribuiria para a formação de uma sociedade mais plural e tolerante. A autora indica também que a privacidade seria essencial para a democracia, uma vez que esta fomenta e incentiva a autonomia moral e intelectual, requisitos essenciais na construção do regime democrático.

Também sobre a importância da privacidade para a sociedade, Daniel Solove (2007, p. 769) aponta que:

> (...) o valor de proteger o indivíduo é um valor social. A sociedade implica diversos atritos, e estamos constantemente em conflito entre nós. Parte do que faz de uma sociedade um bom lugar para se viver é a medida em que ela permite às pessoas se libertarem da intrusão dos outros. Uma sociedade sem proteção da privacidade seria sufocante e não seria um lugar em que a maioria desejaria viver. Ao proteger os direitos individuais, nós, como sociedade, decidimos nos conter a fim de receber os benefícios de criar os tipos de zonas livres para que os indivíduos possam florescer[31].

Se há um consenso acerca da *importância* do direito à privacidade, corroborada por sua presença como direito fundamental em diversos ordenamentos jurídicos, não é possível afirmar a mesma coisa sobre sua *conceituação*. Como afirma Judith Jarvis Thomson (1984, p. 272), "Talvez a coisa mais impressionante sobre a privacidade é que ninguém parece ter uma ideia muito clara do que ela é"[32].

Motivados pelo desenvolvimento de tecnologias intrusivas e a consequente necessidade de revisitar o direito à privacidade, estudiosos vêm se debruçando sobre essa questão com especial afinco desde meados do século XX, sem, no entanto, chegar a qualquer consenso sobre esse conceito. Desde essa época, diversas correntes teóricas sobre a privacidade foram desenvolvidas. Exponho as principais a seguir, apontando que a criptografia tem um papel essencial independente da corrente adotada.

2.2.1.1.2. Teorias da privacidade e o papel da criptografia em cada uma delas

Não faz parte do escopo desta obra analisar todas as conceituações da privacidade com detalhes ou identificar a que julgo mais adequada.

---

31 Tradução própria. No original, em inglês: "(...) the value of protecting the individual is a social one. Society involves a great deal of friction, and we are constantly clashing with each other. Part of what makes a society a good place in which to live is the extent to which it allows people freedom from the intrusiveness of others. A society without privacy protection would be suffocating, and it might not be a place in which most would want to live. When protecting individual rights, we as a society decide to hold back in order to receive the benefits of creating the kinds of free zones for individuals to flourish".

32 Tradução própria. No original, em inglês: "Perhaps the most striking thing about privacy is that nobody seems to have any very clear idea what it is".

A importância da criptografia para proteção da privacidade é tão evidente e essencial que pode ser identificada praticamente em qualquer conceito adotado. Nesse sentido, explorarei de forma breve as quatro principais teorias da privacidade[33], como elencadas por Solove (2002) e Leonardi (2012) e, em seguida, explicarei a importância da criptografia para cada uma delas. Os conceitos são: (i) privacidade como o direito de ser deixado só; (ii) limitação do acesso ao indivíduo; (iii) segredo ou sigilo; e (iv) controle sobre informações e dados pessoais[34].

---

33 Há, naturalmente, outras formas de categorização do direito à privacidade que são bastante interessantes, mas não muito úteis para este livro. Para aqueles que quiserem se aprofundar, destaco o trabalho de James Whitman (2004), que indica que a raiz do dissenso sobre o conceito estaria nos valores que cada um dos tipos de sistemas jurídicos – *common law* e *civil law*.
Sobre a tradição romano-germânica, ***civil law***, Whitman (2004, p. 1161) afirma que o direito à privacidade se trata de uma forma de proteção de um "direito ao respeito e dignidade pessoal", acrescentando que "the core continental privacy rights are rights to one's image, name, and reputation, and what Germans call the right to informational self-determination – the right to control the sorts of information disclosed about oneself. (...) They are, as it were, rights to be shielded against unwanted public exposure-to be spared embarrassment or humiliation". Ponto central dessa abordagem é a ideia de controle que um indivíduo tem sobre a maneira como se apresenta na sociedade, seja por meio da gestão de suas informações pessoais ou pelo direito de não ser o "centro das atenções". Fundamental para entender essa tradição é o receio à intrusão da imprensa na vida privada, "the prime enemy of our privacy, according to this continental conception, is the media, which always threatens to broadcast unsavory information about us in ways that endanger our public dignity".
No sistema anglo-saxão, do ***common law***, por sua vez, Whitman (2004, p. 1161-2) indica que o direito à privacidade "is much more oriented toward values of liberty, and especially liberty against the state. At its conceptual core, the American right to privacy still takes much the form that it took in the eighteenth century: It is the right to freedom from intrusions by the state, especially in one's own home". Nessa abordagem, tem-se como justificativa da existência da privacidade a aversão à intrusão estatal na vida privada, consubstanciada na ideia da soberania do indivíduo na "santidade do lar", o que aproxima a privacidade ao direito de propriedade, valor central no sistema jurídico estadunidense. O receio da vigilância e do abuso do poder do estado na liberdade individual é o vetor principal desta tradição.

34 Além das quatro apresentadas, Solove (2002, p. 1119-1121) sugere mais duas conceituações distintas: (i) privacidade como forma de proteção da personalidade do indivíduo; e (ii) privacidade como intimidade. Optei por não incluir a primeira, porque ela indica a natureza jurídica do direito à privacidade e não seu conceito. Sobre a segunda, a categoria consiste em estender a ideia de privacidade ao

Consolidada no artigo "The Right to Privacy", de Samuel Warren e Louis Brandeis (1890), a **privacidade como "o direito de ser deixado só"** talvez seja a conceituação mais clássica e influente do termo até hoje. Ela surge em resposta a inovações tecnológicas da época – em especial a fotografia, captação de áudio e proliferação dos meios de comunicação em massa – e a ameaça à intimidade e à vida privada que elas representavam no século XIX (p. 195).

Com o artigo, o objetivo dos autores foi indicar que já haveria uma proteção à privacidade no sistema jurídico norte-americano (*common law*) à época: a privacidade seria parte integral da liberdade individual, do direito de usufruir da vida e da personalidade. O "direito de ser deixado só", portanto, é efetivado pelo resguardo de pensamentos, emoções e sensações individuais diante da intromissão de terceiros (p. 206).

Originalmente desenvolvido em resposta à "imprensa de fofoca" que surgia na época, o conceito ganhou tração nos EUA em 1928, com um influente voto vencido do próprio Brandeis – agora, na posição de ministro da Suprema Corte – no caso Olmstead *vs.* US[35]. Em seu voto, ele indica que o "direito de ser deixado só" é também garantido contra intromissões estatais, com fulcro na 4ª Emenda à Constituição, que estabelece a proteção contra buscas e apreensões arbitrárias[36].

---

compartilhamento de informações íntimas entre pessoas; inova-se, aparentemente, pela inclusão das relações privadas ao conceito, outrora majoritariamente individualista. Vejo dois problemas nessa abordagem: o primeiro é que a proteção das relações privadas é compatível com todas as quatro conceituações analisadas – até mesmo com o direito de ser deixado só, uma vez que este não se reduz à solidão física. O segundo problema é que essa abordagem pressupõe uma diferenciação entre "informação íntima" e as demais sem, no entanto, conceituá-la.

35 "To protect [the right to be alone], every unjustifiable intrusion by the Government upon the privacy of the individual, whatever the means employed, must be deemed a violation of the Fourth Amendment." Posteriormente, o voto de Brandeis foi utilizado para embasar algumas decisões da Suprema Corte.

36 Texto original da 4ª Emenda à Constituição estadunidense: "The right of the people to be secure in their persons, houses, papers, and effects against unreasonable searches and seizures, shall not be violated, and no Warrants shall issue, but upon probable cause, supported by Oath or affirmation, and particularly describing the place to be searched, and the persons or things to be seized".

Críticos da teoria apontam que o conceito é, de um lado, amplo demais[37] e, de outro lado, insuficiente para indicar em quais circunstâncias ele deveria ser garantido, especialmente diante de outros direitos como a liberdade de expressão e a segurança pública (SOLOVE, 2002, p. 1101). Independentemente disso, a teoria segue bastante influente dentro e fora dos EUA.

A preocupação com o potencial intrusivo das novas tecnologias e a crescente importância da privacidade diante desse cenário mostra que o artigo de Warren e Brandeis estava muito à frente do seu tempo. No contexto atual, boa parte da nossa vida privada é desfrutada na esfera digital, seja pelas nossas interações online com amigos e familiares, seja pelas atividades que exercemos em nosso tempo livre. Ao lado disso, tecnologias de interceptação e monitoramento de dados são crescentemente utilizadas por governos (para fins de vigilância), por empresas privadas (para análise de dados e comportamentos para fins de publicidade direcionada); e por criminosos (acesso a dados pessoais/bancários, invasão de dispositivo etc.). A susceptibilidade das redes e dispositivos a esses atos ressignifica a ideia de "ser deixado só", cabendo ao usuário a tutela de sua privacidade nesse cenário. Sistemas criptográficos são essenciais para, ao menos em alguns casos, impedir a intromissão de terceiros em relação a assuntos particulares no ambiente digital, seja inviabilizando o acesso a documentos particulares (criptografia de dados armazenados), ou evitando a intromissão nas comunicações entre particulares (criptografia de dados em trânsito).

A segunda teoria entende a **privacidade como uma forma de limitar o acesso a determinada pessoa** – chamado por Leonardi (2012, p. 55) de "resguardo contra interferências alheias". Relaciona-se, aqui, o direito à privacidade com as ideias de autonomia e liberdade, indicando que ele consistiria na possibilidade de "o indivíduo manter seus assuntos para si e decidir por si mesmo em que medida eles serão submetidos à obser-

---

37 "(...) definido dessa maneira, seria possível concluir que qualquer conduta direcionada a outra pessoa, quer ilícita ou não – uma agressão física, ou simplesmente pedir informações quando se está perdido, por exemplo – seria uma violação de sua privacidade" (LEONARDI, 2012, p. 54).

vação e discussão públicas" (LEONARDI, 2012, p. 56). No mesmo sentido, Tercio Sampaio Ferraz Jr (1993, p. 440) coloca a "integridade moral do sujeito" como objeto do direito à privacidade, acrescentando que que este é regido pelo "princípio da exclusividade", que garante ao indivíduo a faculdade de excluir do conhecimento de terceiros aquilo que a ele é "pertinente e que diz respeito ao seu modo de ser exclusivo no âmbito de sua vida privada".

A conceituação mais completa desta corrente é a de Ruth Gavison (1984), que define a privacidade como uma forma de medir o grau de acessibilidade que temos em relação aos outros, avaliada por meio de três perspectivas principais e complementares entre si:

(i) *segredo*, que relaciona privacidade à quantidade de informações conhecidas sobre determinado indivíduo. Perde-se privacidade na medida em que informações pessoais são obtidas por outros;

(ii) *anonimato*, que associa a privacidade à atenção que é concedida ao indivíduo. O que se avalia aqui é a medida em que o indivíduo se torna o centro das atenções, quanto maior atenção voltada a ele, maior é a perda da privacidade; e

(iii) *solidão*, que relaciona a privacidade ao acesso físico a determinada pessoa. Nesse sentido, haveria perda de privacidade na medida em que ocorre algum tipo de intrusão no nosso espaço físico em momentos de solidão.

Tendo como base a taxonomia desenvolvida por Gavison, podemos afirmar que a criptografia é fundamental para garantir a privacidade sob o prisma do sigilo e do anonimato[38]. A relação com o sigilo é a mais evidente, a técnica confere ao usuário o poder de impedir o acesso não autorizado às suas informações relacionadas a sua intimidade e vida privada – tanto em seu uso para dados armazenados (protegendo documentos, arquivos e outros registros) quanto para a criptografia de dados em comunicação (resguardando sua interceptação por terceiros). Em relação ao

38 O argumento é mais fraco, mas é possível também, de forma bastante indireta e superficial, indicar o papel da criptografia na tutela da solidão física, uma vez que esta pode viabilizar o resguardo de dados e informações sobre a nossa localização espacial, evitando intrusões ao nosso espaço físico.

anonimato, por sua vez, redes criptografadas, como é o caso da rede Tor[39], garantem aos usuários a possibilidade de navegar na Internet sem que sejam identificados por governos, provedores ou qualquer terceiro mal-intencionado. Esse tipo de ferramenta é importante no contexto de países autoritários, onde o governo realiza constante monitoramento de seus cidadãos e bloqueia o acesso a determinados conteúdos.

A terceira teoria reduz o direito à privacidade ao **segredo/sigilo** de determinadas informações sobre o indivíduo; viola-se a privacidade na medida em que se obtém essas informações e elas são reveladas ao público. Trata-se de uma abordagem restritiva da teoria anterior (SOLOVE, 2002, p. 1105; LEONARDI, 2012, p. 62), limitando a privacidade apenas ao resguardo de informações pessoais, excluindo a ideia de anonimato

---

39 O sistema Tor (*The Onion Router*) consiste em um software (navegador) e uma rede aberta de servidores espalhados ao redor do mundo que permitem ao usuário navegar de forma quase totalmente anônima na Internet. Costuma-se associar o uso do Tor a chamada "Deep Web" ou "Darknet", uma suposta parte obscura da Internet em que atividades nefastas ocorrem, como compra e venda de drogas, tráfico de seres humanos e contratação de assassinos de aluguel. A percepção é simplificada e equivocada: de fato, o Tor permite acessar partes não indexadas da Internet (por exemplo, websites não acessíveis pelo Google), o que não significa que elas necessariamente tratam de atividades ilícitas. Sua estrutura e funcionamento são bastante complexos, mas basicamente estabelece-se uma conexão dotada de diversas camadas de criptografia entre o dispositivo do usuário e um dos servidores Tor espalhados ao redor do mundo. Estes mais de 7 mil servidores são mantidos principalmente por universidades, centros de pesquisa e organizações do terceiro setor. Os dados transitam de forma segura em alguns dos servidores até chegar ao destinatário final. A partir dessa estrutura e do sistema criptográfico no trânsito, é muito difícil rastrear o endereço de IP originário do emissor (CARDULLO, 2015, p. 8). A rede Tor não garante o anonimato de forma perfeita, uma vez que vulnerabilidades podem ser encontradas na implementação do sistema criptográfico no navegador Tor e outros tipos de dados relacionados ao uso do sistema podem levar ao usuário inicial. De qualquer jeito, esse tipo de vigilância é custoso e vagaroso, e a ferramenta continua sendo amplamente utilizada por dissidentes, ativistas de direitos humanos e usuários que prezam por sua privacidade em regimes autoritários. A robustez do sistema torna-o consideravelmente mais lento do que uma conexão padrão à Internet, limitando um pouco sua funcionalidade para algumas atividades online. Cf. QUINTIN, Cooper. 7 Things You Should Know About Tor. *EFF* (1º-7-2014). Disponível em: <https://www.eff.org/deeplinks/2014/07/7-things-you-should-know-about-tor>; Tor Exit Nodes Located and Mapped. *Hacker Target*. Disponível em: <https://hackertarget.com/tor-exit-node-visualization/>. Acesso em: 31 de março de 2021.

e solidão, como proposto por Gavison. Boa parte dos críticos dessa teoria entendem-na como muito limitada, reconhecendo que o sigilo é sim parte da privacidade, mas que esta não se resume a ele.

De qualquer jeito, assim como em relação à primeira característica da teoria anterior, reitera-se aqui o papel da criptografia como forma de garantir que terceiros sejam impedidos de acessar suas informações pessoais. Garante-se ao usuário que as informações que ele julga sigilosas manter-se-ão desse jeito quando armazenadas digitalmente ou compartilhadas via Internet.

Por fim, a quarta teoria indica que a privacidade consiste em um direito de **controle sobre informações pessoais**. Afasta-se, aqui, da ideia de privacidade como forma de restringir comportamentos de terceiros em relação a assuntos pessoais (ser deixado só, divulgação de segredo etc.), entendendo-a como o poder do indivíduo de controlar como, quando e sob quais circunstâncias informações sobre si devem ser divulgadas ao público (WESTIN, 2015, p. 5; RODOTÀ, 2007, p. 92). Diferencia-se das demais teorias ao considerar que "a privacidade é (...) 'o poder de revelar-se seletivamente ao mundo' e não significa apenas o direito de ser deixado em paz, mas também o direito de determinar quais atributos de si serão usados por outros" (LEONARDI, 2012, p. 69).

Sobre a importância da criptografia para essa abordagem, garantir ao indivíduo o poder de ocultar suas informações e comunicações de terceiros é uma forma de assegurar-lhe controle sobre elas – por mais que o controle nesse caso esteja limitado ao *acesso* às informações, e não a outros tipos de utilizações subsequentes.

Essa teoria dialoga diretamente com o direito à proteção de dados pessoais que, nas últimas décadas, vem sendo compreendido como um direito fundamental autônomo, por mais que diversos aspectos dele façam parte de um conceito ampliado de privacidade (RODOTÀ, 2007, p. 15). Na base desse direito está a ideia de "autodeterminação informacional", construção doutrinária alemã que garante ao indivíduo o direito de determinar as condições para a divulgação de seus dados pessoais, mantendo "o controle sobre suas próprias informações e de determinar a maneira de construir sua própria esfera particular" (Idem).

Tendo em vista o crescimento exponencial da economia baseada em dados, viabilizado pelo desenvolvimento tecnológico, diversos regimes de proteção de dados pessoais surgiram ao redor do mundo. Seu objetivo consiste em estabelecer princípios e regras que tratam da coleta, armazenamento e processamento de informações relacionadas a pessoas naturais identificadas ou identificáveis por pessoa natural ou jurídica de direito público ou privado.

Nesse contexto, a importância da criptografia é evidente: sua utilização é essencial para garantir a segurança em toda a cadeia de tratamento dos dados – coleta, armazenamento, utilização e descarte – impedindo acesso por terceiros não autorizados[40].

Além dessas associações teóricas, a essencialidade da criptografia para o exercício do direito à privacidade e outros direitos fundamentais na esfera digital já foi reconhecida em documentos, recomendações e relatórios de diversos órgãos de relevância internacional, como a UNESCO (SCHULZ, De HERT, 2016, p. 60):

> A proteção da criptografia na legislação e em políticas públicas a partir de uma perspectiva de direitos humanos é particularmente importante porque a criptografia torna possível proteger informações e comunicações na plataforma de comunicação inerentemente insegura que é a Internet. Desde o início, a Internet não foi projetada para garantir a segurança da informação e das comunicações em geral. Ao longo dos anos, as técnicas criptográficas se tornaram um componente central da Internet, suportadas por inúmeros protocolos e padrões que apoiam sua implementação na prática. A criptografia torna possível garantir a confidencialidade, privacidade, autenticidade, disponibilidade, integridade e anonimato em cenários específicos. Isso facilita a proteção dos direitos humanos dos usuários da Internet e, em especial, a liberdade de expressão e a privacidade[41].

---

40 Criptografia e regulações de proteção de dados pessoais serão tratadas em 4.1.2.2, *infra*.

41 Tradução própria. No original, em inglês: "The protection of encryption in relevant law and policy instruments from a human rights perspective is particularly important because encryption makes it possible to protect information and communication on the otherwise insecure communications platform that is the

Criptografia e direitos humanos foi tema de uma pesquisa realizada por David Kaye (2015 e 2018), relator especial sobre a promoção e proteção do direito à liberdade de opinião e de expressão da ONU. O relator reforçou a importância da criptografia para o direito à privacidade, recomendando que países não apenas não restrinjam sua utilização, mas estimulem a sua adoção por todos seus cidadãos:

> A criptografia e o anonimato, os principais mecanismos atuais para a segurança online, fornecem aos indivíduos meios de proteger sua privacidade, capacitando-os a navegar, ler, desenvolver e compartilhar opiniões e informações sem interferência (...). Os Estados devem promover uma criptografia forte e o anonimato. Legislações devem reconhecer que os indivíduos são livres para proteger a privacidade de suas comunicações digitais usando tecnologia e ferramentas de criptografia que permitem o anonimato online[42].

Sob qualquer que seja o prisma de análise, a criptografia é essencial para o resguardo da privacidade no ambiente digital. Menos óbvio, mas igualmente importante, é seu protagonismo para viabilizar o exercício da liberdade de expressão, que será explorado a seguir.

2.2.1.2. Liberdade de Expressão e Comunicação

Ao inviabilizar o acesso de terceiros a comunicações, documentos e outros registros na esfera digital, a criptografia tem papel essencial na

---

Internet. Initially, the Internet was itself not designed to provide for the security of information and communications generally. Over the years, cryptographic techniques have become a core component of the Internet, supported by numerous protocols and standards that support their implementation in practice. Encryption makes it possible to help ensure confidentiality, privacy, authenticity, availability, integrity and anonymity in specific settings. This facilitates the protection of human rights of Internet users, and freedom of expression and privacy in particular".

42 Tradução própria. No original, em inglês: "Encryption and anonymity, today's leading vehicles for online security, provide individuals with a means to protect their privacy, empowering them to browse, read, develop and share opinions and information without interference (...) States should promote strong encryption and anonymity. National laws should recognize that individuals are free to protect the privacy of their digital communications by using encryption technology and tools that allow anonymity online".

proteção da liberdade de expressão. Neste item, explorarei com mais detalhes a relação. Para isso, seguirei a seguinte estrutura: (i) descrição do conceito e da importância da liberdade de expressão; (ii) relação entre liberdade de expressão e privacidade – a partir da ideia de "privacidade intelectual" proposta por Neil Richards (2008); e (iii) papel da criptografia para cada um dos elementos da privacidade intelectual, como elencados por Richards.

Assim como o direito à privacidade, a liberdade de expressão é um dos alicerces de qualquer sociedade democrática. Trata-se de um princípio amplo, que não se reduz à liberdade de exteriorizar/comunicar ideias sem medo de censura ou represália, englobando também o seu processo de formação (liberdade de pensamento e de informação) (SILVA, 2014, p. 243). Além disso, a ela estão intimamente relacionadas as liberdades de imprensa, de crença e de associação.

A liberdade de expressão foi celebremente consagrada como direito fundamental na Declaração Universal dos Direitos Humanos:

> Art. 19. Todo o indivíduo tem direito à liberdade de opinião e de expressão, o que implica o direito de não ser inquietado pelas suas opiniões e o de procurar, receber e difundir, sem consideração de fronteiras, informações e ideias por qualquer meio de expressão.

E também no Pacto Internacional de Direitos Civis e Políticos:

> Art. 19. 1. Ninguém poderá ser molestado por suas opiniões.
>
> 2. Toda pessoa terá direito à liberdade de expressão; esse direito incluirá a liberdade de procurar, receber e difundir informações e ideias de qualquer natureza, independentemente de considerações de fronteiras, verbalmente ou por escrito, em forma impressa ou artística, ou por qualquer outro meio de sua escolha.
>
> 3. O exercício do direito previsto no parágrafo 2 do presente artigo implicará deveres e responsabilidades especiais. Consequentemente, poderá estar sujeito a certas restrições, que devem, entretanto, ser expressamente previstas em lei e que se façam necessárias para:
>
> a) assegurar o respeito dos direitos e da reputação das demais pessoas;
>
> b) proteger a segurança nacional, a ordem, a saúde ou a moral públicas.

O direito foi positivado na vasta maioria dos ordenamentos jurídicos ao redor do mundo. O *Comparative Constitutions Project* aponta que mais de 190 países contêm algum tipo de provisão relacionada ao direito à liberdade de expressão[43]. No Brasil, ele está previsto na Constituição Federal, art. 5º, IV ("é livre a manifestação do pensamento, sendo vedado o anonimato") e IX ("é livre a expressão da atividade intelectual, artística, científica e de comunicação, independentemente").

Essa onipresença da liberdade de expressão é frequentemente justificada por duas teorias principais. A primeira, baseada nos escritos de John Stuart Mill (1879) e nos votos de Oliver Wendell Holmes Jr., que foi ministro da Suprema Corte dos Estados Unidos entre 1909 e 1932, entende que proteger a comunicação de ideias em público é essencial na "busca pela verdade". De acordo com essa vertente, este direito seria operacionalizado via um figurativo "livre mercado de ideias" (*marketplace of ideas*), em que todos são livres para exprimir suas opiniões e estas competem entre si. Ao apresentar ideias conflitantes no debate público, a verdade eventualmente prevaleceria – sendo o seu grau de aceitação pela sociedade o termômetro da veracidade.

A segunda teoria, desenvolvida em meados do século XX por Alexander Meiklejohn (1948), indica que a liberdade de expressão é fundamental para a governança democrática. O objetivo da proteção à expressão seria maximizar a participação política, uma vez que, ao abranger o maior número possível de ideias no debate público, os cidadãos seriam capazes de deliberar da maneira mais informada possível. A proteção, aqui, não seria a todo e qualquer tipo de expressão, mas somente aquela que for útil para a governança democrática: "O fundamental não é que todos devam se expressar, mas sim que tudo que tenha valor seja dito"[44].

Ambas as teorias, ao focarem em utilidade, não parecem representar adequadamente a essencialidade e amplitude da liberdade de expressão.

---

43 Disponível em: <https://www.constituteproject.org/search?lang=en&key=express&status=in_force&status=is_draft>. Acesso em: 31 de março de 2021.

44 Tradução própria. No original, em inglês: "What is essential is not that everyone shall speak, but that everything worth saying shall be said" (MEIKLEJOHN, 1948, p. 25).

Crítico dessas limitações, Jack Balkin (2004) propõe que a importância da liberdade de expressão seria *promover a participação na criação de cultura*. De acordo com Balkin, a cultura abarcaria tanto elementos políticos como não políticos, que incluem desde expressões artísticas até coisas frívolas, como tendências da moda e fofocas. O autor afirma que:

> (...) cultura é uma das fontes da nossa própria identidade. O ser humano é feito de cultura. Uma cultura democrática é valiosa porque dá às pessoas comuns oportunidades justas de participação na criação e evolução dos processos de significado – fazendo com que eles se tornem parte deles; uma cultura democrática é valiosa porque dá às pessoas comuns voz no progresso e desenvolvimento das forças culturais que, por sua vez, formam essas próprias pessoas. (...) Quando as pessoas são criativas, quando fazem coisas novas a partir de coisas antigas, quando se tornam produtores de sua cultura, exercem e realizam sua liberdade e se tornam pessoas livres. Essa liberdade é algo mais do que apenas escolher quais produtos culturais comprar e consumir; a liberdade de criar é um compromisso ativo com o mundo (BALKIN, 2004, p. 33)[45].

Balkin aponta que o desenvolvimento tecnológico, em especial o advento da Internet, intensificou a importância da proteção a todos os tipos de expressão. Ao mesmo tempo que a tecnologia reduziu exponencialmente os custos de produção, reprodução e disseminação de conteúdo expressivo (seja ele político ou não político) – além de aumentar seu alcance e a velocidade de disseminação – ela trouxe também novas ferramentas de monitoramento e controle do conteúdo compartilhado. Esse controle pode ocorrer tanto *após* (*e.g.*, filtros de conteúdo em redes sociais)

---

45 Tradução própria. No original, em inglês: "(...) culture is a source of the self. Human beings are made out of culture. A democratic culture is valuable because it gives ordinary people a fair opportunity to participate in the creation and evolution of the processes of meaning- making that shape them and become part of them; a democratic culture is valuable because it gives ordinary people a say in the progress and development of the cultural forces that in turn produce them. (...) When people are creative, when they make new things out of old things, when they become producers of their culture, they exercise and perform their freedom and become the sort of people who are free. That freedom is something more than just choosing which cultural products to purchase and consume; the freedom to create is an active engagement with the world".

como *antes* da manifestação do pensamento (*e.g.*, efeitos inibidores da vigilância; medo de retaliação por causa da expressão)[46]. Este último evidencia a importância da privacidade para a liberdade de expressão.

2.2.1.2.1. "Privacidade Intelectual", Liberdade de Expressão e Criptografia

Tradicionalmente, privacidade e liberdade de expressão foram tratadas como valores ou direitos em oposição – o direito de resguardar para si informações sobre a vida privada seria, de fato, um dos possíveis limitadores da publicação de um perfil jornalístico, por exemplo (WHITMAN, 2004, p. 1209; RICHARDS, 2008, p. 402). No entanto, se tomarmos a liberdade de expressão em toda sua extensão (o que inclui a liberdade de pensamento, comunicação, entre outras), a sinergia entre ambos torna-se mais evidente: a privacidade garante ao indivíduo as condições necessárias para a formação de ideias, pensamentos e opiniões que serão, posteriormente, divulgadas na forma de expressão. Neil Richards (2008, p. 389) traduz muito bem essa importante relação ao desenvolver o conceito de **privacidade intelectual**, que define como:

> A privacidade intelectual é a capacidade – seja protegida por lei ou por circunstâncias sociais – de desenvolver ideias e crenças longe do olhar indesejado ou da interferência de outros. A vigilância ou interferência pode distorcer a integridade de nossa liberdade de pensamento e pode distorcer a maneira como pensamos, com repercussões claras no conteúdo de nosso discurso ou escrita subsequente.

---

46 Costuma-se associar este "efeito inibidor" da vigilância estatal à ideia de "chilling effect", proposta por Frederick Schauer: "A chilling effect occurs when individuals seeking to engage in activity protected by the first amendment are deterred from so doing by governmental regulation not specifically directed at that protected activity. Thus, if a statute which is directed at hard-core pornography has the actual effect of deterring an individual from publishing the Decameron or Lady Chatterley's Lover, that effect is properly deemed a chilling effect". O conceito de Schauer, no entanto, associa a autocensura à existência de uma norma jurídica que pode ser usada contra o interlocutor. Aqui, tratamos de algo mais abrangente: há comportamentos lícitos cuja divulgação, a depender do contexto, pode ser danosa ao interlocutor. *E.g.*, um membro de uma comunidade conservadora que decide se aventurar em sites de pensadores marxistas; havendo a possibilidade da divulgação dessa atividade aos seus pares, ele pode muito bem se autocensurar. Cf. SCHAUER, Frederick. Fear, Risk and the First Amendment: Unraveling The Chilling Effect. *Faculty Publications*, 1978.

> A capacidade de decidir livremente e desenvolver novas ideias depende, portanto, fundamentalmente de privacidade intelectual[47].

A privacidade intelectual parte do pressuposto de que é pouco eficaz a proteção da expressão apenas no momento de sua comunicação, uma vez que a própria consciência da possibilidade de estar sendo monitorado no momento de formação da ideia a ser comunicada pode levar à autocensura. A liberdade de se informar, explorar novas perspectivas, compartilhar ideias com pessoas próximas, entre outras coisas, é essencial para garantir que a liberdade de expressão cumpra sua função: seja ela sob a perspectiva mais restritiva, para a governança democrática, ou mais abrangente, para a participação na criação de cultura. Como já mencionado, o desenvolvimento tecnológico intensificou a possibilidade de monitoramento do comportamento do indivíduo online – por governos e por entidades privadas – o que ressalta ainda mais a sua importância (Idem, p. 399).

Richards (Idem, p. 408-425) indica que a privacidade viabiliza a liberdade de expressão ao salvaguardar quatro elementos principais: (i) liberdade de pensamento e crença; (ii) atividades intelectuais em espaços privados; (iii) liberdade de exploração intelectual privada; e (iv) liberdade de comunicação privada.

O núcleo central da privacidade intelectual é a proteção da **liberdade de pensamento e de crença**. A privacidade garante ao indivíduo as condições para que ele forme pensamentos e desenvolva ideias e crenças sem o medo de sofrer qualquer tipo de retaliação, censura ou escrutínio de terceiros.

Em segundo lugar, por meio dela garante-se **tempo e espaços privados para o desenvolvimento de atividades intelectuais**. Estes são essenciais para que seja possível pensar livremente, sem interferências ou vigilância. O "espaço" a que Richards se refere não é necessariamen-

---

47 Tradução própria. No original, em inglês: "Intellectual privacy is the ability, whether protected by law or social circumstances, to develop ideas and beliefs away from the unwanted gaze or interference of others. Surveillance or interference can warp the integrity of our freedom of thought and can skew the way we think, with clear repercussions for the content of our subsequent speech or writing. The ability to freely make up our minds and to develop new ideas thus depends upon a substantial measure of intellectual privacy".

te físico, consistindo basicamente na possibilidade de se distanciar de terceiros, quaisquer que sejam os meios (real ou virtual). "A privacidade 'espacial' proporciona isolamento e inacessibilidade, o que por sua vez permite o desapego necessário para a contemplação e o exercício de nossa liberdade cognitiva"[48] (RICHARDS, 2008, p. 416).

Em terceiro lugar, a privacidade intelectual garante **liberdade de exploração intelectual privada**, ou seja, estimula a nossa habilidade de desenvolver novas crenças, ideias e opiniões ao proteger a confidencialidade do nosso histórico de leituras, estudos, interações e experiências (o que Richards chama de "registros intelectuais").

Por fim, protege-se a **liberdade de comunicar-se de forma confidencial**. O papel da privacidade seria, aqui, proteger nossas comunicações de seu acesso por terceiros e evitar sua divulgação não autorizada por confidentes. A comunicação privada é essencial para a liberdade de expressão, uma vez que discussões honestas com nossos familiares, amigos e colegas, longe do espaço público, são essenciais para a formação e maturação de ideias, que podem ou não se tornar públicas. Nas palavras de Richards (Idem, p. 424):

> As comunicações confidenciais são fundamentais para a privacidade intelectual. Nossos confidentes são fontes de novas ideias e informações, mas sem confidencialidade podem relutar em compartilhar conosco pensamentos subversivos ou divergentes, para que outros não nos ouçam. Por outro lado, se não pudermos conversar com confidentes, não seremos capazes de desenvolver nossas próprias ideias em colaboração com outros antes de estarmos prontos para compartilhá-las publicamente[49].

---

48 Tradução própria. No original, em inglês: "Spatial privacy provides isolation and inaccessibility, which in turn allow the detachment necessary for contemplation and the exercise of our cognitive liberty".

49 Tradução própria. No original, em inglês: "Confidential communications are essential to meaningful intellectual privacy. Our confidants are a source of new ideas and information, but with- out confidentiality they may be reluctant to share subversive or deviant thoughts with us lest others overhear. On the other hand, without the ability to speak with trusted confidants, we lack the ability to develop our own ideas in collaboration with others before we are ready to share them publicly".

Diante da inerente insegurança das tecnologias digitais, é possível identificar, em diferentes graus, a importância da criptografia na viabilização de cada um dos quatro elementos da privacidade intelectual:

(i) Em relação à liberdade de pensamento e de crença, a cifragem de discos rígidos e serviços de armazenamento de dados de forma criptografada permitem que indivíduos desenvolvam e registrem para si suas ideias e opiniões pessoais sem que terceiros possam acessá-las. Independentemente do quão inofensiva, controversa, reprovável ou revolucionária a ideia e da forma como ela for registrada (texto, imagem, vídeo, áudio), a criptografia de dados armazenados é necessária para garantir que ela não sofra nenhum tipo de escrutínio de terceiros ou seja divulgada sem autorização.

(ii) Intimamente relacionado com o ponto anterior, ao garantir a inacessibilidade dos dados por terceiros, a criptografia é importante para viabilizar na esfera digital espaços privados para o desenvolvimento de atividades intelectuais. Em regimes antidemocráticos, onde há filtragem de conteúdos e monitoramento das atividades nas redes, garantir esses "espaços privados digitais" é tão complexo quanto necessário, sendo a criptografia fundamental.

(iii) Ambientes digitais seguros são essenciais para garantir a liberdade de exploração intelectual privada. De um lado, a criptografia de dados armazenados impede que terceiros acessem os registros de nossa atividade exploratória intelectual – desde arquivos baixados até o histórico de nossa navegação online. De outro, a criptografia garante ao usuário a possibilidade de acessar conteúdos filtrados na Internet e plataformas bloqueadas para manifestação de opiniões pessoais que, em contextos autoritários, ensejariam represálias, intimidações, censura e outros tipos de punições. Destaca-se a importância de redes criptografadas, como a rede Tor, que são essenciais para esse ponto.

(iv) Por fim, a relação mais evidente entre criptografia e privacidade intelectual é seu papel em assegurar a liberdade de comunicação de forma confidencial. Sistemas de criptografia assimétrica garantem, de um lado, a impossibilidade de interceptação do conteúdo de conversas por terceiros e, por outro, a garantia de que a comunicação chegará de forma íntegra ao destinatário almejado. Novamente, em um cenário onde todas as nossas interações estão sujeitas ao monitoramento por entidades privadas e/ou governos, a comunicação em canais criptografados é essencial para garantir liberdade na troca de ideias e opiniões.

Esses papéis da criptografia na liberdade de expressão não costumam ser trazidos à tona no debate sobre sua regulação, que se centra quase exclusivamente em questões do direito à privacidade[50]. Dos poucos que tratam de maneira aprofundada a relação, destaca-se o trabalho de David Kaye (2015, p. 9), relator especial sobre a promoção e a proteção do direito à liberdade de opinião e de expressão da ONU, que dedicou um relatório para trabalhar esta relação:

> Em ambientes onde a censura predomina, os indivíduos podem depender da criptografia e do anonimato a fim de contornar as restrições e exercer o direito de buscar, receber e transmitir informações. A censura pode colocar barreiras intransponíveis ao direito de acesso à informação. Alguns Estados impõem restrições baseadas no conteúdo, frequentemente discriminatórias ou criminalizam a expressão online, intimidando a oposição política e os dissidentes e aplicando leis de crimes contra a honra para silenciar jornalistas, advogados e ativistas. (...) É preciso enfatizar que as leis de direitos humanos também protegem o direito de buscar, receber e transmitir informações e ideias científicas. (...) As tecnologias de criptografia e anonimato permitem aos indivíduos compartilhar tais informações em situações em que, de outra forma, elas são proibidas (...)[51].

---

50 Mesmo os poucos trabalhos que tratam da relação, o fazem de maneira vaga: *e.g.*, SCHULZ, De HERT (2016); AMNESTY INTERNATIONAL (2017); FROOMKIN (1995).

51 Tradução própria. No original, em inglês: "In environments of prevalent censorship, individuals may be forced to rely on encryption and anonymity in order to circumvent restrictions and exercise the right to seek, receive and impart information. State censorship, for instance, poses sometimes insurmountable barriers to the right to access information. Some States impose content-based, often discriminatory restrictions or criminalize online expression, intimidating political opposition and dissenters and applying defamation and lese-majesty laws to silence journalists, defenders and activists. (...) It bears emphasizing that human rights law also protects the right to seek, receive and impart scientific information and ideas. (...) Encryption and anonymity technologies enable individuals to share in such information in situations where they are otherwise denied (...)".

A criptografia como ferramenta viabilizadora da liberdade de expressão não é a única relação possível entre a ferramenta e o direito fundamental. Nos EUA, existe um debate sobre o desenvolvimento de sistemas criptográficos consistir em uma forma de expressão protegida, o que daria um peso ainda maior para essa relação. Explorarei isso no tópico a seguir.

2.2.1.2.2. "Code is speech", ou criptografia como forma de expressão: uma abordagem particular dos EUA

Os Estados Unidos têm posição de destaque no debate internacional sobre regulação da criptografia, sendo há mais de 30 anos o palco central de inovações criptográficas, desenvolvimento de padrões de criptografia e, também, de reações regulatórias à ferramenta. Justamente por isso, é natural que muitos aspectos do debate internacional sejam pautados – ou ao menos influenciados – pelo que se discute nos EUA.

Apesar disso, uma curiosa particularidade do debate por lá é um dos argumentos jurídicos utilizados para afastar uma possível obrigação legal para que empresas implementem mecanismos de acesso excepcional em seus sistemas de segurança. Enquanto a vasta maioria dos países aponta o papel da criptografia como mecanismo *viabilizador* do exercício de direitos (privacidade e liberdade de expressão e comunicação), juristas dos EUA vão mais além e alegam que o próprio código fonte de sistemas criptográficos consistiria em uma forma de expressão protegida pelo direito à liberdade de expressão, consubstanciado na Primeira Emenda à Constituição do país. Haveria, de acordo com essa interpretação, uma equivalência entre o ato de se expressar e o ato de escrever e divulgar o código. Impor qualquer tipo de alteração no código contra a vontade do desenvolvedor consistiria em uma violação à 1ª Emenda, com base na chamada doutrina do "discurso compulsório" (*compelled speech*), que proíbe que o governo force qualquer um a se expressar de determinada maneira contra sua própria vontade (MATSNEV, 2018, p. 318).

Questões relacionadas ao direito à privacidade também estão presentes no debate por lá, mas é importante apontar que argumentos baseados na 1ª Emenda/liberdade de expressão têm força excepcional no país, via de regra se sobrepondo a argumentos baseados em demais direitos fundamentais (WHITMAN, 2004, p. 1196).

Na prática, esse argumento foi levantado pela Apple no caso Apple *vs.* FBI[52], em que a empresa alegou explicitamente que "a Primeira Emenda proíbe que o governo force a Apple a criar código"[53], acrescentando que a imposição de *backdoors* pelo governo iria contra o próprio posicionamento ideológico da empresa:

> Ainda mais problemático, a decisão do tribunal discrimina com base na ideologia e opiniões da Apple. Quando a Apple projetou o iOS 8, ela escreveu um código que ressalta a estima que a empresa tem em relação a segurança dos dados e à privacidade dos cidadãos, evitando qualquer tipo de *backdoor* que poderia ser explorado por criminosos. (...) O governo discorda dessa posição e pede a esta Corte que obrigue a Apple a escrever um novo código que vai em desencontro com sua ideologia. Isto é, em todos os sentidos do termo, discriminação de pontos de vista, o que viola a Primeira Emenda[54].

Como será analisado no próximo capítulo, o caso Apple *vs.* FBI nunca foi julgado, uma vez que o FBI obteve de terceiros uma ferramenta para evadir a criptografia da Apple e acessar o conteúdo de um celu-

---

52 Cf. Capítulo 3 para uma explicação mais detalhada do caso Apple *vs.* FBI.

53 Cf. UNITED STATES DISTRICT COURT CENTRAL DISTRICT OF CALIFORNIA. Apple Inc's Motion To Vacate Order Compelling Apple Inc. To Assist Agents In Search, And Opposition To Government's Motion To Compel Assistance, In The Matter Of The Search Of An Apple iPhone Seized During The Execution Of A Search Warrant On A Black Lexus Is300, California License Plate 35kgd203, 2016, p. 332-344. Ver mais em 3.3 *infra*.

54 Tradução própria. No original, em inglês: "Even more problematically, the Court's Order discriminates on the basis of Apple's viewpoint. When Apple designed iOS 8, it wrote code that announced the value it placed on data security and the privacy of citizens by omitting a back door that bad actors might exploit. (...) The government disagrees with this position and asks this Court to compel Apple to write new software that advances its contrary views. This is, in every sense of the term, viewpoint discrimination that violates the First Amendment".

lar apreendido[55]. Não há, portanto, um posicionamento definitivo das cortes estadunidenses sobre o argumento, podendo ele ser usado novamente em juízo em casos futuros.

Vale dizer que o argumento de que código fonte de sistemas criptográficos estaria protegido pela 1ª Emenda não é algo inteiramente novo na jurisprudência dos EUA. Durante os anos 1990, ocorreram casos relacionados: receando que a dispersão de ferramentas de criptografia pudesse ser prejudicial à segurança nacional, o governo estadunidense impôs diversas restrições à exportação de produtos de criptografia. A intenção do Governo dos EUA era impedir a disponibilização de criptografia forte para nações estrangeiras. Do contrário, elas poderiam ser usadas de forma prejudicial às atividades de inteligência dos EUA.

Os problemas surgiram quando essas normas de exportação afetaram a produção acadêmica: Daniel Bernstein, um estudante da Universidade da Califórnia, Berkeley, queria publicar na Internet um artigo científico sobre um protocolo de criptografia que ele havia desenvolvido, que incluía o seu código fonte como anexo do texto. A legislação vigente, no entanto, proibia-o de o fazer, porque a publicação na Internet poderia se encaixar como um tipo de "exportação", uma vez que o artigo estaria disponível para todo o mundo.

O caso foi judicializado[56], com Bernstein alegando que as restrições violavam o seu direito de publicação (abarcado pela 1ª Emenda). Em 1997, a *United States Court of Appeals for the Ninth Circuit* decidiu em favor de Bernstein, equiparando o código fonte do protocolo criptográfico a expressão protegida. Decisões semelhantes seguiram-se nos anos seguin-

---

55 Cf. NAKASHIMA, Ellen. FBI paid professional hackers one-time fee to crack San Bernardino iPhone. *The Washington Post* (12-4-2016). Disponível em: <https://www.washingtonpost.com/world/national-security/fbi-paid-professional-hackers-one-time-fee-to-crack-san-bernardino-iphone/2016/04/12/5397814a-00de-11e6-9d36-33d198ea26c5_story.html?noredirect=on&utm_term=.88ba27db4011>. Acesso em: 31 de março de 2021.

56 Bernstein *vs.* U.S. Dept. of Justice, 176 F.3d 1132 (9th Cir. 1997). Disponível em: <https://law.justia.com/cases/federal/district-courts/FSupp/945/1279/1457799/>. Acesso em: 31 de março de 2021.

tes (Karn *vs.* US Dept. of State[57] em 1997 e Junger *vs.* Daley[58] em 2000). Tanto Bernstein *vs.* US quanto Junger *vs.* Daley foram utilizados pela Apple para embasar seu posicionamento.

A equiparação entre os casos da década de 1990 e Apple *vs.* FBI, no entanto, parece não se sustentar. Como analisou Robert Post (2000), o objetivo da 1ª Emenda é proteger a comunicação de ideias. O código fonte de sistemas criptográficos só estaria protegido se sua comunicação veicular algum tipo de ideia. Por se tratar de um artigo acadêmico, a publicação de Bernstein se encaixaria nessa hipótese. Por outro lado, Post indica que não haveria proteção da 1ª Emenda quando o código fonte for meramente funcional, usado para ser processado em computador. É razoável assumir que a criptografia do iOS encaixar-se-ia nessa segunda hipótese.

O argumento de que a implementação de criptografia seria uma manifestação do posicionamento ideológico da empresa, no entanto, é algo inédito e controverso[59].

É muito improvável que, fora da lógica estadunidense, a implementação de algo funcional e mecânico como código de computador em determinado sistema seja sequer cogitado como algo protegido pelo direito à liberdade de expressão; criptografia é técnica para proteger o conteúdo e/ou o meio da comunicação, não sendo um fim em si mesmo. Até mesmo a ideia de um direito fundamental amplo à liberdade de expressão para empresas/pessoas jurídicas (excetuando-se, claro, a liberdade de imprensa), como alegou a Apple, soa pouco convincente em um sistema jurídico como o brasileiro, por exemplo, uma vez que a própria

57 Karn *vs.* US Dept. of State, 925 F. Supp. 1 (D.D.C. 1996). Disponível em: <https://law.justia.com/cases/federal/district-courts/FSupp/925/1/2294325/>. Acesso em: 31 de março de 2021.

58 Junger *vs.* Daley, 209 F.3d 481 (6th Cir. 2000). Disponível em: <https://www.aaup.org/brief/junger-v-daley-209-f3d-481-6th-cir-2000>. Acesso em: 31 de março de 2021.

59 Para uma análise crítica desse argumento, cf. RICHARDS, Neil. Apple's "Code = Speech" Mistake. *MIT Technology Review* (1º-3-2016). Disponível em: <https://www.technologyreview.com/s/600916/apples-code-speech-mistake/>. Acesso em: 31 de março de 2021.

definição de "direito fundamental" coloca a pessoa humana (natural) como elemento central, como afirma José Afonso da Silva (2014, p. 180):

> Direitos fundamentais do homem [designam], no nível do direito positivo, aquelas prerrogativas e instituições que [se concretizam] em garantias de uma convivência digna, livre e igual de todas as pessoas (...). Trata-se de situações jurídicas sem as quais a pessoa humana não se realiza, não convive e, às vezes, nem mesmo sobrevive (...).

De qualquer jeito, é importante compreender o argumento e suas ramificações, uma vez que ele pode ser central para a definição do posicionamento dos EUA diante da imposição de mecanismos de acesso excepcional, que terá influência na condução do debate no resto do mundo.

2.2.2. Importância da Criptografia para a Atividade Econômica e Desenvolvimento Tecnológico

Saindo um pouco do âmbito dos direitos fundamentais dos usuários, é importante também apontar a importância da criptografia para os negócios. Como diferentes empresas possuem necessidades distintas, apontarei o papel da criptografia nos negócios sob quatro perspectivas: (i) como elemento essencial para o oferecimento do serviço; (ii) como diferencial de mercado; (iii) como forma de proteção do sigilo de ativos intelectuais da empresa; e, por fim, (iv) como forma de cumprir requisitos de segurança estabelecidos em legislações de proteção de dados.

Em primeiro lugar, a criptografia é importante para a prestação de serviços via Internet. Isso engloba atividades que envolvem o compartilhamento de informações e dados pessoais online, como dados financeiros (em transações bancárias e *e-commerce*), dados de saúde (em serviços de telemedicina e consulta a exames), dentre outros. Para isso, é necessário garantir não somente a segurança dos dados na comunicação entre o dispositivo do usuário e o servidor do provedor do serviço (geralmente se utilizando da criptografia SSL/TLS, como visto no Capítulo 1), como também no armazenamento dos dados nesses servidores. É incabível pensar o oferecimento desse tipo de serviço online sem a priorização de robustos mecanismos de segurança da informação.

Em segundo lugar, a criptografia serve como um diferencial de mercado para o produto ou serviço que está sendo oferecido. Na medida em que a privacidade e a segurança de dados se tornam elementos relevantes para os usuários, serviços que as priorizam serão preferidos aos demais. Exemplo disso são os próprios aplicativos de comunicação online (por mensagem, áudio e VoIP), que adotaram a criptografia ponta a ponta: além da gama de usuários casuais, a criptografia forte incentiva o uso do serviço por aqueles que necessitam do sigilo de suas comunicações, como ativistas, jornalistas, médicos/pacientes, advogados/clientes, entre outros. Essa perspectiva, contudo, depende bastante da percepção dos usuários em relação à segurança de suas atividades online, algo que entrou no radar do público em geral somente em 2013, com as revelações de Edward Snowden[60].

Em terceiro lugar, há o papel da criptografia em garantir a segurança de comunicações internas e ativos intelectuais de empresas. Comunicações entre funcionários podem conter diversas informações confidenciais sobre as atividades da companhia, sendo essencial a utilização de ferramentas de comunicação seguras – como a criptografia ponta a ponta. Isso torna-se ainda mais necessário diante da disseminação do *home office*[61].

A criptografia de dados armazenados é também fundamental para proteção da propriedade intelectual dessas empresas, o que engloba desde segredos industriais a patentes pendentes de registro (LANDAU, 2017, p. 26). A ascensão de ciberataques e atos de ciberespionagem com o intuito de obtenção desse tipo de ativo suscita particular atenção à segurança da informação[62].

A indústria do entretenimento é particularmente sensível a essa forma de invasão, uma vez que todo seu modelo de negócio é baseado

---

60 Abordarei este tópico em mais detalhes no item 3.3.1.

61 SINGH, Rajnesh. Working from Home: Keeping It Secure and Private. *Internet Society* (17-3-2020). Disponível em: <https://www.internetsociety.org/blog/2020/03/working-from-home-keeping-it-secure-and-private/>. Acesso em: 31 de março de 2021.

62 Cf. 3.2 *infra*.

no controle da distribuição de suas obras artísticas e intelectuais. O "vazamento" de um filme ou disco na Internet pode acarretar prejuízos de milhões de dólares (DIFFIE, LANDAU, 2007, p. 48-49)[63].

Por fim, há ainda estímulos regulatórios à adoção de robustos sistemas de criptografia via recentes legislações de proteção de dados pessoais, como a *General Data Protection Regulation* na União Europeia e a Lei Geral de Proteção de Dados Pessoais no Brasil. Empresas cujo modelo de negócio envolve, em alguma medida, o tratamento de dados pessoais estão sujeitas a esse tipo de regulação. A criptografia não é explicitamente requerida em nenhum desses diplomas normativos, mas a segurança no tratamento dos dados é um dos pressupostos fundamentais dessas atividades, e incidentes envolvendo dados pessoais podem ensejar severas punições para os envolvidos. Nesse sentido, a adoção de mecanismos de criptografia forte é recomendada, de forma a diminuir os riscos da atividade.

2.2.3. A Complexa relação entre Criptografia e Segurança Pública

O desenvolvimento tecnológico impacta diretamente a investigação criminal, atividade essencial para a garantia da segurança pública. A criptografia pode ser utilizada direta ou indiretamente na comissão de crimes.

De forma direta, a tecnologia pode ser utilizada para viabilizar uma vasta gama de crimes que são cometidos no próprio ambiente digital,

---

63 Ainda sobre o papel da criptografia na proteção de propriedade intelectual, vale fazer um breve comentário sobre o papel da criptografia para a gestão e o controle de direitos autorais no ambiente digital – ainda que não se trate especificamente dos mecanismos de criptografia a que este livro se refere. Mecanismos de *Digital Rights Management* (DRM) consistem em medidas de restrição de acesso e utilização de obras digitais; são eles que impedem que você faça cópias livremente de filmes da Netflix ou músicas do Spotify, por exemplo. Mecanismos criptográficos são utilizados para impedir o acesso ao conteúdo de determinada mídia digital na forma legível, como o *Content Scramble System* (CSS), utilizado para cifrar o conteúdo de DVDs. Desenvolvi um estudo mais aprofundado sobre isso na minha dissertação de mestrado. Cf. LIGUORI FILHO, Carlos Augusto. Tente outra vez: o anteprojeto de reforma da lei de direitos autorais, sua compatibilidade na sociedade da informação e a espera pela reforma que nunca chega. Dissertação (Mestrado em Direito). 224f. FGV Direito SP, 2016, p. 123-129.

por intermédio de dispositivos eletrônicos (*e.g.*, invasão de dispositivo eletrônico; armazenamento e compartilhamento de pornografia infantil; compartilhamento de imagens pornográficas sem consentimento da pessoa retratada etc.).

De outro lado, e de forma ainda mais geral, a tecnologia pode ser utilizada para auxiliar na comissão de crimes (*e.g.*, criminosos podem se comunicar via aplicativos de mensagens; redes sociais podem ser utilizadas para identificar vítimas, pode-se utilizar buscadores para pesquisar técnicas para a comissão de crimes etc.). Em ambos os casos, a coleta de fontes de prova no ambiente digital é essencial para a condução da investigação.

A criptografia aparece nesse cenário de duas maneiras: por um lado, ela é utilizada para dificultar o acesso das autoridades à investigação a essas fontes de prova, seja inviabilizando o acesso às comunicações entre investigados ou ao conteúdo dos discos rígidos de dispositivos apreendidos. Por outro lado, robustos sistemas de segurança, dotados de criptografia forte, são de extrema importância para a própria condução das atividades de investigação, tanto para garantir o sigilo na comunicação de agentes como para garantir segurança e integridade de documentos, meios de prova e outras informações relevantes para persecução penal. O objetivo deste item é explorar o caráter dual da criptografia nesse contexto.

2.2.3.1. Problema principal: Criptografia como medida antiforense

Em fevereiro de 2019, o Ministério da Justiça e Segurança Pública do Brasil organizou, em Brasília, o *I Simpósio* "Going Dark" *Brasil*. O evento contou com diversas autoridades do Brasil, do EUA e mais 11 países para discutir justamente os impactos e desafios da disseminação de sistemas criptográficos para atividades de investigação[64]. Ao final do evento, os participantes assinaram uma declaração conjunta, com pouco menos de

---

64 MJSP promove simpósio internacional sobre "Going Dark". *Ministério da Justiça e Segurança Pública* (8-2-2019). Disponível em: <https://www.justica.gov.br/news/collective-nitf-content-1549651780.89>. Acesso em: 31 de março de 2021.

uma página, sobre os temas debatidos. Transcrevo aqui os primeiro três parágrafos, pois acredito que eles sintetizam perfeitamente os anseios das autoridades de investigação em relação à criptografia[65].

> O advento da Internet e das comunicações digitais transformou a economia global e enriqueceu a sociedade civil. Nações democráticas valorizam os direitos pessoais e a privacidade e apoiam o papel das tecnologias de criptografia na proteção desses direitos nesta era digital. Nesses países, o acesso das autoridades policiais às informações de cidadãos particulares – seja em suas casas, bens pessoais ou dispositivos – é uma circunstância excepcional, que ocorre apenas em conformidade com o estado de direito e o devido processo legal.
>
> Infelizmente, criminosos e terroristas exploram cada vez mais esses avanços tecnológicos recentes. Dispositivos eletrônicos pessoais e aplicativos de comunicação são criados sem considerar adequadamente as consequências da segurança pública, portanto, impedem o acesso a provas fundamentais para impedir crimes graves e ameaças à segurança nacional. Isso impõe obstáculos difíceis e às vezes intransponíveis à capacidade das autoridades de segurança pública de prevenir a violência, proteger as vítimas e processar criminosos.
>
> Este tema não é apenas um problema na aplicação da lei, mas uma responsabilidade mútua para todas as partes interessadas, incluindo fornecedores de hardware, software e serviços de comunicação. Governos democráticos estão dispostos a colaborar com as partes interessadas para cumprir as responsabilidades de segurança pública em particular, as autoridades responsáveis pela aplicação da lei nesses países precisam que os provedores de tecnologia melhorem seus esforços na execução de ordens legais.

A preocupação dessas autoridades consiste no uso de diferentes sistemas de criptografía forte como *medida antiforense*. O objetivo dessas medidas consiste na destruição, ocultação ou na manipulação da fonte de prova, de forma a inviabilizar o acesso ao seu conteúdo, frustrando sua utilidade na análise forense (HARRIS, 2006, p. 45; COSTA, 2019, p. 211). Medidas antiforenses são excepcionalmente problemáticas para

---

65 Disponível em: <https://www.justica.gov.br/news/collective-nitf-content-1550010028.2/documentos/declaracao-do-going-dark-brasil.pdf>. Acesso em: 31 de março de 2021.

autoridades de investigação no contexto das provas digitais, uma vez que arquivos de computador (textos, imagens, sons e vídeos) são facilmente manipuláveis, podendo ser destruídos, alterados, corrompidos ou ocultados[66].

Uma sociedade cada vez mais digitalizada implica que a investigação criminal dependa de fontes de prova nesse âmbito. Ao inviabilizar o acesso de terceiros a conteúdos digitais, a criptografia pode ser utilizada como mecanismo de ocultação de informações de relevância para as autoridades. Mais especificamente, é possível apontar seu papel prejudicial em dois dos principais meios de obtenção de prova existentes: na busca e apreensão de dispositivos eletrônicos e na interceptação telemática (ou de dados).

A criptografia de dados armazenados, aplicada ao disco rígido de computadores, celulares e outros dispositivos eletrônicos, compromete as atividades periciais em aparelhos apreendidos no âmbito de buscas e apreensões. Sob a perspectiva analógica, a busca e apreensão de coisa[67] visa procurar e coletar objetos que podem interessar à investigação criminal (*e.g.*, cartas e diários); tratando-se de arquivos digitais, no entanto, não basta apenas a apreensão do dispositivo eletrônico pelas autoridades, é necessário também que elas sejam capazes de acessar seu conteúdo digital. A criptografia de dados armazenados inviabiliza esse segundo passo.

Por sua vez, a criptografia de dados em trânsito impossibilita a condução das atividades de interceptação telemática: a criptografia ponta a ponta impossibilita que as autoridades acessem os conteúdos de determinada comunicação na forma legível (*plaintext*), mesmo que estes tenham sido interceptados com sucesso (ARANHA, 2018, p. 35).

O que potencializou todo esse cenário e deu o pontapé inicial ao debate "going dark" foi a adoção destes mecanismos de criptografia forte *por padrão* em produtos e serviços extremamente populares. Quan-

66 Para análise e taxonomia mais abrangentes de medidas antiforenses, cf. CONLAN et al., 2016.

67 Em oposição à busca e apreensão de *pessoa* (BADARÓ, 2016, p. 495).

do se fala em "criptografia por padrão", o que se quer dizer é que não somente a criptografia está disponível no produto/serviço em sua modalidade mais básica, como ela também está habilitada desde o primeiro uso, não havendo necessidade de qualquer alteração de configuração do sistema para sua ativação.

Os exemplos mais populares que optaram por essa abordagem são o sistema operacional do iPhone (iOS), que implementou criptografia de dados armazenados em todos os aparelhos desde o iOS 8 (em 2014) e conta com cerca de 900 milhões de usuários ao redor do mundo[68]; e o aplicativo mensagens WhatsApp, que implementou em 2016 criptografia ponta a ponta para todos os seus 2 bilhões de usuários ativos[69].

O grande ponto de contenção da criptografia forte por padrão é o fato de que não é necessário nenhum tipo de conhecimento aprofundado em segurança da informação para se beneficiar da criptografia forte. Se, de um lado, é positivo que isso possa ser desfrutado por usuários comuns, por outro lado, o mesmo benefício se estende a criminosos. Antes adstrito a um conjunto seleto de criminosos dotados de sofisticação técnica, agora o mecanismo está facilmente disponível ao criminoso comum (CORN, 2015). Em depoimento ao Senado estadunidense sobre o debate "going dark", o *District Attorney* do distrito de Manhattan Cyrus Vance Jr. (2016, p. 4) compartilhou seus receios em relação à criptografia por padrão em iPhones:

> (...) criptografia padrão em dispositivos incapacita até mesmo as etapas mais básicas de uma investigação criminal. No passado, os criminosos mantinham provas de seus crimes em cofres, arquivos e armários. Hoje, os criminosos, como o resto de nós, vivem suas

---

68 Dados de janeiro de 2019 reportados pelo Financial Times. Apple bets that 900m iPhone users will underpin growth. *The Financial Times* (30-1-2019). Disponível em: <https://www.ft.com/content/96fafeac-2490-11e9-8ce6-5db4543da632>. Acesso em: 31 de março de 2021.

69 Dados de fevereiro de 2020 fornecidos pela própria empresa: <https://blog.whatsapp.com/two-billion-users-connecting-the-world-privately>. Acesso em: 31 de março de 2021.

> vidas em *smartphones* e armazenam provas de seus crimes em *smartphones*. E quando você considera que o iOS da Apple e o Android, estão em 96,7% dos *smartphones* em todo o mundo, fica claro porque investigar um caso sem acesso a estes dispositivos é fazê-lo com uma mão atada atrás das costas[70].

Diante desse cenário, um grande número de autoridades governamentais ao redor do mundo vem pressionando por soluções na via legislativa que forcem as empresas a compatibilizar os seus sistemas de segurança com as necessidades das investigações[71]. As autoridades posicionam-se contra "criptografia absoluta"[72], "à prova de mandados"[73]. Pedem que as empresas desenvolvam e implementem "criptografia de forma responsável"[74], que conte com "mecanismos de acesso

---

70 Tradução própria. No original, em inglês: "(...) default device encryption cripples even the most basic steps of a criminal investigation. In the past, criminals kept evidence of their crimes in safes, file cabinets, and closets. Today, criminals, like the rest of us, live their lives on smartphones and store evidence of their crimes on smartphones. And when you consider that Apple's iOS, together with Android, run 96.7 percent of smartphones worldwide, it should be clear why investigating a case without access to this evidence is doing so with one hand tied behind our backs".

71 Em uma pesquisa que coordenei na FGV Direito SP, em que buscamos mapear o debate "going dark" em 41 países, descobrimos que autoridades de 24 países haviam se manifestado sobre o debate, enquanto 18 países já debatiam Projetos de Lei sobre o assunto. Cf. CEPI, 2019.

72 "Tech companies are increasingly adopting what I call '**ultimate encryption**', that is, encryption schemes in which only the sender and the receiver of the communication can decrypt the message." Cf. ETZIONI, 2016, p. 565.

73 US voices frustration with **"warrant-proof" encryption**. Cf. US voices frustration with "warrant-proof" encryption. *BBC* (13-11-2017). Disponível em: <https://www.bbc.com/news/technology-41611853>. Acesso em: 31 de março de 2021. Cf. também CORN, 2015.

74 Termo utilizado pelo *Deputy Attorney General* Rod J. Rosenstein: "the Trump administration [will] take more aggressive steps if the companies can't come up with **'responsible encryption'** that gives law enforcement access after a warrant is obtained". Cf. FBI chief calls encryption a "major public safety issue". *The Washington Post* (9-1-2018). Disponível em: <https://www.washingtonpost.com/world/national-security/fbi-chief-calls-encryption-a-major-public-safety-issue/2018/01/09/29a04166-f555-11e7-b34a-b85626af34ef_story.html>. Acesso em: 31 de março de 2021.

excepcional"[75] para que as autoridades, "com clareza, transparência e seguindo os procedimentos estabelecidos por lei"[76], possam acessar os conteúdos na forma legível, para que possam conduzir investigações criminais de forma eficiente e, assim, garantir a segurança pública.

Exposto o problema, cabe um adendo: por mais que colocado de forma lógica e clara pelas autoridades, há pouquíssimos dados, relatórios ou qualquer outro tipo de informação que possa ajudar a entender quão profundamente a questão da criptografia impacta a investigação e a resolução de crimes *na prática*.

Em relação aos dados empíricos disponíveis sobre a extensão do problema, encontrei poucas fontes, sendo todas referentes ao cenário estadunidense. A primeira é um discurso proferido por Christopher Wray, sucessor de James Comey no FBI, na Universidade de Fordham, em janeiro de 2018. Lá, o Diretor afirmou que o FBI foi incapaz de acessar o conteúdo de 7.775 celulares cifrados, apreendidos ao longo de 2017, e indicou que o número tenderia a crescer na medida em que a criptografia forte por padrão for disponibilizada em mais aparelhos[77].

---

75 É muito importante apontar aqui que autoridades de investigação quase nunca utilizam o termo *backdoor* para se referir a alteração do sistema criptográfico necessária para as investigações. O termo vem adquirindo um caráter bastante pejorativo no debate, por isso é mais comum a referência a "mecanismos de acesso excepcional". Na prática, o significado de ambos os termos é exatamente o mesmo: termo genérico para se referir a qualquer tipo de vulnerabilidade inserida propositadamente em um sistema criptográfico, que tenha a finalidade de viabilizar o acesso ao conteúdo das informações em *plaintext* a terceiros.

76 "We aren't seeking a back-door approach. We want to use the front door, with clarity and transparency, and with clear guidance provided by law. We are completely comfortable with court orders and legal process – front doors that provide the evidence and information we need to investigate crime and prevent terrorist attacks" (COMEY, 2014).

77 "Let me give you some numbers to put some meat on the bones of this problem. In fiscal year 2017, we were unable to access the content of 7,775 devices – using appropriate and available technical tools – even though we had the legal authority to do so. Each one of those nearly 7,800 devices is tied to a specific subject, a specific defendant, a specific victim, a specific threat." Disponível em: <https://www.fbi.gov/news/speeches/raising-our-game-cyber-security-in-an-age-of-digital-transformation>. Acesso em: 31 de março de 2021.

A informação havia sido repassada ao Congresso, em dezembro de 2017, de forma a reiterar a posição da Agência no debate "going dark"[78]. O número, bastante elevado, foi recebido com bastante ceticismo por parte de ativistas de privacidade da *Electronic Frontier Foundation*, que solicitaram judicialmente as fontes da informação da fala do Diretor[79]. Pouco depois, o jornal *The Washington Post* reportou que o FBI exagerou na informação, sendo o número real de aparelhos algo entre 1.200 e 2.000 – ainda assim uma quantidade bastante razoável[80].

A segunda fonte, esta mais transparente e organizada, são os relatórios anuais produzidos pelo *Manhattan District Attorney's Office* (MDAO) sobre criptografia de *smartphones* e segurança pública. O departamento produz os documentos anualmente desde novembro de 2015, com o objetivo de "documentar o impacto prejudicial que as decisões comerciais [de disponibilizar criptografia por padrão] tiveram nas investigações criminais e nos resultados da justiça criminal em nível local, estadual, nacional e internacional"[81]. Os relatórios apresentam dados empíricos relativos a celulares sob custódia do MDAO, relacionando o número de celulares bloqueados com os crimes investigados, de forma a descrever seu impacto. Desde 2015, a porcentagem de aparelhos bloqueados vem crescendo:

---

78 Statement Of Christopher A. Wray Director Of The Federal Bureau Of Investigation Before The Committee On The Judiciary. *House Of Representatives* (7-12-2017). Disponível em: <https://republicans-judiciary.house.gov/wp-content/uploads/2017/12/Director-Wray-Testimony.pdf>. Acesso em: 31 de março de 2021.

79 ROSENBLOOM, Michael. The FBI Supposedly Has 7,775 Un-hackable Phones. We're Asking for Proof. *EFF* (14-5-2018). Disponível em: <https://www.eff.org/deeplinks/2018/05/fbi-supposedly-has-7775-un-hackable-phones-were-asking-proof>. Acesso em: 31 de março de 2021.

80 BARRET, Devlin. FBI repeatedly overstated encryption threat figures to Congress, public. *The Washington Post* (22-5-2018). Disponível em: <https://www.washingtonpost.com/world/national-security/fbi-repeatedly-overstated-encryption-threat-figures-to-congress-public/2018/05/22/5b68ae90-5dce-11e8-a4a4-c070ef53f315_story.html>. Acesso em: 31 de março de 2021.

81 Disponível em: <https://www.manhattanda.org/wp-content/uploads/2019/10/2019-Report-on-Smartphone-Encryption-and-Public-Safety.pdf>. Acesso em: 31 de março de 2021.

Figura 5 – Porcentagem de celulares bloqueados recebidos pelo MDAO (2014-2019)

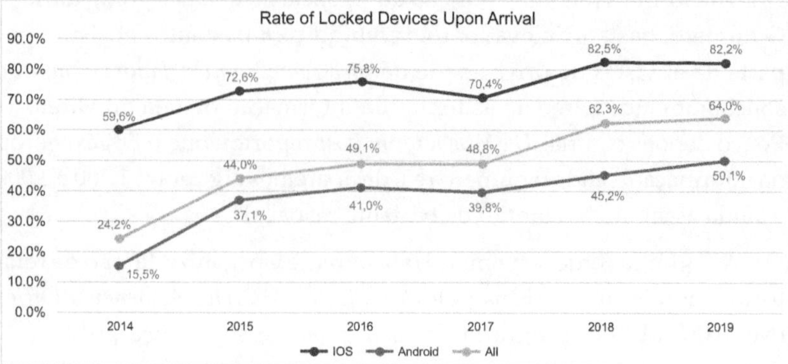

Fonte: MDAO, 2019.

Vale notar, no entanto, que os aparelhos *bloqueados* mostrados no gráfico não estão necessariamente *cifrados* – a mera requisição de senha para o desbloqueio não implica a inacessibilidade total do conteúdo. A proteção por senha, sem que haja criptografia de disco rígido, é algo muito mais facilmente superado pela perícia especializada do que a criptografia de disco rígido[82]. O relatório de 2018 indicou que, dos 589 aparelhos recebidos pela perícia no ano, 366 estavam bloqueados, mas somente 165 estavam inacessíveis por causa de criptografia. O número é crescente desde 2015[83].

---

82 Explicando de forma ilustrativa: "Passwords are like a padlock on a wooden door. They prevent people from seeing what is on the other side of the door. Encryption is like a lock on a solid steel door with the combination in a foreign language. You need to decode the language before you can unlock it. With password-protected information, almost anyone can read the protected data. With encryption, you need the algorithm used to encrypt the data and the key used with the algorithm to decrypt the data to read it" (CLARK, DILIBERTO, 1996).

83 O relatório de 2019 não indicou os números absolutos de aparelhos recebidos, bloqueados ou cifrados, restringindo-se somente a apontar a sua porcentagem, como indicada no gráfico. Sobre os dados de 2018, "from May 2018 through August 2018, our Office's forensic lab, the High Technology Analysis Unit, received 589 mobile devices in connection with live criminal investigations, 366 (or 62%) of which were passcode locked upon arrival at HTAU. As of this writing, of those 366 phones, nearly half (165) are still inaccessible". Cf. <https://www.manhattanda.org/wp-

Em relação a informações empíricas sobre a criptografia de dados em trânsito/ponta a ponta e investigações criminais, novamente só foram encontrados dados referentes aos EUA, dessa vez compilados pelo Poder Judiciário estadunidense em seu relatório anual sobre ordens de interceptação de comunicações. De acordo com o último relatório, do total de 3.225 interceptações autorizadas ao longo de 2019, os investigadores se depararam com comunicações cifradas em 464 delas, sendo que em 438 dos casos as autoridades não foram capazes de decifrar seus conteúdos[84]. Não há informações sobre o impacto disso na resolução dos crimes investigados.

TABELA 1 – Número de interceptações autorizadas pelo judiciário dos EUA e presença de criptografia (2019)

	Interceptações autorizadas	Interceptações de comunicações criptografadas	Interceptações que não puderam ser decifradas
Justiça Federal	1.417	121	104
Justiça Estadual	1.808	343	334

Por mais que todas as questões apresentadas neste item sejam frequentemente levadas à tona por autoridades do mundo todo, não fui capaz de encontrar dados empíricos sobre o impacto da criptografia para autoridades de investigação criminal de fora dos EUA. No entanto, se os dados norte-americanos são uma amostra do que acontece ao redor do mundo, a questão do acesso tende a se intensificar com o passar do tempo, na medida em que mais produtos e serviços adotem sistemas de criptografia forte. Até que se divulguem dados oficiais, contudo, continuaremos sem saber o real impacto que isso terá na resolução de investigações.

---

content/uploads/2018/11/2018-Report-of-the-Manhattan-District-Attorney27s-Office-on-Smartphone-En....pdf>. Acesso em: 31 de março de 2021.

84 Wiretap Report 2019. *United States Courts* (31-12-2019). Disponível em: <https://www.uscourts.gov/statistics-reports/wiretap-report-2019>. Acesso em: 31 de março de 2021.

2.2.3.2. Importância da Criptografia para investigações

Por outro lado, é importante apontar a relevância da criptografia na condução de atividades de investigação. Se serve como um empecilho quando utilizada como medida antiforense, ela é necessária para fornecer segurança tanto na comunicação entre as autoridades como para garantir o sigilo e a integridade de documentos, dados, provas e outras informações coletadas e produzidas ao longo da condução do processo penal. Essa informação é relevante na medida em que movimentações legislativas que imponham algum tipo de enfraquecimento de sistemas criptográficos podem, eventualmente, afetar as próprias autoridades.

É claro que governos podem desenvolver sistemas de comunicação e armazenamento de dados por conta própria, excetuando-os de uma possível regulação restritiva. Isso, no entanto, costuma ser um processo burocrático, trabalhoso e custoso. O desenvolvimento de software comercial seguro, confiável e barato que supriu a necessidade das autoridades, fez com que agência de segurança dos EUA adotasse-os ao invés de desenvolvê-los *in-house* (LANDAU, 2011, p. 143). Como estão comercialmente disponíveis, é natural que esses tipos de software sejam afetados por eventuais restrições regulatórias.

Invasões de sistemas e vazamentos de dados de autoridades de investigação se intensificaram nos últimos anos. A título ilustrativo, exemplifico a importância de robustos sistemas de segurança de informação para autoridades por meio de dois casos recentes: um envolvendo dados de comunicação e o outro, dados armazenados.

Sobre comunicação entre autoridades, destaca-se o infame caso da "Vaza Jato", no qual diversas conversas entre membros do Ministério Público e do Poder Judiciário no contexto da operação Lava Jato foram vazadas e publicadas no *The Intercept*[85]. Supostamente, as conversas foram obtidas porque *hackers* tiveram acesso à conta de Telegram de um dos envolvidos, o procurador Deltan Dallagnol. O Telegram é um aplicativo

---

85 GREENWALD, Glenn et al. Como e por que o Intercept está publicando chats privados sobre a Lava Jato e Sergio Moro. *The Intercept* (9-6-2019). Disponível em: <https://theintercept.com/series/mensagens-lava-jato/>. Acesso em: 31 de março de 2021.

de troca de mensagens disponível comercialmente, mas, ao contrário de outros apps, como WhatsApp e Signal, ele não possui criptografia ponta a ponta e ainda armazena o histórico de mensagens na nuvem da empresa, o que o torna mais suscetível a ataques[86].

Sobre dados armazenados, em junho de 2020, foi publicado no site *DDOSecrets* (plataforma semelhante ao *WikiLeaks*) um banco de dados de mais de 260 GB contendo informações, documentos e comunicações internas de centenas de agências de polícia nas esferas municipais, estaduais e federal dos EUA[87].

Tudo isso para dizer que eventuais imposições jurídicas que gerem fragilizações em sistemas de segurança podem afetar negativamente as próprias atividades de investigação criminal – ainda que o intuito inicial seja auxiliá-las.

2.3. Repensando o debate "Privacidade *vs.* Segurança" ou "Segurança *vs.* Segurança": segurança em todos os lados

No final da palestra em Yale, descrita no início do capítulo, perguntei a James Comey se, diante de todo o debate que havia sido desencadeado ao redor do mundo, ao lado dos alertas da comunidade técnica, especialistas da indústria e da sociedade civil sobre restrições à criptografia e levando em consideração sua não vinculação a nenhum tipo de órgão de investigação, sua posição havia mudado em algum grau. Ele respondeu que o debate ainda está longe de ser superado, que um encaminhamento só será dado quando nós, como sociedade, decidirmos qual peso devemos dar a cada um dos dois valores em jogo: privacidade individual e segurança pública. Acrescentou, enfim, que sua posição se mantinha a mesma desde os tempos na direção do FBI.

---

86 VENTURA, Felipe. Como foram vazadas as conversas no Telegram entre Moro e Dallagnol? *Tecnoblog*. Disponível em: <https://tecnoblog.net/293880/vazamento-mensagens-telegram-sergio-moro-deltan-dallagnol/>. Acesso em: 31 de março de 2021.

87 "BlueLeaks" Exposes Files from Hundreds of Police Departments. *Krebs On Security* (20-6-2020). Disponível em: <https://krebsonsecurity.com/2020/06/blueleaks-exposes-files-from-hundreds-of-police-departments/>. Acesso em: 31 de março de 2021.

A resposta de Comey reforça um primeiro obstáculo à análise e à prescrição de saídas para o debate "going dark": superar a visão simplista de que se trata de uma questão de "privacidade *vs.* segurança", algo que segue presente na discussão. De fato, não é tarefa simples identificar todos os direitos que, direta ou indiretamente, são viabilizados ou obstaculizados pelo uso de ferramentas criptográficas; a privacidade é somente um deles, o mais evidente.

Posicionar o debate como uma questão de "segurança pública *vs.* segurança da infraestrutura de dados", como sugerem alguns autores, é uma abordagem mais coerente, porém incompleta.

É mais coerente na medida em que transcende a ideia de que a criptografia só serve para proteger a privacidade.

No entanto, é incompleta ao indicar que haveria necessariamente uma relação conflituosa entre segurança pública e segurança de sistemas, uma vez que é possível identificar uma relação de *interdependência* entre os dois "tipos" de segurança. Sob a perspectiva de usuários, garantir mais segurança da infraestrutura de dados é garantir mais segurança pública, uma vez que sistemas seguros impedem a comissão de diversos crimes no ambiente virtual, como invasão de dispositivos informáticos, obtenção e utilização de informações financeiras etc. Sob a perspectiva das autoridades de investigação, a segurança dos sistemas é ainda relevante para a condução de suas próprias atividades de garantia da segurança pública, como comunicação entre agentes e armazenamento de informações importantes para o processo.

Dito isso, o desafio imposto pela criptografia forte "por padrão" às autoridades de investigação é evidente: a criptografia de dados armazenados prejudica o acesso ao conteúdo de celulares e computadores apreendidos, enquanto a criptografia ponta a ponta prejudica a realização de interceptações. A ausência de dados empíricos sobre o impacto disso no sucesso de investigações, no entanto, dificulta a compreensão da intensidade desse problema.

O enfrentamento desse desafio envolve um esforço de enxergar o debate como "segurança em todos os lados", compreendendo os anseios das autoridades de investigação, ao mesmo tempo que se tem uma visão clara de tudo o que está em jogo, seja sob a perspectiva técnica ou jurídico-regulatória. Focar apenas na criptografia sem explorar com afinco mecanismos alternativos de investigação no ambiente digital apenas reforça, na minha opinião, um infrutífero debate dicotômico, nos moldes do que vem sendo travado.

A posição de Comey e de outros, no entanto, orientou e segue orientando diversas reações jurídico-regulatórias à questão da criptografia no caso concreto. O próximo capítulo explorará a evolução do debate *prático* sobre acesso governamental a dados criptografados, no que ficou conhecido como as *Crypto Wars*. Com base em todo o ferramental técnico, explorado no Capítulo 1, e em todos os aspectos teóricos analisados no Capítulo 2, buscarei apontar quais pontos foram levados em consideração e quais foram omitidos, além de avaliar os erros e acertos das respostas regulatórias ao longo do tempo.

Traçarei suas origens na década de 1990, sua aparente "resolução" nos anos 2000 e a retomada das discussões, de forma mais intensificada a partir dos anos 2010, com a roupagem "going dark" amplificada por Comey.

CAPÍTULO 3

O DEBATE SOBRE REGULAÇÃO DA CRIPTOGRAFIA NA PRÁTICA

Embates regulatórios sobre desenvolvimento, disponibilização, implementação e uso de mecanismos criptográficos são bastante escassos na primeira metade do século XX. Antes disso, o estudo de técnicas criptográficas era restrito à comunidade técnica e historiadores, enquanto sua aplicação prática limitava-se a atividades militares e de agências de inteligência. Para o público em geral, a ferramenta era enxergada mais como uma curiosidade do que algo que de fato impactasse no dia a dia.

Nos Estados Unidos[1], era interesse de sua principal agência de inteligência de sinais[2], a *National*

---

1 É importante ressaltar, que o debate aqui apresentado terá como fio condutor o cenário estadunidense. Conforme ficará evidente nos próximos itens, os EUA basicamente monopolizaram a condução do debate da década de 1960 até o final da década de 1990, além de suscitar as principais controvérsias que motivaram a retomada das chamadas *crypto wars* na década de 2010. Menções a experiências de outros países são realizadas ao longo do texto, reiterando que boa parte delas possuem reflexos, paralelos ou consequências no debate estadunidense. Para embasar essa última afirmação e para uma análise mais detalhada dos debates nacionais, cf. o CryptoMap, desenvolvido por mim, João Pedro Salvador, Guilherme Kenzo dos Santos e Tatiane Guimarães no Centro de Ensino e Pesquisa em Inovação da FGV Direito SP, cujo objetivo foi mapear a regulação da criptografia no contexto de investigações criminais em 40 países distintos: <http://www.fgv.br/direitosp/cryptomap/>. Acesso em: 31 de março de 2021.

2 Dentro do espectro de Inteligência, entendida como as informações sobre questões políticas ou militares obtidas

Security Agency (NSA), que a situação se mantivesse assim. Esse posicionamento justificava-se na medida em que o papel da NSA consistia em (e, na maior parte, ainda consiste), de um lado, adquirir inteligência sobre outros países por meio de interceptação de comunicações e decriptação de informações cifradas (criptanálise), e de outro lado, impedir o acesso de outros governos a informações de relevância nacional. A Agência era o principal ator no desenvolvimento de sistemas de criptografia forte, enquanto impedia a sua disseminação (DIFFIE, LANDAU, p. 64).

Uma prévia do tom das reações regulatórias que surgiriam nas décadas seguintes[3] ocorre em 1967, quando David Kahn publicou *The Codebreakers*, um dos primeiros e mais relevantes livros sobre história da criptografia. Não se trata de uma obra técnica sobre mecanismos criptográficos, nem inclui instruções sobre seu desenvolvimento, mas o livro descreve diversos elementos de sistemas criptográficos (como rotores) e aborda o papel de agências de inteligência no desenvolvimento de tecnologias para decifrar mensagens na Segunda Guerra Mundial, como o famoso caso das máquinas Enigma (KAHN, 1967). De acordo com o próprio Kahn, o livro foi tratado como tabu pela NSA na época de seu lançamento, uma vez que qualquer tipo de informação sobre criptografia acessível ao público era malvista pela Agência[4].

---

por órgãos governamentais de inteligência, a Inteligência de Sinais (SIGINT) consiste no conjunto de informações obtidas por meio da análise de sinais emitidos pelo alvo. Nesse conjunto, encontram-se sinais emitidos por comunicações eletrônicas, telefônicas, radares, entre outros (DIFFIE, LANDAU, 2007, p. 93).

3 As principais fontes utilizadas neste capítulo para a reconstrução do debate foram as obras de Susan Landau (DIFFIE, LANDAU, 2007; LANDAU, 2012; LANDAU, 2017) e os documentos elaborados pela comunidade técnica nas *crypto wars* dos anos 1990 (ABELSON et al., 1997) e dos anos 2010 (ABELSON et al., 2015). Obviamente, diversos outros trabalhos foram utilizados para o aprofundamento de determinados pontos, conforme indicado ao longo do texto.

4 É curioso notar que essas informações foram compartilhadas por Kahn quando foi convidado a palestrar pela própria NSA na ocasião da comemoração de 50 anos da agência. Como se verá adiante, a Agência modificou bastante seu posicionamento a partir da década de 1990, estimulando a adoção comercial de criptografia forte. O convite a David Kahn para o evento, em 2002, pode ser visto como um símbolo desta mudança. A palestra inteira está transcrita em: <https://fas.org/irp/eprint/kahn.html>. Acesso em: 31 de março de 2021.

O cenário começou a se modificar no início da década de 1970, por causa de desenvolvimentos no campo da computação e, consequentemente, no campo da segurança da informação.

Em relação à computação, com o início da popularização de computadores para fins comerciais, empresas como a IBM e a *Digital Equipment Corporation* passaram a desenvolver e implementar em seus dispositivos criptografia forte, visando proteger informações confidenciais de empresas e garantir a segurança de caixas eletrônicos, que começavam a se disseminar já no final da década de 1960 (ABELSON et al., 2015, p. 8; DIFFIE, LANDAU, 2007, p. 67-68).

Do lado da criptografia, desenvolvimentos teóricos e práticos modificaram brutalmente o conceito de criptografia forte – em especial com a publicação e o estabelecimento de um algoritmo de criptografia simétrica como padrão para as atividades do governo (o DES) e com o desenvolvimento da criptografia assimétrica (Idem, 2007, p. 68).

Em 1975, em resposta à crescente disseminação da informática na esfera comercial e nas atividades governamentais, o recém-formado *National Bureau of Standards* (posteriormente conhecido como *National Institute of Standards and Technology* – NIST) publica o algoritmo de criptografia simétrica *Data Encryption Standard* (DES)[5], desenvolvido pela IBM após consulta com a NSA[6], e estabelece-o como padrão para atividades governamentais, com dispositivos comerciais adotando o padrão em seguida.

Houve bastante relutância, por parte da NSA, na divulgação pública dessa informação (DIFFIE, LANDAU, 2007, p. 67-68), uma vez que isso implicaria a perda da hegemonia de controle da Agência frente à tecnologia (SWIRE, AHMAD, 2012, p. 434). De outro lado, havia descon-

---

5 Cf. CryptoMuseum <https://www.cryptomuseum.com/crypto/algo/des/index.htm>. Acesso em: 31 de março de 2021.

6 Inicialmente, a IBM desenvolveu um algoritmo chamado "Lucifer", que possuía uma chave robusta de 128 bit (para os padrões da época). Após a consulta com a NSA, a Agência convenceu a empresa a reduzir o tamanho da chave para 56 bits e o resultado disso foi o algoritmo DES (GILL et al., 2018, p. 22).

forto também por parte da comunidade acadêmica, que questionava a segurança do algoritmo por causa do papel da NSA em seu desenvolvimento. Robusto para a época, o padrão foi amplamente adotado, e o NIST só deixou de recomendá-lo no final da década de 1990 (KOOPS, KOSTA, 2018, p. 892).

No ano seguinte, em 1976, os pesquisadores Whitfield Diffie e Martin Hellman publicaram um artigo[7] basilar sobre troca de chaves em sistemas de criptografia assimétrica, baseado em uma construção criptográfica rudimentar desenvolvida alguns anos antes por Ralph Merkle (KEHL et al., 2015, p. 3). Como explicado no Capítulo 1 desta obra, esse sistema – também chamado de criptografia de chave pública – permite a comunicação entre duas pontas de forma segura, ainda que o canal de comunicação em si seja inseguro. Logo no ano seguinte, três pesquisadores do MIT, Ronald Rivest, Adi Shamir e Leonard Adleman viabilizaram na prática a ideia proposta por Diffie e Hellman, o sistema RSA. Todas essas modificações estimularam bastante a produção acadêmica sobre criptografia na época (Idem, p. 3).

Na década de 1980, a disponibilidade de mecanismos criptográficos – e de sistemas computacionais de forma geral – ainda não era amplamente difundida, por mais que fosse crescente. No entanto, a busca por controle de mecanismos criptográficos pela NSA tomou roupagem jurídica quando a Agência buscou, pela via legislativa, tomar para si a exclusividade do controle do desenvolvimento de padrões relacionados a segurança da informação, de responsabilidade do NIST (DIFFIE, LANDAU, 2007, p. 76). A tentativa fracassou em partes, e o *Computer Security Act*, promulgado em 1987, positivou o papel do NIST como órgão responsável pelos padrões, indicando que a NSA teria, ainda assim, papel auxiliar na atividade[8].

---

7 Apenas para referência, trata-se do artigo DIFFIE, Whitfield. HELLMAN, Martin E. New Directions in Cryptography. *IEEE Transactions on Information Theory*, v. 22, n. 6, 1976.

8 Vale dizer que a lei foi revogada em 2002, após a promulgação do *Federal Information Security Modernization Act* (FISMA). Uma nova versão do FISMA foi elaborada e implementada em 2014, reforçando e ampliando poderes do NIST em

Diversas questões jurídicas foram levantadas nesse cenário, principalmente em relação à possibilidade de exportação de sistemas criptográficos, por parte de empresas como IBM, e em relação à liberdade de publicação e divulgação de pesquisas na área (ABELSON et al., 2015, p. 9). No início da década de 1990, a disseminação de computadores privados e o lançamento da Internet comercial potencializaram essas questões e trouxeram à tona outras – principalmente quando a comunicação digital e a criptografia passam a ser vistas como ameaça potencial aos poderes de investigação do Estado.

Nesse novo cenário, as movimentações regulatórias propostas por autoridades de investigação e agências de inteligência tomaram proporções internacionais, recebendo reações mais intensas da comunidade técnica, especialistas da indústria e ativistas da privacidade. Costuma-se chamar esse período de *Crypto Wars*. Com a virada do milênio, a discussão diminuiu, e o posicionamento de parte dos países indicavam a liberalização da criptografia. Após uma década longe dos holofotes, no início da década de 2010, o debate sobre regulação da criptografia voltou com ainda mais força, com questionamentos semelhantes, mas respostas distintas daquelas de 20 anos atrás, compondo uma nova versão das *Crypto Wars*.

Feita essa introdução, os próximos itens buscarão explorar essas *Crypto Wars*, atentando em especial ao papel do direito como resposta regulatória aos problemas levantados. Com isso, este capítulo tem como objetivos principais compreender como o debate teórico, apresentado no Capítulo 2, foi (e está sendo) conduzido na prática e descrever a evolução das reações regulatórias à questão da criptografia ao longo do tempo, ao lado do cenário tecnológico no qual elas se inserem.

3.1. *Crypto Wars* 1.0 (década de 1990)

O período entre o final da década de 1980 e o início da década de 1990 foi marcado por diversas inovações relacionadas à comunicação

---

relação à elaboração de padrões de segurança de sistemas informáticos federais. Cf. <https://fcw.com/articles/2013/10/01/fisma-nist-nsa.aspx>. Acesso em: 31 de março de 2021.

digital. Em relação à telefonia, o desenvolvimento da tecnologia GSM viabilizou o florescimento da telefonia digital, abrindo espaço para o mercado de telefones celulares. Além disso, a tecnologia permitiu também a implementação de sistemas criptográficos nesses aparelhos, com o surgimento comercial dos *crypto phones*[9].

No entanto, a principal inovação da época foi o lançamento público da Internet. Em seus primeiros anos, as redes ainda eram restritas à comunidade técnica, acadêmica e àqueles que possuíam recursos para adquirir os dispositivos necessários para conexão. Como mencionado no Capítulo 1, o mecanismo de funcionamento da Internet é o mesmo até os dias de hoje: trata-se de um conjunto de redes descentralizadas e transnacionais que visam conectar dispositivos entre si, viabilizando troca de informação entre eles (FRIEDMAN, SINGER, 2014, p. 21). Essa estrutura torna a Internet ao mesmo tempo difícil de ser regulada e estruturalmente insegura.

Para suprir a insegurança da troca de informações, sistemas criptográficos são essenciais. Seu emprego é fundamental em diversos aspectos de nossas interações com a tecnologia nos dias de hoje, sendo parte integrante do devido funcionamento da Internet, uma vez que permite o tráfego seguro de dados entre partes, além de garantir a autenticação da identidade dos envolvidos nessas operações. Sem esses sistemas, aplicações de transações bancárias, comunicação e compras online seriam muito mais suscetíveis a invasões e fraudes e, consequentemente, menos atraentes a usuários.

A disseminação de mecanismos criptográficos por conta da popularização desses sistemas não foi vista com bons olhos pela NSA, que já vinha batalhando pelo controle dos padrões e do acesso à criptografia.

Semelhante descontentamento passou a ser exprimido também por autoridades de investigação, especificamente em relação a uma de suas atividades principais: a interceptação de comunicações.

---

9 Vale dizer que telefones seguros já existiam e eram frequentemente utilizados por governos e empresas. O *boom* da telefonia digital, no entanto, viabilizou-os comercialmente.

Antes das inovações da era digital, as atividades de interceptação centravam-se basicamente na aplicação de grampos feitos diretamente no nível dos provedores de telecomunicações. O cenário pretérito era bastante favorável às autoridades: as tecnologias – telefônica e de interceptação – eram padronizadas e os provedores de telecomunicações consistiam em monopólio do Estado (por exemplo, no caso brasileiro até a década de 1990) ou eram concentrados em pouquíssimas empresas (como no caso dos EUA).

Com as inovações, os *crypto phones* tornaram grampos ineficazes; enquanto a Internet e as comunicações criptografadas nela conduzidas desvirtuaram por completo mecanismos tradicionais de interceptação. Autoridades passaram a alegar que essas ferramentas inviabilizariam a atividade investigativa, impossibilitando interceptações telemáticas e dificultando o acesso a dados armazenados em discos rígidos apreendidos por elas (KOOPS, KOSTA, 2018, p. 893).

Diante desse cenário, a década de 1990 foi palco de tentativas de regulação da criptografia, dessa vez com participação ativa de agências de inteligência e autoridades de investigação, e com uma reação à altura da comunidade técnica, acadêmica e especialistas da indústria. Explorarei, a seguir, as duas principais reações regulatórias da época: (i) a tentativa de emplacar como padrão um mecanismo criptográfico que viabilizasse o acesso ao conteúdo de informações por autoridades; e (ii) o controle de exportação de mecanismos criptográficos como forma de restringir indiretamente a disseminação comercial de criptografia.

3.1.1. Primeira reação regulatória: *key escrow* e a ascensão e queda do *Clipper Chip*

A partir de 1993, com o início do governo Clinton, o governo estadunidense realizou diversas reuniões para debater os problemas de um telefone criptografado que vinha sendo desenvolvido pela AT&T desde o final do ano anterior e que seria lançado comercialmente, o TSD 3600. O preço competitivo (entre 100 e 200 dólares) fez com que a própria NSA se interessasse em adquirir o aparelho para suas comunicações internas. Questionava-se, porém, os possíveis problemas que esses telefones seguros suscitaram para as autoridades de investigação (DIFFIE, LANDAU, 2007, p. 234).

Levando em consideração a importância da comunicação segura e a relevância das atividades de interceptação para as autoridades, a NSA desenvolveu um padrão de criptografia que tentava convergir esses dois pontos aparentemente contraditórios: o *Escrowed Encryption Standard* (EES). Tratava-se de um algoritmo que cifrava os dados da comunicação, mas que fornecia às autoridades as chaves criptográficas quando necessário. Isso seria viabilizado graças a um mecanismo de *key escrow*[10] chamado LEAF (*Law Enforcement Access Field*), em que uma parte da chave para decifrar o conteúdo seria encaminhada e armazenada por uma autoridade e o restante da chave seria armazenado por outra. No caso do EES, as autoridades responsáveis seriam o Departamento Comercial do NIST e o Departamento do Tesouro dos EUA (KEHL et al., 2015, p. 5).

O suposto diferencial competitivo do algoritmo criptográfico, chamado de *Skipjack*, era o tamanho da chave: 80 bits, substancialmente maior do que o padrão hegemônico à época, o DES com chave de 56 bits. Ademais, proponentes do mecanismo alegavam que a descentralização do armazenamento das chaves tornava o sistema de *escrow* bastante seguro. A ideia era que o sistema inteiro seria disponibilizado aos desenvolvedores de aparelhos seguros por meio de um chip, batizado de *Clipper Chip* (GILL et al., 2018, p. 23; SWIRE, AHMED, 2012, p. 435).

Após a sua disponibilização ao público e a intenção de adoção do EES como padrão para uso do governo pelo NIST, a reação da comunidade técnica, acadêmica e de ativistas digitais foi bastante negativa[11]. Temores iniciais centravam-se: (i) no papel do governo como responsável

---

10 Cf. 1.2.3.4 *supra*.

11 Notável exceção acadêmica à regra foi a professora da *Georgetown University*, Dorothy Denning. Importante nome dos estudos de segurança da informação, Denning defendia a segurança do EES, mas era contra sua adoção obrigatória. Em geral, um ótimo mapeamento sobre as reações à iniciativa *Clipper Chip* pode ser encontrado em: GURAK, Laura. *Persuasion and Privacy in Cyberspace*: The online protests over Lotus Marketplace and the Clipper Chip. New Haven: YUP, 1999, p. 32-44.

pela guarda das chaves e nos poderes de vigilância que o sistema poderia viabilizar; (ii) no impacto que o estabelecimento do EES como padrão para dispositivos governamentais teria no mercado, uma vez que qualquer empresa que quisesse fazer negócios com o governo seria forçada a aderir ao padrão; e (iii) na possibilidade de o *Clipper Chip* ser um primeiro passo para a proibição de outras formas de criptografia (KAHN, 2015, p. 6; LEVY, 2001).

Na prática, especialistas técnicos denunciavam o fato de que o código do *Skipjack*, ao contrário do DES, era confidencial, o que impossibilitava sua auditoria por matemáticos e criptógrafos, suscitando suspeitas de que poderia haver vulnerabilidades acidentais ou até mesmo propositais em seu código. Acrescendo-se a isso, era consenso entre os especialistas (ABELSON et al., 1997):

(i) Mesmo que o algoritmo fosse aberto, o desenvolvimento de sistemas criptográficos satisfatoriamente seguros com mecanismos de *key escrow* seria algo incrivelmente complexo, muito além do conhecimento informático da época (LANDAU, 2011, p. 115; DIFFIE, 1993). Como explicado no Capítulo 1, quanto mais complexo o sistema, maior é a possibilidade de existência de vulnerabilidades não intencionais, e, portanto, maior a sua insegurança;

(ii) Ainda que fosse possível o desenvolvimento de um sistema sem falhas, os riscos e os custos de operacionalização seriam enormes, uma vez que, caso o EES fosse adotado massivamente, o NIST e o Departamento do Tesouro seriam alvos de todo tipo de ataque, desde criminosos comuns até agências de inteligência de outros países;

(iii) Por fim, bastaria que as chaves acessíveis aos agentes governamentais caíssem em mãos erradas para que qualquer pessoa pudesse acessar dados privados de todos os usuários de dispositivos dotados do *Clipper Chip*. Como o elo mais fraco da cadeia de segurança costuma ser o elemento humano, havia o medo de abusos internos e falhas humanas na gestão das chaves.

O NIST respondeu às críticas, indicando que a adoção do EES seria algo voluntário; que o algoritmo, ainda que confidencial, não possuía nenhuma vulnerabilidade proposital; que a fragmentação da guarda das chaves tornava o sistema mais seguro; e que a decriptação para fins investigativos só seria realizada após autorização judicial, como funcionava com interceptações telefônicas tradicionais (DIFFIE, LANDAU, 2007, p. 238). Em 1994, o TSD 3600 foi lançado comercialmente, dentro e fora dos EUA. No entanto, acabou sendo um fracasso de vendas[12], assim como a adoção do *Clipper Chip* em outros dispositivos[13].

A iniciativa foi descreditada de vez quando, em 1994, Matt Blaze, criptógrafo da AT&T Bell Laboratories, encontrou diversos problemas no sistema do *Clipper Chip*, com destaque para uma vulnerabilidade que permitia o uso do algoritmo *Skipjack* para cifragem de dados sem a transmissão das chaves, por meio do LEAF, o que tornava o mecanismo totalmente ineficaz para cumprir sua função principal (BLAZE, 1994).

Mesmo com o fracasso do *Clipper Chip*, iniciativas de *key escrow* continuaram a ser desenvolvidas ao longo da década de 1990 na busca pelo controle de sistemas criptográficos.

Compreendendo que o futuro da comunicação digital estava na Internet e não nos celulares criptografados, as iniciativas regulatórias posteriores voltaram-se ao oferecimento de mecanismos com a mesma lógica do EES, só que na modalidade software (oficialmente chamadas de *commercial software escrow* "CSE", mas popularmente chamadas de *Clipper* II, III e IV), em oposição aos *chips* da iniciativa anterior. A ideia era que os CSE pudessem ser implementados em sistemas informáticos e de telefonia. Com isso, buscava-se dar mais liberdade às empresas: poderiam elas escolher – e até mesmo desenvolver (com a chancela do governo, claro) – mecanismos de guarda de chaves. Além disso, haveria também flexibilidade em relação à escolha das partes que guardariam as chaves (KEHL et al., 2015, p. 9; DIFFIE, LANDAU, p. 241).

Por causa da discordância quanto à insistência nesta política de criptografia, o Congresso dos EUA comissionou um estudo sobre o tema ao

---

12 A grande maioria dos aparelhos TSD 3600 vendidos até então foi adquirida pelo próprio governo estadunidense, como forma de tentar estimular o mercado, algo que acabou não acontecendo.

13 Cf. ELECTRONIC FRONTIER FOUNDATION. On the Clipper Chip's Birthday, Looking Back on Decades of Key Escrow Failures. *Deeplinks Blog*, 2015.

National Research Council (NRC) em 1994[14]. Ainda que houvesse certo ceticismo por parte da comunidade, que acreditava que o NRC, na composição apresentada, seria favorável à política, as conclusões do Relatório apontavam o contrário: destacava-se a essencialidade da criptografia na sociedade da informação; recomendava-se a adoção e disponibilização de criptografia forte; e concluía-se que as vantagens de sua adoção se sobrepunham às suas desvantagens (NATIONAL RESEARCH COUNCIL, 1996).

O último suspiro das iniciativas de *key escrow* ocorreu quando o governo dos EUA procurou validação de suas iniciativas na Organização para a Cooperação e Desenvolvimento Econômico (OCDE). Em 1997, a Organização publicou suas Diretrizes para Criptografia[15], reiterando os pontos trazidos no relatório do NRC, ressaltando a importância da criptografia para os indivíduos, negócios e o próprio governo, e enfatizando que restrições nacionais ao uso ou desenvolvimento de criptografia não podem criar obstáculos às redes de comunicação e informação (GILL et al., 2018, p. 24; DIFFIE, LANDAU, 2007, p. 247).

Em adição ao relatório do NRC e às Diretrizes da OCDE, um influente artigo escrito por grandes nomes da segurança da informação (dentre eles: Hal Abelson, Bruce Schneier, Steven Bellovin, Matt Blaze e um dos inventores da criptografia assimétrica, Whitfield Diffie) buscou desconstruir por completo a viabilidade de mecanismos de *key escrow* como resposta às dificuldades enfrentadas pelas autoridades de investigação (ABELSON et al., 1997). Diante dessa situação, as iniciativas foram gradualmente abandonadas até o final da década de 1990.

A superação dessa primeira reação regulatória não ensejou a total liberalização da criptografia. Em paralelo, um esforço em escala global buscava restringir a disseminação de criptografia a partir de uma abordagem jurídica: controlando a exportação comercial.

---

14 O relatório, com mais de 300 páginas, foi publicado na forma de livro em 1996: NATIONAL RESEARCH COUNCIL. *Cryptography's role in securing the information society*. National Academies Press, 1996.

15 Disponível, na íntegra, em: <https://www.oecd.org/sti/ieconomy/guidelinesforcryptographypolicy.htm>. Acesso em: 31 de março de 2021.

3.1.2. Segunda reação regulatória: controle de exportações de produtos de criptografia

Como tratei no início do capítulo, ao longo do século XXI, mecanismos criptográficos eram utilizados exclusivamente para fins militares e de inteligência. O papel da criptografia é e sempre foi estratégico: é interesse das nações deter sistemas de criptografia forte para proteger informações de relevância nacional; e, ao mesmo tempo, é interessante que impeçam o acesso a esses mecanismos por outras nações. É nessa lógica que entram os mecanismos de controle de exportação.

Inicialmente, o principal instrumento para este controle era o tratado da *Coordinating Committee for Multilateral Export Controls* (COCOM), uma organização internacional fundada no pós-guerra, composta por 17 países que, durante a Guerra Fria, tinha por principal objetivo coordenar, entre seus membros, políticas de controle de exportação de tecnologias estratégicas às nações comunistas. Após o desmantelamento da União Soviética no início da década de 1990, a COCOM passou a afrouxar bastante os controles de exportação. Em relação à criptografia, a exportação em massa de software criptográfico foi liberalizada em 1991 (KOOPS, 1999, p. 98). Em 1994, a COCOM foi dissolvida por completo.

Com a popularização da Internet e a facilidade de compartilhamento internacional de software, viabilizado pela transnacionalidade das redes, um novo regime de exportação foi estabelecido, dessa vez entre 33 países (atualmente, contando com 41 países): o Regime de Wassenaar (*Wassenaar Arrangement on Export Controls for Conventional Arms and Dual-Use Goods and Technologies*)[16], de 1996. Trata-se de um regime multilateral de controle de exportações de armas e de outros bens e tecnologias de dupla utilização (*dual use technologies*), que são tecnologias que podem ser utilizadas para fins militares e civis.

---

16 Por não se tratar, propriamente dito, de um tratado ou acordo internacional de natureza vinculante, optou-se por traduzir "Arrangement" como "Regime", ainda que seja possível encontrar traduções portuguesas como "Acordo de Wassenaar", por exemplo: <https://www.defesa.pt/institucional/oministerio/Documents/Transmissao/Relatorio_Import_Export_2011.pdf>. Acesso em: 31 de março de 2021.

O objetivo[17] do Regime é garantir mais segurança, transparência e estabilidade na transferência desses bens e tecnologias entre os países signatários, impondo maior responsabilidade aos Estados com relação ao trato do tema (CEPI, 2019). É importante ressaltar que as disposições estabelecidas pelo Regime não são vinculantes entre os países, dependendo da iniciativa de cada um deles para incorporá-las, seja na via legislativa ou por meio de políticas públicas.

Sistemas de criptografia encontram-se elencados na lista de tecnologias de dupla utilização, na categoria 5 ("Segurança da Informação")[18]. Com isso, a ideia do regime foi permitir a exportação de criptografia fraca (no próprio texto do documento, sistemas de criptografia simétrica com chaves de *até 56 bits*, sistema fraco até para meados dos anos 1990)[19] e somente autorizar a exportação de criptografia forte mediante a obtenção de licença governamental. Em outras palavras, a ideia era liberalizar criptografia forte no mercado interno e impedir sua dispersão internacional (KOOPS, KOSTA, 2018, p. 893).

Novamente encabeçado pelos EUA, o Regime de Wassenaar foi inspirado em boa parte no *International Traffic in Arms Regulation* (ITAR)[20],

---

17 Os objetivos e princípios do Regime de Wassenaar podem ser encontrados aqui: <https://www.wassenaar.org/app/uploads/2015/06/WA-DOC-17-PUB-001-Public-Docs-Vol-I-Founding-Documents.pdf>. Acesso em: 31 de março de 2021.

18 Lista de Tecnologias de Utilização Dupla do Regime de Wassenaar: <https://www.wassenaar.org/app/uploads/2018/01/WA-DOC-17-PUB-006-Public-Docs-Vol.II-2017-List-of-DU-Goods-and-Technologies-and-Munitions-List.pdf>. Acesso em: 31 de março de 2021.

19 Como referência, a então emergente organização *Electronic Frontier Foundation* desenvolveu, em 1998, um supercomputador que conseguia "quebrar", por meio de ataques de força bruta, a criptografia DES 56 bits em menos de 3 dias no contexto de um desafio anual promovido pela RSA para atestar a segurança do padrão. Vale dizer que o recorde anterior era de 39 dias. Além do feito, o supercomputador custou menos de 250 mil dólares para ser desenvolvido – algo que pode parecer bastante para o cidadão comum, mas era absolutamente acessível para agências de inteligência e grandes organizações criminosas. Cf "EFF DES Cracker Machine brings honesty to the crypto debate". Disponível em: <https://www.eff.org/pt-br/press/releases/eff-des-cracker-machine-brings-honesty-crypto-debate>. Acesso em: 31 de março de 2021.

20 A inclusão de criptografia na lista de tecnologias de utilização dupla nos EUA está na seção 121.1, categoria XIII do ITAR. Disponível em: <https://www.ecfr.gov/cgi-bin/text-idx?SID=86008bdffd1fb2e79cc5df41a180750a&node=22:1.0.1.13.58&rgn=div5>. Acesso em: 31 de março de 2021.

regime regulatório já adotado pelo país. As intenções do regime eram as seguintes:

> (...) o governo dos EUA tinha fortes incentivos para manter controles estritos de exportação de criptografia. Limitar a capacidade das empresas norte-americanas de vender certos produtos criptográficos em mercados estrangeiros permitiu ao governo atrasar a disseminação e a adoção de criptografia forte em outros países – algo que muitas autoridades temiam que reduzisse sua capacidade de coletar informações sobre alvos estrangeiros[21] (KEHL et al., 2015, p. 13).

O regime foi duramente criticado por grande parte da indústria: de forma a obedecê-lo, desenvolvedores deveriam ou comercializar apenas produtos de criptografia fraca ou desenvolver duas categorias de produtos: sistemas fortes para dentro dos EUA e sistemas fracos para exportação (SWIRE, AHMAD, 2012, p. 438). O *boom* da Internet, ocorrido na mesma época, evidenciou cada vez mais a necessidade de sistemas seguros. Sem esses sistemas, aplicações de transações bancárias, comunicação e compras online seriam muito mais suscetíveis a invasões e fraudes e, consequentemente, menos atraentes a usuários (LANDAU, 2017, p. 84). O viés transnacional das redes e a importância da segurança da informação nesse contexto tornou o regime do ITAR (e, consequentemente, do Regime de Wassenaar) bastante indesejável.

A era digital trouxe consigo diversos questionamentos à eficácia desses modelos de regulação de exportação. Em 1994, o engenheiro Bruce Schneier publicou o livro *Applied Cryptography*, considerado por muitos como uma espécie de "bíblia" da criptografia por estudantes e especialistas da segurança da informação[22]. A obra trata de princípios da criptologia,

---

21 Tradução livre. No original, em inglês: "(...) the U.S. government had a strong incentive to maintain strict encryption export controls. Limiting the ability of American companies to sell certain cryptographic products in foreign markets allowed the government to delay the spread and adoption of strong encryption technology abroad, which many officials feared could reduce their ability to gather intelligence on foreign targets".

22 Fazendo uma pequena equivalência para devida compreensão dos juristas, o livro é tão importante para eles quanto o *Curso de direito constitucional positivo*, de José Afonso da Silva, é para os constitucionalistas e estudantes de direito brasileiros.

teoria dos números e contém diversos exemplos de algoritmos criptográficos (fortes) no texto. No mesmo ano, o *cypherpunk* e estudante de engenharia Phil Karn quis enviar para fora dos EUA uma cópia física do livro em conjunto com um disquete com o texto digitalizado. Karn solicitou autorização do Departamento de Estado, nos conformes da ITAR, para realizar a exportação e a resposta foi curiosa: a cópia física do livro poderia ser livremente exportada, mesmo contendo os algoritmos de criptografia forte impressos, enquanto a digitalizada não (LEVY, 2001).

Algo parecido aconteceu com o programador Philip Zimmerman que, no início da década de 1990, desenvolveu e disponibilizou gratuitamente na Internet o software *Pretty Good Privacy* (PGP). O PGP consiste em um programa de criptografia e autenticação de mensagens para comunicação de dados, cujo objetivo principal, incialmente, era permitir comunicação segura via e-mail. Um dos primeiros sistemas publicamente disponíveis para criptografia ponta a ponta, o PGP permite que um usuário encripte e assine determinada mensagem em sua máquina (por meio do programa), envie a mensagem cifrada normalmente via e-mail, e que o recipiente desencripte-a também via PGP[23]. Karn levou a questão aos tribunais, obtendo uma decisão favorável à exportação em 1996[24].

A disponibilização online do programa, seu código fonte e as instruções foi alvo de uma investigação de três anos por parte do Departamento de Justiça, que decidiu não processar Zimmerman no final. Vale dizer que, em 1995, a MIT Press publicou uma versão física (na forma de livro impresso) do código fonte do PGP para sua livre exportação, caso o resultado da investigação fosse desfavorável ao programador (DIFFIE, LANDAU, 2007, p. 230).

As medidas de exportação também suscitaram alguns casos envolvendo a ideia da publicação de código como parte da liberdade de ex-

---

23 O programa, em constante atualização, ainda é bastante utilizado por técnicos e ativistas de privacidade na Internet. Para uma melhor descrição de seu funcionamento, ver o guia preparado pelo Professor da Universidade de Pittsburgh Bernard Poole: <http://www.pitt.edu/~poole/PGP.htm>. Acesso em: 31 de março de 2021.

24 O próprio Karn relatou sua experiência no caso aqui: <http://www.ka9q.net/export/history.html>. Acesso em: 31 de março de 2021.

pressão. Exemplo disso se deu em 1996, com o caso Bernstein *vs.* U.S.[25], já abordado no Capítulo 2, em que o estudante Daniel Bernstein buscou judicialmente seu direito de publicar um artigo científico que continha um algoritmo criptográfico desenvolvido por ele, *Snuffle*, alegando que as restrições do ITAR seriam inconstitucionais, violando a Primeira Emenda. Bernstein obteve decisões favoráveis nas primeiras instâncias, mas o caso é posteriormente extinto pela *United States Court of Appeals for the Ninth Circuit*, após os EUA flexibilizarem seus controles de exportação no início dos anos 2000 (DIFFIE, LANDAU, 2007, p. 255).

As reações negativas da indústria e da comunidade técnica, aliadas às curiosas incertezas regulatórias propostas pelo regime e a ineficácia de determinadas abordagens, ganharam um novo aliado na pressão para flexibilização dos controles: órgãos do próprio governo estadunidense. A dispersão da Internet e das ferramentas digitais intensificaram o desenvolvimento tecnológico, principalmente na região do Vale do Silício. Setores governamentais que não desenvolviam as próprias ferramentas de segurança da informação, como o Departamento de Justiça, passaram a depender cada vez mais da tecnologia comercialmente disponível "de prateleira" (*off-the-shelf technologies*), e um enfraquecimento desses sistemas para viabilizá-los para exportação seria também prejudicial às atividades governamentais (LANDAU, 2017, p. 11).

Em 1999, diversos debates foram conduzidos no governo Clinton, quando um subcomitê foi formado pelo executivo para revisar as políticas de criptografia do país (KEHL et al., p. 16). As recomendações apresentadas foram favoráveis à flexibilização do regime, indicando a essencialidade de sistemas seguros e a importância de estes serem disponibilizados em massa. O governo estadunidense, no ano seguinte, flexibilizou as regras de controle de exportação da criptografia, liberalizando irrestritamente código fonte de mecanismos criptográficos sem necessidade de licenças (SWIRE, AHMAD, 2012, p. 440; KEHL et al., 2015, p. 16).

O cenário internacional teve desfechos bastante semelhantes. O Regime de Wassenaar foi modificado em 1998, acabando com o limite da

25 Ver, em geral, CAMP, LEWIS, 2001.

chave a 56 bits para exportação (GILL et al., 2018, p. 26). Na mesma época, diversas nações manifestaram-se em favor da disseminação e adoção de criptografia forte, estabelecendo políticas de criptografia baseadas na liberalização e promoção da técnica, ao lado de esforços para garantir a realização efetiva de atividades de investigação, sem que isso enseje a fragilização de sistemas de segurança. Exemplos notáveis de políticas de criptografia do final dos anos 1990 incluem Alemanha[26] e Canadá.[27].

Poucos anos depois, com o desenvolvimento de um novo padrão criptográfico que substituiria o DES até os dias de hoje, o *Advanced Encryption System* (AES), a NSA mudou seu posicionamento em relação ao controle da criptografia. Em junho de 2003, a Agência adotou oficialmente o AES como um dos padrões passíveis de serem utilizados para proteção de informações sigilosas pelo governo, incluindo por ela mesma (LANDAU, 2011, p. 47).

Com essas movimentações tanto em relação aos mecanismos de *key escrow* quanto na de controles de exportação de criptografia, acabam as primeiras *Crypto Wars*, em favor de sua liberalização. Demoraria mais de dez anos para a criptografia voltar aos holofotes. No entanto, o cená-

---

26 *Eckpunkte der deutschen Kryptopolitik*, de 1999. De forma geral, a política de criptografia alemã se baseava em cinco premissas: (i) a livre utilização de criptografia, em conjunto com a promoção e disseminação de sistemas seguros de criptografia na Alemanha; (ii) esforços do governo para que seja estabelecido um marco legal que garanta o acesso à criptografia; (iii) a indispensabilidade e importância do desenvolvimento de sistemas seguros pelos desenvolvedores de criptografia; (iv) a devida atenção aos poderes de interceptação do governo, garantida por meio do esforço em melhorar a competência técnica de agências de investigação e segurança; e, por fim, (v) a valorização de formas de cooperação internacional. Disponível em: <https://web.archive.org/web/19991105055404/https://www.bmwi.de/presse/1999/0602prm1.html>. Acesso em: 31 de março de 2021.

27 Canada's Cryptography Policy, de 1998. O documento reitera: (i) a liberdade de uso, desenvolvimento, implementação e exportação de mecanismos criptográficos no Canadá; (ii) afirma que o governo não adotará mecanismos de *key escrow* em suas políticas regulatórias; (iii) aponta que o governo estimulará boas práticas no desenvolvimento da criptografia; e (iv) reitera o compromisso do governo na elaboração de leis que buscam proteger a privacidade de usuários e garantir a atividade de autoridades de investigação (GILL et al., 2018, p. 27-28). Texto integral disponível em: <https://fas.org/irp/news/1998/10/981001-crypto.htm>. Acesso em: 31 de março de 2021.

rio tecnológico se modificou intensamente nos anos 2000, com alterações relevantes tanto no ponto de vista dos usuários, da indústria e das autoridades de investigação – como explicarei a seguir.

3.2. Dispersão das ferramentas digitais e o novo mundo de dados (década de 2000)

Muitos esperavam que a liberalização de mecanismos de criptografia, com o final das *Crypto Wars*, estimulasse a adoção de mecanismos de criptografia forte de forma massificada. Esperava-se que serviços cifrados de comunicação, e-mail e armazenamento de dados fossem amplamente utilizados pelo crescente número de usuários de computador. O cenário era favorável: não havendo restrições, indivíduos poderiam encontrar programas de criptografia de dados gratuitos ou de formato aberto na Internet[28]. Na época, grandes expoentes disso são o já mencionado PGP, voltado às comunicações privadas; o BestCrypt e o TrueCrypt, programas de criptografia de discos rígidos[29].

A realidade, no entanto, foi bastante diversa daquilo que a comunidade técnica e acadêmica esperava: o número de produtos de criptografia e a frequência de sua utilização cresceu, mas de forma bastante lenta e gradual. A adoção de sistemas de criptografia forte dependia muito de sua compatibilidade com dispositivos eletrônicos, sendo necessária sua aquisição. Mais do que isso, máquinas compatíveis deveriam ser adquiridas por todos aqueles que quisessem se comunicar de forma segura.

Outro ponto relevante é a dificuldade de interoperabilidade entre padrões criptográficos, por exemplo, entre o disseminado, porém inseguro, DES e o recém-implementado AES (DIFFIE, LANDAU, 2007, p. 258), algo que gera certa fragmentação no mercado.

---

28 Para a definição de *Free/Open Source Software*, que não cabe neste livro, cf: <https://www.gnu.org/philosophy/floss-and-foss.pt-br.html>. Acesso em: 31 de março de 2021.

29 Ambos o BestCrypt e o TrueCrypt foram descontinuados nos últimos anos. Nos dias de hoje, o software *open source* mais popular para encriptação de discos rígidos é, provavelmente, o VeraCrypt: <https://www.veracrypt.fr/en/Beginner%27s Tutorial.html>. Acesso em: 31 de março de 2021.

No entanto, uma das explicações mais razoáveis para compreender a vagarosidade na disseminação de mecanismos de criptografia relaciona-se ao próprio usuário não técnico da Internet, ou seja, a maior parte desses usuários:

> O público, embora em princípio queira comunicações privadas, na prática só parece estar disposto a isso se o sistema que garanta sua privacidade for simples de usar, não atrasar nem degradar a qualidade das comunicações, e for barato (custando pouco ou nada ao usuário). Assim, por exemplo, quando as configurações padrão do Gmail do Google eram para comunicações não seguras – algo que mudou em janeiro de 2010 – poucas pessoas se incomodaram em ativar a criptografia e proteger seus e-mails, embora isso exigisse um esforço mínimo (ativar no menu de configurações)[30] (LANDAU, 2011, p. 47).

Programas como os supramencionados VeraCrypt e PGP, ainda que gratuitamente disponíveis online, não são simples de serem operacionalizados pelo usuário comum. Sem essa facilidade e tampouco interesse do público em geral, a criptografia forte manteve-se nos nichos das atividades governamentais, comunidades técnicas e de ativistas digitais ao longo da década de 2000[31].

---

30 Tradução livre. No original, em inglês: "The public, while in principle wanting private communications, in practice appears willing to make it private only if the system is simple to use, does not affect the communications by slowing them down or degrading quality, and cheap (as in little or no cost to the user). Thus, for example, when the default settings for Google's gmail were for unsecured communications-a situation that changed in January 2010-few people bothered to turn on encryption and secure their email even though doing so took minimal effort".

31 Isso não quer dizer que não houve inovações em sistemas criptográficos. Além do desenvolvimento do padrão AES, é nessa época (mais precisamente em 1999) que é lançado o *Transport Layer Security* (TLS), que se trata de criptografia da camada de transporte. Essa modalidade atua no protocolo HTTP, que estabelece a comunicação de dados entre o usuário e determinado website. O objetivo desse tipo de criptografia é impedir que terceiros tenham acesso à atividade do usuário em determinado site. Nomes de usuários, senhas, número de cartão de crédito, dentre outras informações, ficam acessíveis somente ao usuário e ao servidor. O sistema mais comum dessa modalidade de criptografia é o *HyperText Transfer Protocol Secure* (HTTPS), que utiliza o protocolo TLS para criptografia. Cf. AMNESTY INTERNATIONAL (2017, p. 7).

Independentemente disso, a Internet foi se disseminando nas esferas social, cultural, econômica e política[32]. Isso intensificou-se mais ainda com a popularização dos *smartphones*, no final da década. Maior utilização das redes implicou maior fluxo de dados e informações, algo que viabilizou a criação de novos modelos de negócio e, ao mesmo tempo, forneceu novas possibilidades de investigação e obtenção de prova para autoridades.

Ao lado disso, ciberataques tornaram-se também mais sérios, afetando não apenas indivíduos, mas também a indústria, os governos e até mesmo a infraestrutura crítica[33] de determinados países. É nesse cenário que, no início da década seguinte, ressurge o debate sobre regulação da criptografia.

3.2.1. Disseminação de serviços online e *smartphones*

Ao longo da década de 2000, a Internet cresceu exponencialmente ano a ano, tanto em relação ao número de usuários quanto em relação ao número de aplicações[34]. Com isso, boa parte das atividades da sociedade foi tornando-se cada vez mais dependente do ambiente digital: desde a esfera pessoal (com o advento e popularização das redes sociais), atividades comerciais – com a receita do *e-commerce* saltando de cerca de 1 bilhão de dólares em 1998 para mais de 170 bilhões de dólares em 2010 (SWIRE, AHMAD, 2012) – e até mesmo aspectos governamentais foram afetados, com o advento do governo eletrônico – uso de tecnologias de

---

32 Como referência, cf. o crescimento de usuários entre 1990-2016: MURPHY, Julia; ROSER, Max. Internet: Our World in Data. Disponível em: <https://ourworldindata.org/internet>. Acesso em: 31 de março de 2021.

33 "Infraestrutura Crítica" é definida como "as instalações, serviços e bens que, se forem interrompidos ou destruídos, provocarão sério impacto social, econômico, político, internacional ou à segurança nacional" pela Portaria GSI/PR n. 2, de 8-2-2008, do MCTIC. Incluem-se aí desde forças policiais até usinas hidrelétricas – estas últimas podem ser controladas por sistemas digitais, daí a importância da cibersegurança nessa esfera.

34 Como referência, cf. o crescimento de usuários entre 1990-2016: MURPHY, Julia; ROSER, Max. Internet: Our World in Data. Disponível em: <https://ourworldindata.org/internet>. Acesso em: 31 de março de 2021.

informação e comunicação para informar e divulgar serviços ou produtos do Governo à população[35].

Além da explosão de novos serviços que surgiram ao longo da década, vale apontar o nascimento da chamada *Web 2.0*, que consiste no conjunto de plataformas de compartilhamento de conteúdo e redes sociais que permite a ampla participação de usuários na produção do conteúdo que circula dentro delas[36]. Passa-se, portanto, de uma Internet com aplicações passivas, em que o usuário é mero consumidor de conteúdo, para uma lógica mais ativa de compartilhamento.

Não é nenhuma novidade afirmar que todas essas interações online geram, como consequência, quantidades massivas de informações. Boa parte dos provedores de aplicações de Internet oferece seus serviços principais na forma "gratuita", em que o acesso à aplicação não tem custo monetário para o usuário, mas seus dados são utilizados para fins comerciais, por exemplo, para o oferecimento de publicidade direcionada. Os dados gerados não restringem-se ao conteúdo do que é compartilhado pelos usuários, mas todos os seus "rastros" que são deixados ao longo da interação com diversos serviços online (histórico de navegação, hora e data de acesso à aplicação, endereço IP – que pode indicar com certa precisão a localização geográfica, dentre diversos outros tipos de dados e metadados).

Ao lado da geração dessa quantidade enorme de dados, o desenvolvimento tecnológico na década caminhou no sentido de permitir o seu armazenamento e análise em massa. Helen Nissenbaum (2010, p. 36-37) destaca três inovações que viabilizaram esse cenário, que costuma ser genericamente chamado de *big data*:

> Em primeiro lugar, no ramo das bases de dados computadorizados, o desenvolvimento científico e tecnológico – que incluiu desde o

---

35 Cf. "Governo Eletrônico". *InfoEscola*. Disponível em: <https://www.infoescola.com/informatica/governo-eletronico/>. Acesso em: 31 de março de 2021.

36 Para ver a definição do termo, de acordo com seu próprio criador Tim O'Reilly, cf. <https://www.oreilly.com/pub/a/web2/archive/what-is-web-20.html>. Acesso em: 31 de março de 2021.

> aumento da capacidade de processamento até o barateamento de memória computacional – contribuiu bastante para aumentar a capacidade de armazenamento, organização e acesso a grandes quantidades de informações. (...) Em segundo lugar, rápidos avanços na ciência e na engenharia de redes de comunicações eletrônicas digitais – mais notadamente a Internet, a *World Wide Web* e as tecnologias de redes cabeadas e sem fio a elas relacionadas – viabilizaram a movimentação de grandes quantidades de informações de maneira confiável e eficiente na velocidade da luz. (...) Em terceiro lugar, outra conquista significativa foi o crescimento científico e tecnológico na análise de dados, devido aos rápidos e contínuos desenvolvimentos na ciência da informação (...). As informações podem ser compactadas, classificadas, manipuladas, descobertas e interpretadas como nunca antes e, portanto, podem ser mais facilmente transformadas em conhecimento útil[37].

Além das inúmeras questões sobre privacidade e proteção de dados de usuários que esse cenário suscita[38], esses dados têm um potencial enorme de geração de novos modelos de negócio, auxílio no desenvolvimento de políticas públicas e outras atribuições governamentais, por exemplo, atividades de investigação criminal.

Outra relevante inovação surgida na década de 2000 foi o *smartphone* – telefones celulares conectados à Internet que possuem funcionalidades

---

37 Tradução própria. No original, em inglês: "First, in the area of computerized databases, major scientific development, surges in processing power, and a plentiful supply of cheap computer memory have contributed to vastly improved capacities for storing, organizing, and retrieving great quantities of information. (...). Second, rapid strides in the science and engineering of digital electronic communications networks, notably the Internet, the World Wide Web, and related wired and wireless networking technologies, have meant that large quantities of information can be moved around reliably and efficiently at lightning speed. (...) The third significant achievement is the scientific and technological growth in data analysis due to rapid, ongoing developments in information science, (...). Information can be compressed, sorted, manipulated, discovered, and interpreted as never before, and thus can be more easily transformed into useful knowledge".

38 A questão da privacidade e proteção de dados na Internet, com toda a sua complexidade, tornou-se, nos últimos anos, a principal área de pesquisa em direito e novas tecnologia. Parte das questões do tema com o objeto deste livro foi analisada no Capítulo 2, mas, para uma visão mais aprofundada da questão, sugiro: NISSEMBAUM, 2010; SOLOVE, 2013; LEONARDI, 2012; DONEDA, 2006; DEIBERT, 2013.

quase idênticas a de um computador pessoal. As múltiplas funcionalidades (além da praticidade) providas pelo dispositivo tornaram-no a principal forma de acesso à Internet nos dias de hoje. *Smartphones* são ricas fontes de dados sobre seus usuários, abrangendo tanto informações pessoais como profissionais. Apesar de conveniente, a concentração de tantas informações em um único dispositivo é algo bastante alarmante do ponto de vista da cibersegurança. Como afirma Susan Landau (2017, p. 6-8):

> Com o *smartphone*, é incrivelmente fácil responder instantaneamente chamadas, e-mails e *tweets*. Aplicativos de redes sociais tornam essa interação ainda mais tentadora. Por isso, os *smartphones* estão sempre conosco e sempre ligados. (...) Androids e iPhones se tornaram os repositórios de informações cruciais do dia a dia, incluindo e-mails, informações de contato; detalhes íntimos particulares, incluindo fotos, textos e dados de saúde; e informações de segurança pessoal, por exemplo, contas e dados bancários. Os telefones também contêm informações essenciais sobre a atividade profissional do usuário. Essa foi uma transformação social que pegou muitas pessoas, usuários comuns e especialistas em segurança, de surpresa. Criou-se um sério risco para as empresas, uma vez que dados e informações particulares podem escapar ao seu controle. Agora, empregados conseguem acessar informações cruciais e privadas em dispositivos pessoais e inseguros, que podem ser perdidos, roubados ou invadidos (...) [E]ssa disponibilidade não significa apenas uma nova maneira de trabalhar a qualquer momento, mas também um novo jeito de remover dados de empresas, governos e até de particulares. Perigo e facilidade estão contidos em igual medida[39].

39 Tradução própria. No original, em inglês: "A smartphone makes it remarkably easy to respond instantly to call, emails and tweets. Social media apps make it hard not to succumb to doing so. Thus smartphones are always with us, and always on. (...) Androids and iPhones became the repositories of crucial day-to-day information, including emails, contact information; private intimate details, including photos, texts, and health data; and personal security information, for instance, bank accounts. The phones carried essential work information as well. This was a social transformation that caught many people, both average users and security experts, by surprise. It created a serious new risk for companies, allowing proprietary data to escape the company's control. Now, employees accessed crucial, private data on unsecured personal phones that could easily go missing. (...) that availability not only meant a new way of working anytime, but a new way of removing data from corporations, governments and even private individuals. Peril and easy were there in equal measure".

A maior utilização das redes e, consequentemente, a maior quantidade de informações que nela circulam estimularam também a proliferação e sofisticação de ciberataques, como será visto a seguir.

3.2.2. Intensificação de ciberataques

Na mesma época, até como consequência da maior utilização dessas ferramentas digitais, algo que intensificou e se tornou ainda mais sofisticado foram os ciberataques, forma criminosa de invasão e irrupção de sistemas. Ciberataques podem centrar-se na exploração de vulnerabilidades para acessar sistemas e obter dados nele contidos, ou ir mais além: invadir o sistema e destruí-lo ou alterar suas funcionalidades (LANDAU, 2017, p. 50).

Na década de 2000, ciberataques de grande porte foram perpetrados contra indivíduos, empresas e governos.

Boa parte dos ataques contra indivíduos são explicados pelo crescimento exponencial do *e-commerce* e *Internet banking*. *Hackers* visam adquirir dados, como número do cartão de crédito, credenciais de login, dentre outras informações, como forma de obter algum tipo de vantagem financeira. Ao longo da década de 2000, um verdadeiro mercado de "dados roubados" se formou, abrangendo desde a comercialização de bancos de dados de e-mail até informações bastante sensíveis, como dados de contas bancárias/meios de pagamento online e dados de saúde[40].

Ciberataques para irrupção de sistemas apareceram nos holofotes imediatamente após a virada do século. Logo no ano 2000, o famoso *malware* ILOVEYOU chegou a afetar 50 milhões de computadores ao

---

40 O "mercado negro" digital é imensamente mais complexo do que os breves exemplos aqui apontados. Meu objetivo mencionando-o é simplesmente ilustrar que a invasão de sistemas para obtenção de informações e sua subsequente comercialização é um problema bastante relevante, que se intensificou ao longo da década de 2000 e permanece até os dias de hoje. Para estudos mais aprofundados no tema, sugiro: ABLON, Lillian et al. *Markets for Cybercrime Tools and Stolen Data*: Hacker's Bazaar. Santa Monica: RAND Corporation, 2014; e HOLT, Thomas; LAMPKE, Eric. Exploring stolen data markets: products and market forces. *Criminal Justice Studies*, v. 23, n. 1, 2010.

redor do mundo em apenas 10 dias – cerca de 10% das máquinas conectadas à época. O vírus espalhou-se por meio de um anexo de e-mail: uma vez executado, ele apagava diversos arquivos randômicos da máquina afetada e se encaminhava para todos os contatos do Outlook do usuário[41]. À época, tanto o Parlamento Britânico quanto o Pentágono desativaram seus sistemas de e-mail para não serem afetados[42]. Nos anos seguintes, outros vírus de mesmo calibre, como o Pikachu[43], Melissa[44] e Nimda[45] também foram alvo de preocupação internacional.

A década também viu a ascensão dos ataques distribuídos de negação de serviço (DDoS), em que um conjunto enorme de solicitações são enviadas para determinado servidor até que ele sobrecarregue e pare de funcionar. Esse tipo de ataque é utilizado para interromper o funcionamento de serviços online, como ocorreu com Amazon, Yahoo, CNN, eBay e MSN no início dos anos 2000, pelo hacker *Mafiaboy*. A mesma técnica pode ser usada para afetar portais governamentais, como aconteceu com o site da Casa Branca por meio do vírus CodeRed em 2001[46], e com o ataque em massa a diversos sistemas governamentais e outras instituições da Estônia, em 2007 (LANDAU, 2017, p. 66-68)[47].

---

41 The Love Bug: a retrospect. *Rixtep*, 2004. Disponível em: <https://rixstep.com/1/20040504,00.shtml>. Acesso em: 31 de março de 2021.

42 ILOVEYOU e-mail worm invades PCs. *ZDNet* (4-5-2-00). Disponível em: <https://www.zdnet.com/article/iloveyou-e-mail-worm-invades-pcs/>. Acesso em: 31 de março de 2021.

43 "Pokemon Virus Contained" BBC News (25/08/00) Disponível em: <http://news.bbc.co.uk/2/hi/science/nature/895598.stm>. Acesso em: 31 de março de 2021.

44 Uma retrospectiva: o vírus Melissa. *Welivesecurity* (27-7-2016). Disponível em: <https://www.welivesecurity.com/br/2016/07/27/virus-melissa/>. Acesso em: 31 de março de 2021.

45 Vírus Nimda usa vários métodos de ataque a sites e usuários. *Terra* (18-9-201). Disponível em: <https://www.terra.com.br/informatica/2001/09/18/017.htm>. Acesso em: 31 de março de 2021.

46 White House Avoids CodeRed. *ZDNet* (20-7-2001). Disponível em: <https://www.zdnet.com/article/white-house-avoids-code-red/>. Acesso em: 31 de março de 2021.

47 How a cyber attack transformed Estonia. *BBC News* (21-4-2017). Disponível em: <https://www.bbc.com/news/39655415>. Acesso em: 31 de março de 2021.

Acrescendo-se a tudo isso, vale apontar ainda a existência de ciberataques voltados para o roubo de propriedade intelectual (especialmente segredo industrial e empresarial, mas também patentes e obras ainda não lançadas comercialmente)[48]. Casos relevantes nesse sentido foram a invasão de sistemas da Coca Cola, em 2009[49], e a obtenção de documentos sigilosos de projetos de aeronaves da força aérea estadunidense na mesma época[50].

No final da década, um caso emblemático de invasão de sistemas levou a preocupação com cibersegurança a outro patamar. Trata-se do Stuxnet, um *malware* criado pelos governos dos EUA e de Israel, que atingiu uma usina nuclear Iraniana em 2009. O programa invadiu o sistema de controle e alterou o funcionamento de centrífugas da usina, efetivamente destruindo-as (SINGER, FRIEDMAN, 2014, p. 114). Esse caso gerou grande repercussão não apenas por solidificar o perigo de ciberataques em relação a indústrias estratégicas, mas também à própria infraestrutura crítica dos países (no caso do Stuxnet, o alvo era o sistema de energia nuclear).

É nesse cenário que o debate contemporâneo sobre acesso a dados criptografados surge: de um lado, maior dependência de ferramentas digitais para a condução de atividades do dia a dia gera maior quantidade de informações. De outro lado, essa grande quantidade de informações é de interesse de atores indesejáveis: *hackers*, criminosos e nações não amigáveis, o que reforça a importância da cibersegurança.

---

48 Sobre questões de direito autoral, o principal caso de invasão de sistemas com efeitos econômicos evidentes aconteceu com a Sony depois do final da década, em 2014, quando diversos e-mails e filmes ainda não lançados foram divulgados na Internet. Cf. <https://www.washingtonpost.com/news/the-switch/wp/2014/12/18/the-sony-pictures-hack-explained/>. Acesso em: 31 de março de 2021.

49 Coca-Cola Hid Hack in 2009, Report. *Security Week* (5-11-2012). Disponível em: <https://www.securityweek.com/coca-cola-hid-hack-2009-report>. Acesso em: 31 de março de 2021.

50 Computer Spies Breach Fighter-Jet Project. *The Wall Street Journal* (21-4-2009). Disponível em: <https://www.wsj.com/articles/SB124027491029837401>. Acesso em: 31 de março de 2021.

3.3. *Crypto Wars* 2.0: "going dark" (década de 2010)

A década de 2010 marca a retomada do debate sobre acesso a dados criptografados por autoridades de investigação. Entretanto, algumas prévias do que viria pela frente já eram apresentadas no final dos anos 2000. Um caso de destaque envolve um dos primeiros *smartphones* de alcance popular: o BlackBerry.

Produzidos pela empresa *Research in Motion* (RIM), o público principal desses aparelhos eram grandes empresas, que utilizavam os BlackBerries para comunicações seguras internamente, uma vez que seu diferencial era a presença de criptografia forte (AES 256 bits, no caso) para comunicações e no armazenamento de dados. A versatilidade do *smartphone*, sua capacidade de suportar diversos aplicativos, e o serviço gratuito de troca de mensagens – o BBM – popularizaram-no além da esfera empresarial. Isso incentivou a empresa a oferecer duas modalidades de serviços: o *Blackberry Individual Server* (BIS), voltado ao usuário comum e o *Blackberry Enterprise Server* (BES), voltado ao oferecimento de redes privadas para empresas.

Em 2008, um ataque terrorista foi perpetrado em Mumbai, Índia, deixando centenas de mortos e feridos[51]. Ao longo da investigação, descobriu-se que os terroristas se comunicavam com celulares BlackBerry, o que dificultou o acesso aos dados pelas autoridades de investigação[52]. Por causa disso, o Governo indiano começou a desenvolver um plano para aumentar os seus poderes de interceptação (BUDISH et al., 2018, p. 11; SWIRE, AHMAD, 2012, p. 441-444).

A partir da aplicação de uma lei antiga e pouco utilizada na prática[53], que estabelecia um limite de 40 bits (bem menos do que o AES 256 do

---

51 Mumbai terror attacks: Nightmare in the lap of luxury. *The Guardian* (30-11-2008). Disponível em: <https://www.theguardian.com/world/2008/nov/30/mumbai-terrorism-attacks>. Acesso em: 31 de março de 2021.

52 Disponível em: <https://www.theguardian.com/technology/2010/nov/17/india-blackberry-monitored-emails>. Acesso em: 31 de março de 2021.

53 "Trata-se do *Telegraph Act* de 1885, com regime de licenciamento atualizado no início dos anos 1990, que garante ao Departamento de Telecomunicações o poder de conceder e delimitar os critérios para concessão de licenças a provedores de telecomunicações, para que sejam autorizados a operar na Índia. O regime mais

BlackBerry) de tamanho de chaves criptográficas para sistemas de comunicação na Índia e requisitava autorização específica para sistemas mais robustos, o Governo ameaçou banir o serviço do país – que contava com cerca de 800 mil usuários – caso a empresa não viabilizasse acesso aos conteúdos de forma legível[54]. Em 2012, a RIM concedeu e instalou um servidor em Mumbai, garantindo um mecanismo de acesso excepcional a conteúdos de usuários da modalidade BIS (SWIRE, AHMAD, 2012, p. 443). Ironicamente, a partir desse evento, as vendas de aparelhos BlackBerry reduziram drasticamente ao redor do mundo, dando espaço para demais marcas de *smartphone*, como Apple, Samsumg e Huawei[55].

Isso, no entanto, não significou uma vitória a longo prazo para as autoridades de investigação. Muito pelo contrário, a criptografia em aplicações se tornaria a regra na década de 2010. Pode-se dizer que o prenúncio do que estaria por vir ocorreu logo em 2010, quando a Apple atualizou seu Mac OS X Lion (sistema operacional dos seus computadores) para a versão 10.7, que implementou a criptografia de disco rígido, ainda que o usuário precisasse ativar o mecanismo manualmente[56]. A tendência se espalharia pelos dispositivos móveis logo em seguida.

---

atual, estabelecido pelo Departamento, impõe que as chaves criptográficas devem ser limitadas a 40 bits. Para sistemas com chaves maiores, é necessária a obtenção de autorização específica.
É importante apontar que o limite de chaves de até 40 bits contradiz outras regulações setoriais específicas da Índia com relação à segurança da informação. A título exemplificativo, a *Securities and Exchange Board of India Guidelines on Internet Based Trading and Services* recomenda a utilização de uma chave criptográfica de no mínimo 64 bits para serviços que envolvem transações realizadas via celular ou aplicação *wireless*" (LIGUORI FILHO et al., 2018). Mais informações, cf. Verbete "Índia" em: <http://www.fgv.br/direitosp/cryptomap/paginas/India.html>. Acesso em: 31 de março de 2021.

54 Disponível em: <https://thenextweb.com/asia/2013/07/10/after-a-lengthy-battle-blackberry-will-finally-let-the-indian-government-monitor-its-servers/#.tnw_C5dgSLM4>. Acesso em: 31 de março de 2021.

55 Here's how dramatic BlackBerry's fall has actually been. *Business Insider* (30-9-2016). Disponível em: <https://www.businessinsider.com/blackberry-phone-sales-decline-chart-2016-9>. Acesso em: 31 de março de 2021.

56 Disponível em: <https://web.archive.org/web/20120104020714/http://www.apple.com/macosx/whats-new/features.html - filevault2>. Acesso em: 31 de março de 2021.

Esse caso ilustra muito bem o tom do debate contemporâneo: a dificuldade de acesso a dados criptografados no contexto de investigações enseja uma reação jurídica por parte das autoridades: seja na esfera judicial, solicitando o fornecimento do conteúdo criptografado, seja na esfera legislativa, pressionando por uma solução que garanta às autoridades algum tipo de acesso a esses conteúdos.

A intensidade e a abrangência do debate, no entanto, diferencia-o bastante daquele conduzido na década de 1990, e toma forma a partir das revelações de Edward Snowden, logo no início da década de 2010.

3.3.1. O "efeito Snowden"

Em junho de 2013, os jornalistas Glenn Greenwald e Ewen MacAskill e a cineasta Laura Poitras começaram a publicar nos jornais *The Guardian* e no *The Washington Post* uma série de artigos que denunciavam um enorme esquema de vigilância online em massa conduzido pela NSA. O esquema foi revelado pelo ex-prestador de serviços Edward Snowden – que disponibilizou milhares de documentos oficiais embasando as denúncias[57]. As revelações indicavam programas de vigilância envolvendo a cidadãos americanos e não americanos, além de governantes de diversos países (incluindo a ex-presidente Dilma Rousseff), que envolviam a obtenção de diversos tipos distintos de dados a partir de diferentes mecanismos de vigilância.

57 Ver, em geral: GREENWALD, Glenn; MACASKILL, Ewen; POITRAS, Laura. Edward Snowden: the whistleblower behind the NSA surveillance revelations. *The Guardian* (13-6-2013). Disponível em: <https://www.theguardian.com/world/2013/jun/09/edward-snowden-nsa-whistleblower-surveillance>; MACASKILL, Ewen; BORGER, Julian; GREENWALD, Glenn. The National Security Agency: surveillance giant with eyes on America. *The Guardian* (6-6-2013). Disponível em: <https://www.theguardian.com/world/2013/jun/06/national-security-agency-surveillance>; e MACASKILL, Ewen; DANCE, Gabriel. Snowden NSA Files Decoded. *The Guardian* (1º-11-2013). Disponível em: <https://www.theguardian.com/world/interactive/2013/nov/01/snowden-nsa-files-surveillance-revelations-decoded>. Acesso em: 31 de março de 2021. Um registro mais pessoal das revelações Snowden pode ser encontrado em: GREENWALD, Glenn. *No Place to Hide:* Edward Snowden, the NSA, and the U.S. Surveillance State. Londres: Picador, 2014.

O principal desses programas, PRISM, abrangia desde a obtenção do conteúdo de comunicações a partir dos próprios provedores de comunicação, até o monitoramento do fluxo de dados na Internet a partir da sua infraestrutura física, o backbone[58] (KAMINSKI, 2017, p. 421). Para isso, a NSA contava com mecanismos bastante sofisticados de exploração de vulnerabilidade de sistemas e coleta de dados, principalmente aqueles de usuários de grandes provedores de aplicação, como Google, Microsoft, Facebook e Apple.

As revelações assolaram a comunidade internacional, e a questão da privacidade e da segurança na Internet passou a ter protagonismo ao redor do mundo. Ainda que a NSA tenha sido vista (com razão) como a grande "vilã" do esquema, boa parte da repercussão negativa recaiu sobre as empresas de tecnologia, uma vez que os consumidores passaram a desconfiar da qualidade e segurança de seus produtos em relação à proteção de seus dados (GILL, 2018, p. 10). Reagindo a isso, a indústria começou a concentrar esforços na questão da segurança das informações de seus usuários (LANDAU, 2017, p. 5). O chamado "efeito Snowden" recaiu intensamente sobre o modelo de negócio desses serviços: não basta apenas que as aplicações sejam práticas, úteis e simples de utilizar; a segurança dos dados e a privacidade dos usuários tornou-se um diferencial de mercado na era pós-Snowden[59].

Nesse cenário, diversas empresas passaram a implementar sistemas de criptografia forte em seus serviços de forma padronizada – isso quer dizer que a aplicação da criptografia em conjunto com o serviço normal da aplicação (por exemplo, um aplicativo de troca de mensagens) não depende de nenhum tipo de movimentação do usuário, muito menos de conhecimento técnico aprofundado de técnicas criptográficas; basta o

---

58 Trata-se literalmente da estrutura física de conexão da Internet ao redor do mundo. Boa parte consiste em cabos de fibra ótica submarinos.

59 Ver, por exemplo: The Snowden effect: Privacy is good for business. *CNet*. Disponível em: <https://www.cnet.com/news/the-snowden-effect-privacy-is-good-for-business-nsa-data-collection/>; e 3 Years Later, the Snowden Leaks Have Changed How the World Sees NSA Surveillance. *EFF*. Disponível em: <https://www.eff.org/pt-br/deeplinks/2016/06/3-years-later-snowden-leaks-have-changed-how-world-sees-nsa-surveillance>. Acesso em: 31 de março de 2021.

usuário utilizar o aplicativo que o sistema de segurança já estará ativado (PELL, 2016, p. 225).

Diversas aplicações populares adotaram essa abordagem de criptografia "by default"; exemplos disso são aplicativos de mensagem instantânea e VoIP populares, como o iMessenger e o WhatsApp[60] e até mesmo sistemas operacionais, como o iOS[61] – tendo este último adotado a criptografia "by default" para proteger dados contidos em *smartphones*. Além disso, aplicações voltadas especificamente para comunicação segura, como o ProtonMail e o aplicativo Signal, também cresceram em popularidade nos últimos anos[62]. Estudo do *Center for Strategic and International Studies* (LEWIS et al., 2017, p. 6-9) aponta que 3 dos 12 aplicativos de mensagem mais populares[63] utilizam-se de criptografia ponta a ponta e que 47% de todos os celulares em circulação nos EUA possuem criptografia de dados armazenados, ambos por padrão. O estudo aponta ainda que a tendência é que os números só cresçam.

Vale notar que as modificações de segurança não se restringiram somente à inserção de mecanismos criptográficos. Autenticação em dois fatores (por exemplo, no Telegram e WhatsApp) e limitação do número de tentativas de desbloqueio de celular (no caso do iOS da Apple) foram outras alterações em favor de sistemas mais robustos.

Esse cenário trouxe à tona diversos dos questionamentos suscitados nas *Crypto Wars* da década de 1990, em especial por parte das autoridades de investigação. Não mais se trata majoritariamente de intenta-

---

60 Esses são apenas alguns exemplos mais populares. A EFF desenvolveu uma tabela de aplicações de mensagem que trata de seus sistemas de criptografia com mais detalhe: <:https://www.eff.org/node/82654>. Acesso em: 31 de março de 2021.

61 Apple expands data encryption under iOS 8. *Ars Technica* (18-9-2014). Disponível em: <www.arstechnica.com/apple/2014/09/apple-expands-data-encryption-under-ios-8-making-handover-to-cops-moot/>. Acesso em: 31 de março de 2021.

62 É curioso apontar que o ProtonMail apareceu até na série de TV "Mr. Robot". No mais, sobre o número de usuários do ProtonMail, ver: <https://www.inverse.com/article/49041-protonmail-ceo-andy-yen-interview>. Sobre usuários do Signal, ver: <http://fortune.com/2017/01/17/most-popular-secure-apps/>. Acesso em: 31 de março de 2021.

63 No caso, WhatsApp, iMessager e Viber.

das regulatórias do governo estadunidense em relação ao controle da criptografia. Dessa vez, altera-se a extensão, a disseminação e a concretude do problema: se, de um lado, isso fornece mais segurança e proteção aos dados de todos os seus (em alguns casos bilhões de) usuários, por outro lado, até mesmo criminosos comuns, sem qualquer tipo de conhecimento técnico, têm acesso a essas ferramentas de criptografia forte.

3.3.2. O debate "going dark"

A expressão "going dark", usada por autoridades de investigação para intitular o debate contemporâneo sobre acesso governamental a informações criptografadas, foi inicialmente popularizada pela então Conselheira Geral do FBI, Valerie Caproni, que proferiu um discurso perante o *Subcommittee on Crime, Terrorism, and Homeland Security* do *House Judiciary Committee* no início de 2011, reiterando a essencialidade dos poderes de interceptação para autoridades de investigação, e indicando que o desenvolvimento tecnológico torna, muitas vezes, esses poderes impraticáveis. Nas palavras da Conselheira (CAPRONI, 2011):

> Chamamos essa lacuna nos poderes de investigação de o problema "Going Dark". À medida que aumenta a distância entre autoridade e capacidade técnica, o governo torna-se cada vez mais incapaz de coletar provas valiosas em casos que vão desde exploração e pornografia infantil até crime organizado e tráfico de drogas, terrorismo e espionagem – provas que um tribunal autorizou o governo a obter. Essa lacuna representa uma ameaça crescente à segurança pública[64].

Os questionamentos de Caproni, naquele momento, não diziam respeito especificamente à questão da criptografia, mas sim a serviços de comunicação baseados na Internet em geral. Sua preocupação volta-

---

64 Tradução livre. No original, em inglês: "We call this capabilities gap the 'Going Dark' problem. As the gap between authority and capability widens, the government is increasingly unable to collect valuable evidence in cases ranging from child exploitation and pornography to organized crime and drug trafficking to terrorism and espionage – evidence that a court has authorized the government to collect. This gap poses a growing threat to public safety".

va-se ao regime jurídico de interceptações na legislação estadunidense. O principal diploma normativo voltado a essa questão, a *Communications Assistance for Law Enforcement Act* (CALEA), obriga provedores de telecomunicação a modificarem seus sistemas de forma a permitir acesso legítimo (*lawful access*) às autoridades, geralmente após a obtenção de uma ordem judicial para tanto. O escopo de aplicação da CALEA, no entanto, não abrange aplicações de Internet, estando restrito apenas a provedores de comunicação telefônica (BERKMAN KLEIN CENTER, 2016, p. 6; PELL, 2016, p. 605). Sem esse tipo de acesso, de acordo com Caproni (2011), a segurança pública estaria ameaçada.

Em 2014, após as revelações Snowden e suas consequências para o mercado, o já mencionado James Comey reforçou as dificuldades apontadas por Caproni. Dessa vez, no entanto, posicionou a questão da criptografia "by default" como problema principal a ser enfrentado para o devido funcionamento dos poderes de investigação:

> Nós enfrentamos dois desafios que se sobrepõem. O primeiro diz respeito às interceptações em tempo real, autorizadas judicialmente, do que chamamos de "dados em trânsito", como chamadas telefônicas, envio de e-mail e sessões de bate-papo ao vivo. O segundo desafio diz respeito ao acesso legítimo a dados contidos em dispositivos, como e-mail, mensagens de texto, fotos e vídeos – ou o que chamamos de "dados armazenados". Tanto a comunicação em tempo real como os dados armazenados estão cada vez mais criptografados[65] (COMEY, 2014).

Comey reconhecia a importância de sistemas criptográficos no ambiente digital e indicava explicitamente ser contra a imposição de *backdoors* nesses sistemas. No entanto, a solução, de acordo com o Diretor, seria a regulamentação, na esfera jurídica, do acesso às informações necessárias

65 Tradução livre. No original, em inglês: "We face two overlapping challenges. The first concerns real-time court-ordered interception of what we call "data in motion," such as phone calls, e-mail, and live chat sessions. The second challenge concerns court-ordered access to data stored on our devices, such as e-mail, text messages, photos, and videos – or what we call 'data at rest', and both real-time communication and stored data are increasingly encrypted".

para a investigação[66]. No caso de serviços que utilizam criptografia, isso só seria possível com a implementação de mecanismos de acesso excepcional quando do desenvolvimento desses sistemas[67] – algo que, como expliquei anteriormente, é a própria definição de *backdoor*[68].

De forma semelhante àquela expressada na década de 1990, os estudiosos e profissionais do meio, assim como a comunidade técnica[69], apontaram novamente os inúmeros riscos inerentes à obrigação jurídica de inserção de mecanismos de acesso excepcional em serviços e dispositivos, que podem afetar a segurança e a privacidade dos usuários que os utilizam regularmente. Qualquer tipo de fragilização nos sistemas, ainda que bem-intencionada, pode ser encontrada e utilizada por cibercriminosos, por agências de inteligência de países, dentre outros atores com interesses escusos (BERKMAN KLEIN CENTER, 2016; PELL, 2016; ABELSON et al., 2015; LANDAU, 2017; GILL et al., 2018). A maior dependência de usuários em serviços digitais para todas as atividades de seu dia a dia e a essencialidade de sistemas de segurança para seu devido funcionamento potencializam esses problemas de forma inimaginável há 20 anos atrás:

---

66 "We also need a regulatory or legislative fix to create a level playing field, so that all communication service providers are held to the same standard and so that those of us in law enforcement, national security, and public safety can continue to do the job you have entrusted us to do (...)" (COMEY, 2014).

67 "Cyber adversaries will exploit any vulnerability they find. But it makes more sense to address any security risks by developing intercept solutions during the design phase, rather than resorting to a patchwork solution when law enforcement comes knocking after the fact. And with sophisticated encryption, there might be no solution, leaving the government at a dead end – all in the name of privacy and network security" (COMEY, 2014).

68 "[A] backdoor [is] a mechanism or access point in a communications device or network that enables the creator of software or hardware [to] access data without the permission or knowledge of the user" (PELL, 2016, p. 609).

69 Um artigo de bastante destaque para o debate contemporâneo foi elaborado pelos mesmos especialistas (com a adição de Susan Landau, Matthew Green, Michael Specter e Daniel Weitrzner) que escreveram outro artigo influente sobre *key escrow* na década de 1990, conforme mencionado na seção 2.1.2, trata-se de ABELSON, Harold et al. Keys Under Doormats: Mandating Insecurity by Requiring Government Access to All Data and Communications. *Communications of the ACM*, v. 58, n. 10, p. 24-26, 2015.

> É impossível operacionalizar a Internet comercial ou qualquer outra rede de comunicações global amplamente distribuída com o mínimo de segurança sem o uso de criptografia. Um amplo debate nas décadas de 1980 e 1990 sobre o papel da criptografia já havia chegado a esta conclusão. Hoje, a importância técnica fundamental da criptografia forte e as dificuldades inerentes à limitação de seu uso para atender ao devido funcionamento das atividades de investigação permanecem os mesmos. O que mudou é que a escala e o escopo de sistemas dependentes de criptografia forte são muito maiores hoje em dia, e nossa sociedade é muito mais dependente de redes e sistema que estão diariamente sob ataque[70] (ABELSON et al., 2015, p. 7).

Ademais, alegam também que o constante desenvolvimento tecnológico, além de permitir a elaboração de técnicas complexas de criptografia e sua disseminação, viabilizou também diversas outras formas de investigação e obtenção de provas, que podem e devem ser utilizadas por autoridades e que não comprometem a segurança dos usuários[71]. Nesse sentido, com essas tecnologias em mãos, alguns especialistas apontam que não apenas não estaríamos vivendo "nas trevas", como teríamos nas mãos as ferramentas para viver uma "era de ouro da vigilância" (SWIRE, AHMAD, 2012).

A questão começa a ser tratada de forma mais incisiva no final de 2015, após o atentado terrorista em San Bernardino. Na ocasião, os perpetradores mataram 12 pessoas e feriram 22 em um centro de convenções da cidade e, em seguida, se suicidaram. No curso das investigações, o FBI se deparou com o celular de um dos responsáveis, um iPhone 5C. Esperava-se acessar as informações armazenadas no celular para tentar

---

70 Tradução livre. No original, em inglês: "It is impossible to operate the commercial Internet or other widely deployed global communications network with even modest security without the use of encryption. An extensive debate in the 1980s and 1990s about the role of encryption came to this conclusion once before. Today, the fundamental technical importance of strong cryptography and the difficulties inherent in limiting its use to meet law enforcement purposes remain the same. What has changed is that the scale and scope of systems dependent on strong encryption are far greater, and our society is far more reliant on far-flung digital networks that are under daily attack".

71 Ainda que, como mencionado no item anterior, a utilização desses dados suscite um importante debate sobre privacidade.

"tapar um buraco" de 18 minutos que a agência não conseguiu reconstruir em relação às movimentações dos terroristas antes do ataque (LANDAU, 2017, p. 106).

No entanto, o dispositivo estava com o sistema operacional atualizado na versão iOS 8, com criptografia por padrão nos dados armazenados. Mais ainda, outro mecanismo de segurança supramencionado estava ativado: após certo número de tentativas de desbloqueio do celular por meio do PIN, todos os dados do aparelho seriam apagados. Por fim, tratando-se de um iPhone 5C, o desbloqueio da tela só poderia ser feito por meio da inserção do PIN no dispositivo, uma vez que ele não é dotado de tecnologias de reconhecimento biométrico, como alguns modelos subsequentes.

Diante dessa questão técnica, o FBI então obteve uma ordem judicial que requeria que a Apple desabilitasse esses sistemas de segurança para que o acesso aos dados armazenados fosse viabilizado (ROZENSHTEIN, 2018, p. 124). Em outras palavras, solicitava-se à Apple que desenvolvesse uma nova atualização do sistema operacional que permitisse o acesso ao seu conteúdo por autoridades, por meio de algum tipo de mecanismo de acesso excepcional. A Apple recusou, indicando que qualquer tipo de vulnerabilidade intencional fragilizaria a segurança dos dispositivos e comprometeria a segurança e privacidade de todos os seus usuários[72] e o caso foi judicializado[73].

Apesar do destaque que o caso obteve nacional e internacionalmente, seu desfecho foi bastante anticlimático. Em março de 2016, o FBI desistiu da ação contra a Apple, argumentando que havia encontrado um meio de acessar os dados criptografados nos dispositivos. A forma de acesso nunca foi oficialmente divulgada, mas alega-se que o órgão

---

72 COOK, Tim. A Message for Our Customers. *CIAB* (16-2-2016). Disponível em: <https://www.ciab.com/resources/apple-message-customers/>. Acesso em: 31 de março de 2021.

73 Cf. Apple challenges "chilling" demand to decrypt San Bernardino shooter's iPhone. *The Guardian* (17-2-2016). Disponível em: <https://www.theguardian.com/technology/2016/feb/17/apple-challenges-chilling-demand-decrypt-san-bernadino-iphone>. Acesso em: 31 de março de 2021.

adquiriu uma ferramenta da empresa Hacking Team, que desenvolve software de exploração de vulnerabilidades de sistemas[74].

Por mais que o caso pareça ter sido resolvido, a questão da criptografia como barreira à investigação nos EUA continua. Anualmente, o *District Attorney's Office* de Manhattan, Nova York, publica um relatório sobre *smartphones* cifrados e segurança pública, reiterando a dificuldade de enfrentar o problema, apontando a importância dos conteúdos de celulares para as investigações e clamando por uma solução definitiva[75].

Outras autoridades, como o sucessor de Comey no FBI, Christopher Wray[76], e o ex-*U.S. Deputy Attorney General*, Rod Rosentein[77], clamaram de forma genérica por uma solução responsável ao problema na forma do desenvolvimento de uma "criptografia responsável" – uma repaginação terminológica da sempre presente sugestão de *backdoors*/mecanismos de acesso excepcional mandatórios em sistemas de criptografia forte (PFEFFERKORN, 2018, p. 4; GILL et al., 2018, p. 33). Tudo isso indica que o debate está longe de seu término.

Independentemente dos desdobramentos do caso FBI *vs.* Apple, o debate foi replicado ao redor do mundo, e diversos países estão deba-

---

74 Alega-se que a ferramenta para o desbloqueio deste único aparelho tenha custado cerca de um milhão de dólares. Cf. FBI paid professional hackers one-time fee to crack San Bernardino iPhone. *The Washington Post* (12-4-2016). Disponível em: <https://www.washingtonpost.com/world/national-security/fbi-paid-professional-hackers-one-time-fee-to-crack-san-bernardino-iphone/2016/04/12/5397814a-00de-11e6-9d36-33d198ea26c5_story.html?noredirect=on&utm_term=.88ba27db4011>. Acesso em: 31 de março de 2021.

75 Entre outubro de 2014 e outubro de 2016, o número de celulares apreendidos que não puderam ser decifrados foi 423. No relatório de 2018, indica-se que entre maio e agosto de 2018, 165 celulares apreendidos continuam inacessíveis. Cf. REPORT OF THE MANHATTAN DISTRICT ATTORNEY'S OFFICE (2016 e 2018).

76 WRAY, Christopher. Raising Our Game: Cyber Security in an Age of Digital Transformation. Fordham University – *FBI International Conference on Cyber Security*, Janeiro de 2018. Disponível em: <https://www.fbi.gov/news/speeches/raising-our-game-cyber-security-in-an-age-of-digital-transformation>. Acesso em: 31 de março de 2021.

77 Deputy AG Rod Rosenstein Is Still Calling for an Encryption Backdoor. *Wired* (29-11-2018). Disponível em: <https://www.wired.com/story/rod-rosenstein-encryption-backdoor/>. Acesso em: 31 de março de 2021.

tendo ou até mesmo já implementaram regulações jurídicas para enfrentar a questão.

3.3.3. Reações legislativas e impactos transnacionais

Na mesma época, diversos países começaram a responder à sua maneira as questões levantadas no debate. Um estudo desenvolvido pelo Centro de Ensino e Pesquisa em Inovação da FGV Direito SP (CEPI, 2019) mapeou a condução do debate internacional, analisando leis em vigor, propostas legislativas, casos judiciais de grande repercussão e manifestações oficiais sobre o tema, em um total de 40 países[78].

Dentro do recorte temporal de 2010 a 2017, 11 destes países aprovaram legislação relacionada ao acesso governamental a dados criptografados para fins de investigação; 10 países estavam debatendo projetos de lei ou políticas regulatórias nesse sentido; e autoridades de cerca de 24 países manifestaram-se publicamente em relação à questão. Diversas abordagens regulatórias distintas foram adotadas[79].

Alguns países como a Nova Zelândia[80], Reino Unido e a França[81] centraram seus esforços na aprovação de legislações que ampliassem os poderes de investigação de suas autoridades em relação ao acesso a

---

78 Uma descrição mais detalhada da metodologia de pesquisa pode ser encontrada aqui: <http://www.fgv.br/direitosp/cryptomap/ - pesquisa>. Acesso em: 31 de março de 2021.

79 Uma análise mais detalhada destas abordagens regulatórias será trabalhada no Capítulo 5 deste livro.

80 Especificamente com relação à Lei *Network Operators: Telecommunications (Interception Capability and Security) Act of 2013:* "Art. 9. Network operators must ensure public telecommunications networks and telecommunications services have full interception capability.(1) A network operator must ensure that every public telecommunications network that the operator owns, controls, or operates, and every telecommunications service that the operator provides in New Zealand, has full interception capability". Disponível em: <http://www.legislation.govt.nz/act/public/2013/0091/latest/DLM5177923.html>. Acesso em: 31 de março de 2021.

81 Trata-se da Loi 2016-731, que alterou ambos os Códigos Penal e de Processo Penal franceses. Para uma análise mais detalhada, ver, em geral, ACHARYA et al., 2017a.

dados criptografados[82]. É interessante notar que, no caso da França, boa parte das alterações foi elaborada e aprovada após os atentados terroristas de Paris, em 2015 (SEVERSON, 2017, p. 3), com o Primeiro Ministro Emmanuel Macron relacionando abertamente a necessidade de controle restritivo de comunicações criptografadas ao combate ao terrorismo[83].

No final de 2016, o Reino Unido foi além, promulgando uma lei mais abrnagente e detalhada, o *Investigatory Powers Act*[84] (IPA, conhecido jocosamente como "Snooper's Charter"), que garante a determinadas autoridades governamentais o poder de notificar provedores de aplicação para que removam "proteção eletrônica" no contexto das investigações, por meio das chamadas *technical capabilities notices*[85]. Isso inclui o dever de o provedor realizar todos os passos tecnicamente possíveis para cumprir a notificação – o que pode até mesmo incluir a alteração da estrutura técnica de seu próprio sistema[86] (SEVERSON, 2017, p. 7;

---

82 Extreme Surveillance becomes UK Law with barely a whimper. The Guardian (19-11-2016). Disponível em: <https://www.theguardian.com/world/2016/nov/19/extreme-surveillance-becomes-uk-law-with-barely-a-whimper>; e Encryption Under fire in Europe as France and Germany call for decrypt law. *Tech Crunch* (24-8-16). Disponível em: <https://techcrunch.com/2016/08/24/encryption-under-fire-in-europe-as-france-and-germany-call-for-decrypt-law/>. Acesso em: 31 de março de 2021.

83 French presidential candidate Macron talks tough on tech firms over terrorism. *Tech Crunch* (11-4-2017). Disponível em: <https://techcrunch.com/2017/04/11/french-presidential-candidate-macron-talks-tough-on-tech-firms-over-terrorism/>. Acesso em: 31 de março de 2021.

84 *Investigatory Powers Act, 2016*. Disponível em: <http://www.legislation.gov.uk/ukpga/2016/25/enacted>. Acesso em: 31 de março de 2021.

85 Section 253, Investigatory Powers Act 2016. *Sec. 253, (...) (2) A "technical capability notice" is a notice – (a) imposing on the relevant operator any applicable obligations specified in the notice, and (b) requiring the person to take all the steps specified in the notice for the purpose of complying with those obligations.* Disponível em: <http://www.legislation.gov.uk/ukpga/2016/25/pdfs/ukpga_20160025_en.pdf>. Acesso em: 31 de março de 2021.

86 Afirmo aqui que "pode" incluir a obrigação de alteração nos sistemas, porque o texto é bastante aberto em relação às *technical capabilities notices*. Ademais, como a IPA é muito recente (foi sancionada em dezembro de 2016 e boa parte de sua regulamentação veio em 2018), ainda não é possível prever toda a extensão de sua aplicação. De um lado, há o receio de que a lei impeça a adoção de determinados tipos de criptografia ou viabilize a imposição de mecanismos de acesso excepcional – uma versão antiga da lei previa explicitamente esse mecanismo. Por outro lado, a

LIGUORI FILHO, 2018, p. 67). Antes da aprovação do IPA, à época dos ataques terroristas no jornal francês Charlie Hebdo, o então Primeiro Ministro inglês David Cameron sugeriu até mesmo a proibição de criptografia ponta a ponta, algo que não vingou no texto final da lei[87].

Por outro lado, alguns países manifestaram-se contra imposições regulatórias de viés restritivo, sendo o principal expoente disso a Holanda. Por mais que o país não tenha formalizado o posicionamento na sua legislação, o Gabinete Holandês (órgão principal do Poder Executivo) expediu uma nota manifestando-se a favor da criptografia forte e declarando que não tomaria nenhuma ação regulatória para restringir sua implementação ou desenvolvimento[88].

Por fim, a Alemanha adotou uma abordagem distinta para solucionar a questão: ao invés de impor restrições ao desenvolvimento e à implementação de mecanismos de criptografia, o governo alemão regulamentou o chamado "hacking governamental" (*government* ou *lawful hacking*), ampliando poderes de sua agência de inteligência e autoridades de investigação em buscar e explorar vulnerabilidades de sistemas informáticos no contexto de investigações[89].

Boa parte dessas legislações recente, e a extensão de sua aplicação, ao lado de seus efeitos, apenas poderá ser verificada na prática. No momento, aguardamos as cenas dos próximos capítulos.

---

lei impõe uma espécie de "teste de proporcionalidade" para restringir a concessão dos TCN: deve-se considerar: (i) a viabilidade técnica da remoção da criptografia; (ii) o número de usuários possivelmente afetados pela imposição; e (iii) o provável custo de seu cumprimento (ACHARYA et al., 2017c; LIGUORI FILHO, 2018; SEVERSON, 2017).

87 How has David Cameron caused a storm over encryption? *The Guardian* (15-1-2015). Disponível em: <https://www.theguardian.com/technology/2015/jan/15/david-cameron-encryption-anti-terror-laws>. Acesso em: 31 de março de 2021.

88 Dutch Government: Encryption good, backdoors bad. *Ars Technica* (6-1-2016). Disponível em: <https://arstechnica.com/tech-policy/2016/01/dutch-government-encryption-good-backdoors-bad/>. Acesso em: 31 de março de 2021.

89 As provisões relativas ao *government hacking* foram incluídas na seção 100(a) do *Strafprozeßordnung* (Código de Processo Penal alemão). Disponível em: <https://dejure.org/gesetze/StPO/100a.html>. Acesso em: 31 de março de 2021.

3.4. Duas décadas de *Crypto Wars*: apontamentos sobre o debate até agora

As *Crypto Wars* evidenciam que respostas regulatórias à questão do acesso a dados criptografados intensificam-se conforme a tecnologia torna-se mais acessível e disseminada. Ponto comum entre o debate nas duas décadas é a insistência das autoridades de investigação na implementação de mecanismos de acesso excepcional nos sistemas criptográficos, uma resposta retoricamente simples, mas que gera diversos problemas técnicos e jurídicos.

No entanto, as *Crypto Wars* contemporâneas possuem diversas particularidades que a diferenciam do debate na década de 1990:

(i) Por parte do setor público, os grandes protagonistas do debate contemporâneo são as autoridades de investigação, em oposição à centralidade das agências de inteligência na década de 1990. Estas pouco se pronunciam, com alguns de seus membros abertamente posicionando-se contra a restrição de sistemas criptográficos[90];

(i) Crimes de grande expressão (ataques terroristas, investigação de redes de pedofilia etc.) são utilizados por autoridades para ressaltar o papel da criptografia como grande impeditivo às investigações e motivam a pressão por uma solução da questão na esfera judicial ou legislativa; e

(i) Ao contrário das propostas técnicas concretas apresentadas na década de 1990, como o *Clipper Chip*, o debate atual centra-se em uma abordagem mais genérica, pressionando por legislações que garantam o acesso pelas autoridades, repassando aos fornecedores de mecanismos criptográficos a viabilização disso.

---

90 Alguns alegam que a posição pró-criptografia da NSA indica que a Agência já desenvolveu ferramentas avançadas o suficiente para acessar dados em sistemas de criptografia forte. Como não há provas concretas disso, aponto apenas alguns registros do posicionamento: <https://theintercept.com/2016/01/21/nsa-chief-stakes-out-pro-encryption-position-in-contrast-to-fbi/>; e <https://www.techtimes.com/articles/126909/20160123/nsa-takes-pro-encryption-stance-can-it-spy-on-your-encrypted-data.htm>. Acesso em: 31 de março de 2021.

A principal diferença, contudo, consiste nas distintas reações regulatórias ao redor do mundo. Essa idiossincrasia regulatória, mais concreta e palpável do que o debate da década de 1990 prenunciava, pode ter consequências desastrosas no plano transnacional, tendo em vista a dependência da Internet como principal meio de comunicação ao redor do mundo (LIGUORI FILHO, SALVADOR, 2018, p. 158).

Por fim, vale fazer um breve comentário acerca de uma parte pouco explorada do debate "going dark": os usuários finais. Há pouquíssimos trabalhos que buscam analisar o posicionamento de usuários sobre essas questões. Exceção a isso é um estudo desenvolvido por pesquisadores da Universidade de Illinois em Urbana-Champaign (ADDAWOOD et al., 2017), que buscou analisar as atitudes e opiniões de usuários diante do debate.

A partir de uma amostra de 243 pessoas dos EUA, os pesquisadores analisaram o grau de concordância (avaliado em uma escala de 0 a 5, sendo 0 muita discordância e 5 muita concordância) desses usuários em relação a três afirmações: (i) "Privacidade é um direito humano"; (ii) "O governo deveria ter acesso a qualquer informação cifrada"; e (iii) "A privacidade do cidadão tem primazia sobre a segurança nacional". Os resultados da pesquisa indicaram alto grau de concordância quanto à primeira afirmação, alto grau de discordância quanto à segunda, e razoável polarização de opiniões sobre a terceira (ainda que o grau de concordância fosse um pouco maior do que discordância). A pesquisa é modesta, mas pode e deve servir de inspiração para trabalhos futuros, necessários para preencher essa lacuna sobre o tema.

O Brasil também foi palco dessa última iteração da *Crypto Wars*. Ao invés de centrar-se no legislativo, com proposições de projetos de lei, a questão foi inicialmente protagonizada pelo judiciário, a partir de uma sequência de bloqueios do aplicativo WhatsApp como sanção ao não fornecimento do conteúdo de conversas a autoridades de investigação.

O próximo capítulo será dedicado à exploração do cenário brasileiro, apontando as particularidades do ordenamento jurídico nacional que afetam o debate sobre regulação da criptografia e como ele vem sendo conduzido na esfera pública.

CAPÍTULO 4

CRIPTOGRAFIA, ACESSO A DADOS E INVESTIGAÇÕES CRIMINAIS NO CENÁRIO BRASILEIRO

O Brasil não escapou ileso do debate internacional sobre regulação jurídica da criptografia. Por aqui, ele tomou rumos particulares, tanto por causa de incertezas trazidas pelo ordenamento jurídico quanto pela situação que despertou o debate: o caso dos bloqueios do aplicativo WhatsApp no Supremo Tribunal Federal (STF). Quatro dessas particularidades podem ser desde já levantadas:

Em primeiro lugar, o debate é exclusivamente recente, tendo sido iniciado na segunda metade da década de 2010, sem reflexo nas *Crypto Wars* da década de 1990.

Em segundo lugar, a questão é tratada exclusivamente como um problema para as autoridades de investigação criminal. Não foram levantadas, no debate público, questões relacionadas à segurança nacional – algo que, como abordei no Capítulo 3, predominou no cenário internacional em um primeiro momento.

Em terceiro lugar, o regime de quebra de sigilo de dados para fins de investigação criminal, espalhado ao longo do ordenamento jurídico brasileiro, suscita diversas incertezas em relação ao grau de proteção desses dados, em especial às diferenças entre o regime de proteção de *dados armazenados* e o de *dados em fluxo*. Como uma das funções principais da criptografia é garantir a inacessibilidade dos dados nessas modalidades, fragilizações na sua proteção jurídica impactam diretamente no debate sobre regulação da criptografia.

Por fim, em quarto lugar, é importante apontar que, por causa dos sucessivos bloqueios do WhatsApp e das ações judiciais de controle de constitucionalidade concentrado que eles motivaram, o STF tornou-se o palco principal desse debate, contando ainda com uma audiência pública organizada para debater questões técnicas e jurídicas sobre o acesso a dados criptografados em investigações criminais.

A partir dessas particularidades, meu objetivo com este Capítulo é explorar o debate brasileiro sobre regulação da criptografia, organizando e identificando no ordenamento questões pertinentes ao uso de criptografia e investigações criminais e seus reflexos práticos no debate público.

Para isso, o Capítulo está dividido em duas partes: na primeira parte, buscarei elencar questões e incertezas sobre acesso a dados criptografados no contexto de investigações criminais no ordenamento jurídico brasileiro. Na segunda parte, analisarei como o debate foi conduzido na prática, a fim de identificar os principais posicionamentos dos *stakeholders*, relacionar a sua condução com o debate internacional, e compreender os reflexos das questões normativas trabalhadas na primeira parte do Capítulo no debate.

4.1. Panorama das questões sobre criptografia, investigações criminais e acesso a dados no ordenamento jurídico brasileiro

Nesta primeira parte, o objetivo é mapear as diversas questões normativas que se relacionam, de forma direta ou indireta, à criptografia, ao acesso a dados e às investigações criminais no ordenamento jurídico brasileiro. O cenário é complexo e incerto, gerando dúvidas sobre temas como: (i) a extensão da proteção constitucional de dados armazenados e dados em trânsito; (ii) os limites e a operacionalização do acesso a dados no contexto de investigações criminais; (iii) os deveres de provedores de serviços de comunicação nessas situações; e (iv) os direitos e deveres do investigado em relação aos seus próprios dados.

Seguindo essa lógica, abordarei algumas questões constitucionais do sigilo de dados e investigações criminais. Em seguida, explorarei duas relevantes leis infraconstitucionais que tratam da proteção de dados e das comunicações, o Marco Civil da Internet e a Lei Geral de Proteção de Dados Pessoais. Por fim, dedicarei uma seção para adentrar questões específicas de processo penal e investigação criminal, tendo em vista a importância da relação para esta obra.

4.1.1. Questões constitucionais

Um dos aspectos mais relevantes do debate sobre regulação da criptografia no Brasil é a constitucionalidade da imposição de medidas restritivas à utilização de criptografia forte, como forma de auxiliar atividades de investigação criminal. Ainda que, como mostrei no Capítulo 2, há uma pluralidade de direitos cujo exercício é viabilizado pela criptografia, a maior parte das questões constitucionais referem-se ao seu papel na proteção da *privacidade*, especificamente o sigilo das comunicações.

No texto constitucional, o direito à privacidade é garantido na forma de princípio[1] pelo art. 5º, X: "são invioláveis a intimidade, a vida privada, a honra e a imagem das pessoas, assegurado o direito a indenização pelo dano material ou moral decorrente de sua violação". Ainda que não haja menção expressa da palavra "privacidade", entende-se que o inciso tutela esse direito de forma ampla. Nesse sentido, José Afonso da Silva (2014, p. 208):

> (...) a terminologia não é precisa. Por isso, preferimos usar a expressão direito à privacidade, num sentido genérico e amplo, de modo a abarcar todas essas manifestações da esfera íntima, privada e da

---

1 A consequência de se ter a privacidade como princípio, como bem colocado por Queiroz (2018, p. 16) é a seguinte: "A proteção à privacidade decorrente do inciso X do art. 5º funciona como um (...) 'mandamento de otimização'. Tal qual enunciada nesse dispositivo, a privacidade não é protegida por inviolabilidade absoluta. Pode ser excepcionada, em casos justificados e pontuais, pela própria constituição. (...) Pode também ceder em caso de choque com outros valores constitucionalmente relevantes, se derrotada em juízo de proporcionalidade feito caso a caso".

> personalidade, que o texto constitucional em exame consagrou. Toma-se, pois, a privacidade como o conjunto de informação acerca do indivíduo que ele pode decidir manter sob seu exclusivo controle, ou comunicar, decidindo a quem, quando, onde e em que condições, sem a isso poder ser legalmente sujeito. A esfera de inviolabilidade, assim, é ampla, abrange o modo de vida doméstico, nas relações familiares e afetivas em geral, fatos, hábitos, local, nome, imagem, pensamentos, segredos, e, bem assim, as origens e planos futuros do indivíduo.

Acrescendo-se a essa proteção mais geral, o constituinte incluiu no texto constitucional uma proteção específica ao sigilo das comunicações, no art. 5º, XII:

> é inviolável o sigilo da correspondência e das comunicações telegráficas, de dados e das comunicações telefônicas, salvo, no último caso, por ordem judicial, nas hipóteses e na forma que a lei estabelecer para fins de investigação criminal ou instrução processual penal.

Parte das questões jurídicas envolvendo o desenvolvimento tecnológico, privacidade, criptografia e investigações criminais tem como ponto de partida o texto desse inciso. De fato, o constituinte originário não facilitou o trabalho do intérprete da norma jurídica: de um lado, devido à(s) ambiguidade(s) terminológica(s) que o texto apresenta; e de outro lado porque, por motivos razoáveis e compreensíveis, o legislador não foi capaz de prever que o tipo de comunicação predominante nas décadas seguintes seria a comunicação de dados, com o advento da Internet.

Tratando-se da ambiguidade terminológica, ela afeta diretamente o escopo de aplicação desse inciso. Como bem explica Queiroz (2018, p. 19), identifica-se no texto do art. 5º, XII, uma *norma geral* seguida de uma *norma de exceção*.

A primeira refere-se à regra geral de inviolabilidade das comunicações via correspondência, telegráfica, de dados e comunicação telefônica.

A segunda refere-se à limitação à regra geral, a qual estabelece que, mediante ordem judicial e para fins de investigação criminal, conforme lei específica (no caso, a Lei de Interceptações Telefônicas), o sigilo pode ser quebrado.

Ambiguidades podem ser identificadas nas duas normas, como explicarei a seguir.

4.1.1.1. Norma geral do art. 5°, XII: dados em fluxo *vs.* dados armazenados

Em relação à norma geral, a dúvida centra-se na delimitação do escopo de aplicação do inciso. Estabelece-se uma lista taxativa: "sigilo da **correspondência** e das **comunicações telegráficas**, de **dados** e das **comunicações telefônicas**" (grifos meus), na qual a expressão "de dados" é ambígua no sentido em que pode se referir a "comunicação de dados" (dados em fluxo/trânsito), ou a "dados" de forma geral, o que abrangeria também os dados armazenados.

Boa parte da interpretação da norma, tanto na doutrina quanto na jurisprudência, entende que a proteção do inciso XII refere-se apenas à *comunicação* dos dados, e não aos dados *em si* (FERRAZ JR., 1993; GOMES, MACIEL, 2018, p. 102; MENDES et al., 2009, p. 435; BADARÓ, 2010). Artigo seminal, publicado no início dos anos 1990, que orientou esse entendimento foi escrito por Tércio Sampaio Ferraz Jr. (1993, p. 447):

> Obviamente o que se regula é comunicação por correspondência e telegrafia, comunicação de dados e telefonia. O que fere a liberdade de omitir pensamento é, pois, entrar na comunicação alheia, fazendo com que o que devia ficar entre sujeitos que se comunicam privadamente passe ilegitimamente ao domínio de um terceiro. Se alguém elabora para si um cadastro sobre certas pessoas, com informações marcadas por avaliações negativas, e o torna público, poderá estar cometendo difamação, mas não quebra sigilo de dados. Se estes dados, armazenados eletronicamente, são transmitidos, privadamente, a um parceiro, em relações mercadológicas, para defesa do mercado, também não estará havendo quebra de sigilo. Mas se alguém *entra nesta transmissão*, como um terceiro que nada tem a ver com a relação comunicativa, ou por ato próprio ou porque uma das partes lhe cede o acesso indevidamente, estará violado o sigilo de dados.

A distinção entre comunicação de dados (dados em fluxo) e dados em si (dados armazenados) era algo que, à época da elaboração da Constituição de 1988 e da publicação do artigo do Prof. Tercio refletia adequadamente o desenvolvimento tecnológico e as formas de comunicação predominantes. A ideia de "dados" estava mais relacionada a bancos de dados com informações cadastrais, dados bancários, dentre outros. Somente alguns anos depois da publicação do artigo que a Internet comercial foi lançada no Brasil e, mesmo assim, sua utilização só começou a deslanchar por aqui no final da década de 1990. Com isso, a ideia predominante de "comunicação de dados" passou a ser aquela realizada por meio da Internet (via e-mail, VoIP, mensagens instantâneas etc.), que se estabeleceria como a principal forma de comunicação no século XXI.

Questiona-se, no cenário atual, até que ponto essa diferenciação jurídica faz sentido sob a perspectiva técnica. Dentre os motivos, podemos destacar a instantaneidade na comunicação de dados provida pela Internet (o que dificulta tecnicamente a identificação do momento em que estes dados estão, de fato, "em fluxo"), e a multiplicidade de modalidades de comunicação online, bastante distintas entre si (e-mails, mensagem instantânea em sistemas criptografados ponta a ponta, VoIP etc.).

Essa necessidade de adequação do entendimento às novas tecnologias é refletida na doutrina recente. Como apontado por Abreu e Antonialli (2017, p. 22):

> diversos autores têm argumentado em favor de novas interpretações desse dispositivo, no sentido de levar em conta os avanços da tecnologia e as enormes quantidades de conteúdos e registros de comunicações que passaram a ser armazenadas em dispositivos pessoais, como computadores e aparelhos celulares.

Dentre os autores, podemos destacar Badaró (2010), Sidi (2014), e Abreu (2018). No entanto, na prática, a divisão permanece firme e forte, com a ideia de que o inciso XII abrangeria somente a comunicação de dados estando consolidada no STF há algum tempo[2].

---

2 Ver, por exemplo, RE 418.416/SC, Rel. Min. Sepúlveda Pertence: "Nesse sentido o voto que proferi no MS 21.729 (...), quando asseverei que a proteção a que se refere o art. 5°, XII, da Constituição, é da comunicação 'de dados' e não os 'dados', o que tornaria impossível qualquer investigação administrativa, fosse qual fosse"; e HC 91.867/PA, Rel. Min. Gilmar Mendes: "como já enfatizei em outras oportunidades, entendo que não se pode interpretar a cláusula do artigo 5°, XII, da CF, no sentido de proteção aos dados enquanto registro, depósito registral. A proteção constitucional é da comunicação 'de dados' e não os 'dados'".

4.1.1.2. Norma de exceção do art. 5°, XII: sigilo das comunicações e investigações criminais

Em relação à norma de exceção, a dúvida reside no estabelecimento de quais das quatro formas de sigilo de comunicações (correspondência; telegráfica; de dados; e telefônica) seriam passíveis de limitação na hipótese de investigação criminal, por meio de autorização judicial, conforme o regime estabelecido na lei específica (que, nesse caso, seria a Lei de Interceptações Telefônicas). A questão aqui é a ambiguidade da expressão "no último caso" em "salvo, **no último caso**, por ordem judicial, nas hipóteses e na forma que a lei estabelecer para fins de investigação criminal ou instrução processual penal" (grifo meu).

Sobre isso, na doutrina, há três correntes interpretativas – GOMES, MACIEL (2018, p. 98), SIDI (2014, p. 114) e BURROWES, (2007, p. 14): (i) *extensiva*, entendendo que a limitação se refere a todos os meios de comunicação elencados; (ii) *intermediária*, entendendo que o "último caso" se referiria ao bloco "de dados e das comunicações telefônicas"; e (iii) *restritiva*, que entende que a expressão limita a aplicação da norma de exceção às comunicações telefônicas apenas.

Na primeira corrente, extensiva, interpreta-se a expressão como sinônimo de "excepcionalmente" (em que o mais correto seria dizer "**em** último caso"), entendendo que a norma de exceção poderia ser aplicada a todos os tipos de comunicações elencados no inciso.

A corrente intermediária entende que a norma de exceção seria aplicável somente a duas formas de comunicação: de dados e telefônica, sendo as demais invioláveis. Isso se daria a partir de uma divisão em "blocos" do texto da norma constitucional, com o primeiro contendo "correspondência e das comunicações telegráficas" e o segundo "de dados e das comunicações telefônicas", equalizando o "último caso" como sendo o último bloco.

Por fim, na terceira corrente, restritiva, sustenta-se que a limitação só alcançaria as comunicações telefônicas, uma vez que, gramaticalmente, a expressão "no último caso" refere-se apenas ao último meio de comunicação elencado no dispositivo, as comunicações telefônicas. Na doutrina, esta é a mais disseminada e por isso merece mais atenção.

Queiroz (2018, p. 20-21) vai além da mera interpretação gramatical da norma para embasar sua filiação a essa última corrente: o autor debruçou-se, a partir da análise dos Anais da Assembleia Nacional Constituinte, na evolução histórica da tramitação do texto constitucional, buscando a partir disso abstrair a *mens legis* da norma em questão. A partir dessa análise, mediante a leitura dos diversos textos da CF debatidos até chegar à versão final do inciso, é possível entender que houve a inclusão da expressão "no último caso" para se referir somente ao último meio de comunicação elencado – comunicação telefônica. Isso porque as primeiras três versões do texto pressupunham que a limitação se estenderia a todas as hipóteses, com variações textuais da seguinte redação[3]: "É inviolável o sigilo da correspondência e das comunicações telegráficas, telefônicas e de dados, salvo por ordem judicial, nos casos e na forma que a lei estabelecer para fins de investigação criminal e instrução processual", tendo o texto sido alterado para a incluir a restrição apenas às comunicações telefônicas.

Sob outra perspectiva, também para embasar sua filiação à corrente restritiva, Ferraz Jr. (1993, p. 447-448) realiza um esforço interpretativo para compreender a *ratio* da limitação. O autor entende que a restrição é necessária para consecução de investigações criminais, algo que está consubstanciado no interesse público, mas que essa intrusão somente se faz necessária quando o meio de comunicação é instantâneo e não deixa vestígios:

> (...) dos quatro meios de comunicação ali mencionados – correspondência, telegrafia, dados, telefonia – só o último se caracteriza por sua instantaneidade. Isto é, a comunicação telefônica só é enquanto ocorre. Encerrada, não deixa vestígios no que se refere ao relato das mensagens e aos sujeitos comunicadores. (...) por isso, no interesse público (investigação criminal ou instrução processual penal), é o único meio de comunicação que exigiu, do constituinte, uma ressalva expressa. Os outros três não sofreram semelhante ressalva porque, no interesse público, é possível realizar investigações e obter provas com base em vestígios que a comunicação deixa: a carta guardada, o testemunho de quem leu o nome do endereçado e do remetente,

3 O texto aqui apresentado é aquele presente no art. 6º, § 12, do Projeto A (Plenário – 1º Turno), conforme replicado em Queiroz (2018, p. 21). O entendimento do autor pode ser corroborado com as observações feitas por Gomes e Maciel (2018, p. 97).

> ou de quem viu a destruição do documento, o que vale também para o telegrama (...), para a recepção da mensagem de um computador para outro etc. Como isto é tecnicamente possível, o constituinte não permitiu absolutamente a entrada de terceiros, ainda que em nome do interesse público, na comunicação.

Novamente, ainda que adequada ao momento de sua elaboração, o desenvolvimento tecnológico complexificou bastante a abordagem adotada pelo Professor Tercio, tendo em vista a dificuldade de, nos dias de hoje, estabelecer quais tipos de comunicações online deixam ou não "vestígios". E-mails e mensagens de texto são, via de regra, armazenados dos dispositivos das pontas da comunicação, deixando vestígios nesses dispositivos, mas podem facilmente ser apagados do disco rígido[4]. VoIP, por outro lado, não deixa nenhum registro do conteúdo armazenado nas máquinas, o que não quer dizer que não haja "vestígios" da comunicação, que podem consistir nos *metadados* da conversa (registro da chamada, endereço IP das pontas, tempo de duração da ligação, dentre outras informações). Como explica Badaró (2010):

> (...) a evolução da tecnologia e, principalmente, a internet, alteraram as características das comunicações à distância. Em 1988, o legislador constituinte partiu da premissa de que a comunicação dos dados, por sistemas de informática e telemática, era marcada pela perenidade dos dados comunicados, que permaneciam armazenadas em discos rígidos dos computadores, ou em outros suportes materiais, permitindo assim a sua apreensão, mesmo após o término do processo de comunicação. Hoje, contudo, há diversas formas de comunicação em sistemas de telemática, cujos dados não permanecem armazenados nos discos rígidos dos computadores ou em qualquer outro meio. Em outras palavras, há comunicações de dados seguidas do armazenamento dos elementos comunicados, em que não se faz necessária a interceptação da comunicação, bastando a apreensão dos dados, como forma menos gravosa e menos excessiva de restrição da privacidade, mas há também comunicações de dados marcadas pela instantaneidade que, consequentemente, não admitem apreensão posterior dos dados comunicados.

---

4 Como bem lembra Abreu (2017, p. XX), mesmo comunicações que deixam vestígios podem ter estes apagados – uma carta, por exemplo, pode ser queimada ou jogada na privada.

Um outro ponto relevante sobre a corrente restritiva de interpretação do inciso XII refere-se à constitucionalidade da quebra de sigilo das demais formas de comunicação. Há autores que clamam pela absoluta inviolabilidade de qualquer tipo de comunicação que não a telefônica (LIMA NETO, 1997; GRECO FILHO, 1996, p. 10). Mais recentemente, no entanto, é possível identificar na doutrina diversos autores que se filiam à corrente restritiva de interpretação do inciso, mas apontam que é necessário prever, com ressalvas, a possibilidade de interceptação de dados. Alguns indicam que a necessidade adviria do próprio avanço tecnológico, em que a comunicação telefônica é substituída pela comunicação de dados (por exemplo, VoIP), tornando interceptações tradicionais ineficazes (BADARÓ, 2010). Outros questionam, sob uma perspectiva constitucional, o caráter "absoluto" dos demais meios de comunicação. Entendem eles que a ausência de previsão na norma constitucional não ensejaria inviolabilidade total, podendo o sigilo ser relativizado – também em casos excepcionais – quando há colisão com outros direitos constitucionais (MACIEL, GOMES, 2018, p. 99; MENDES et al., 2008, p. 435).

Nesse ponto, é necessário ainda fazer um breve comentário sobre a Lei de Interceptações Telefônicas (Lei n. 9.296/96, "LIT"), que regulamentou a segunda parte do inciso XII[5]. O debate aqui apresentado sobre a limitação da norma surtou efeitos práticos quando a LIT entrou em vigor, uma vez que seu art. 1º, parágrafo único, estendeu seu escopo de aplicação para além das interceptações telefônicas: "O disposto nesta Lei aplica-se à interceptação do fluxo de comunicações em sistemas de informática e telemática". Proponentes da interpretação restritiva do inciso, à época, clamaram pela inconstitucionalidade do artigo (LIMA NETO, 1997, p. 3; GRECO FILHO, 1996, p. 10). O tema foi levado ao STF por meio da ADI 1.488/DF[6], ajuizada no mesmo ano da entrada em vigor da LIT, mas foi posteriormente extinta por falta de legitimidade ativa do requerente (GOMES, MACIEL, 2018, p. 101). Em 2008, uma nova ADI

---

5 A LIT será trabalhada em mais detalhes no item 4.1.3.1.

6 ADI 1.488/DF, Rel. Min. Néri da Silveira (j. 26-11-1999). Disponível em: <http://redir.stf.jus.br/paginadorpub/paginador.jsp?docTP=AC&docID=347088>. Acesso em: 31 de março de 2021.

foi ajuizada no STF, 4.112/DF[7], questionando, dentre outros tópicos, a mesma matéria. Esta última segue pendente de apreciação pelo Supremo.

Por fim, vale mencionar uma interessante opção do legislador originário: a norma de exceção do inciso XII restringe a possibilidade de quebra do sigilo de comunicações "para fins de investigação criminal ou instrução processual penal". Isso prescreve a inconstitucionalidade de qualquer tipo de interceptação que não seja para esse fim, o que inclui, por exemplo, atividades da inteligência nacional, como a inteligência de sinais. Retomando as *Crypto Wars*, analisadas no capítulo anterior, a escolha é curiosa, tendo em vista o papel central das agências de inteligência no controle de tecnologias de vigilância ao longo dos anos.

Na prática, interceptações telemáticas são realizadas por autoridades de investigação, com a constitucionalidade de sua execução corroborada em decisões recentes do STF[8]. Mais do que isso: questiona-se, ainda, até que ponto as demais modalidades do sigilo de comunicação (correspondência e telegráfica) seriam de fato absolutas, uma vez que a quebra de sigilo epistolar já foi julgada constitucional pelo Supremo[9], caso este que tratava de fiscalização, por agentes penitenciários, de correspondência enviada por presos para fora do presídio (MENDES et al., 2009, p. 435). Quanto à palavra final sobre a constitucionalidade dos dispositivos da LIT, no entanto, apenas o julgamento da ADI 4.112 vai definir por certo.

Todas essas incertezas em relação à proteção constitucional de dados podem tomar outra roupagem caso seja aprovada a Proposta de Emenda à Constituição n. 17/2019[10], que acresce o direito à proteção de dados

---

7 ADI 4.112/DF, Rel. Min. Gilmar Mendes. Disponível em: <http://www.stf.jus.br/portal/geral/verPdfPaginado.asp?id=676996&tipo=TP&descricao=ADI%2F4112>. Acesso em: 31 de março de 2021.

8 Cf., em geral, MICHELOTI, Marcelo Adriano. A gravação de conversas na visão do Supremo Tribunal Federal e sua disciplina no projeto do novo Código de Processo Penal. Disponível em: <https://core.ac.uk/reader/19763280>. Acesso em: 31 de março de 2021.

9 HC 70.814-5/SP, Rel. Min. Celso de Mello.

10 Disponível em: <https://legis.senado.leg.br/sdleg-getter/documento?dm=7924709&ts=1567466390756&disposition=inline>. Acesso em: 31 de março de 2021.

pessoais dentro das garantias individuais previstas no art. 5º. Se isso ocorrer, é possível que essa proteção mais concreta em relação a dados enseje uma releitura das questões levantadas sobre o inciso XII.

4.1.2. Questões infraconstitucionais

Na última década, o Brasil aprovou duas leis[11] bastante relevantes no que tange à proteção de direitos na esfera digital. A primeira delas foi o Marco Civil da Internet (MCI), a Lei n. 12.965/2014, que trata de direitos, garantias e deveres relacionados ao uso da Internet no Brasil. Ainda que seja uma lei de caráter majoritariamente civil, diversos dispositivos geram reflexos diretos na esfera penal, sendo justamente a questão de acesso a dados por autoridades de investigação o grande fio condutor do debate sobre regulação da criptografia no Brasil (SOUZA, LEMOS, 2016, p. 9).

Outro diploma normativo relevante é a Lei Geral de Proteção de Dados Pessoais (LGPD), Lei n. 13.709/2018, que estabelece um robusto regime jurídico para o tratamento de dados pessoais no Brasil. Com forte inspiração no Regulamento Geral sobre Proteção de Dados da União Europeia (*General Data Protection Regulation*, GDPR), a lei busca adequar o sistema brasileiro aos padrões internacionais, pautado pela importância da proteção de dados para o exercício do direito à privacidade, à liberdade de expressão, ao desenvolvimento econômico e aos demais direitos da personalidade no século XXI[12]. A segurança em todo o tipo

---

11 De forma a evitar extrapolar a temática deste livro, não analisarei regulações setoriais de cibersegurança (*e.g.*, online banking, telemedicina), que, apesar de tratarem de uma forma de regulação da criptografia, não acrescentam muito ao tema de acesso a dados no contexto de investigações criminais. Tampouco tratarei sobre a regulação jurídica de padrões técnicos relacionados a certificados e assinaturas digitais pelo mesmo motivo. Para uma visão aprofundada desse último tema, sugiro o artigo: MENKE, Fabiano. A criptografia e a Infraestrutura de Chaves Públicas Brasileira (ICP-Brasil). *Revista dos Tribunais – Caderno Especial*, v. 998, p. 83-98.

12 Diversos interesses, por vezes conflitantes, estão elencados no art. 2º da LGPD: "I – o respeito à privacidade; II – a autodeterminação informativa; III – a liberdade de expressão, de informação, de comunicação e de opinião; IV – a inviolabilidade da intimidade, da honra e da imagem; V – o desenvolvimento econômico e tecnológico e a inovação; VI – a livre iniciativa, a livre concorrência e a defesa do consumidor;

de tratamento dos dados é um dos pilares fundamentais da lei, o que poderia reforçar o argumento em favor de sistemas robustos de segurança, em oposição a imposições restritivas.

No entanto, abordarei a seguir que cada uma dessas leis possui diversas particularidades que podem impactar o debate sobre acesso a dados criptografados em investigações criminais no Brasil.

4.1.2.1. Marco Civil da Internet (Lei n. 12.965/2014) e seu decreto regulamentador (Decreto n. 8.771/2016)

Fruto de um processo legislativo de quase uma década, que contou com ampla participação de diversos setores da sociedade, o MCI estabeleceu um conjunto de direitos e deveres sobre o uso da Internet no Brasil. Ainda que a Lei não trate especificamente de imposições restritivas ou promocionais do uso de criptografia, duas previsões são relevantes para este livro: (i) a inviolabilidade do sigilo das comunicações armazenadas e em fluxo, prevista no art. 7º; e (ii) as sanções para descumprimento de obrigações relacionadas à proteção aos registros, dados pessoais e comunicações privadas, previstas no art. 12.

Em relação ao sigilo das comunicações privadas, o MCI se utiliza da supramencionada divisão entre comunicações armazenadas e em trânsito/fluxo, e estabelece a necessidade de ordem judicial para quebra do sigilo nas duas hipóteses[13]. No caso das comunicações em fluxo, o art. 7º, II, estabelece que, além da obrigatoriedade de ordem judicial, deve-se obedecer ao regime da LIT. Não há previsão semelhante em relação às comunicações armazenadas. Essas normas geram reflexos diretos em questões sobre acesso a dados no processo penal, como explicarei no item 4.1.3.

---

e VII – os direitos humanos, o livre desenvolvimento da personalidade, a dignidade e o exercício da cidadania pelas pessoas naturais".

13 Art. 7º O acesso à internet é essencial ao exercício da cidadania, e ao usuário são assegurados os seguintes direitos: (...) II – inviolabilidade e sigilo do fluxo de suas comunicações pela internet, salvo por ordem judicial, na forma da lei; III – inviolabilidade e sigilo de suas comunicações privadas armazenadas, salvo por ordem judicial.

No que se refere ao segundo ponto, o MCI estabelece um conjunto de obrigações a provedores de aplicação na Internet com relação, de um lado, à "proteção dos registros, dados pessoais e comunicações privadas dos usuários"[14], e, de outro, à obrigação do fornecimento dessas informações e de conteúdos mediante ordem judicial[15], prescrevendo sanções quando do descumprimento dessas obrigações.

Dentre as sanções previstas no rol, o art. 12 estabelece a "III – suspensão temporária das atividades que envolvam os atos previstos no art. 11; ou IV – proibição de exercício das atividades que envolvam os atos previstos no art. 11". Por sua vez, as atividades mencionadas no art. 11 consistem em "operação de coleta, armazenamento, guarda e tratamento de registros, de dados pessoais ou de comunicações por provedores de conexão e de aplicações de internet".

Foi uma interpretação específica dos incisos III e IV do art. 12[16] que ensejou sucessivos bloqueios do aplicativo de mensagens WhatsApp no Brasil, em 2015 e 2016, quando a empresa não forneceu o conteúdo das comunicações de determinados usuários às autoridades[17].

---

14 Art. 10. A guarda e a disponibilização dos registros de conexão e de acesso a aplicações de internet de que trata esta Lei, bem como de dados pessoais e do conteúdo de comunicações privadas, devem atender à preservação da intimidade, da vida privada, da honra e da imagem das partes direta ou indiretamente envolvidas.

15 Art. 10. (...) § 1º O provedor responsável pela guarda somente será obrigado a disponibilizar os registros mencionados no *caput*, de forma autônoma ou associados a dados pessoais ou a outras informações que possam contribuir para a identificação do usuário ou do terminal, mediante ordem judicial, na forma do disposto na Seção IV deste capítulo, respeitado o disposto no art. 7º. § 2º O conteúdo das comunicações privadas somente poderá ser disponibilizado mediante ordem judicial, nas hipóteses e na forma que a lei estabelecer, respeitado o disposto nos incisos II e III do art. 7º.

16 Não é consensual a interpretação do art. 12 que possibilita o bloqueio dos aplicativos como sanção. Nesse sentido, ver: SOUZA, Carlos Affonso; BRANCO, Sérgio. WhatsApp bloqueado? A culpa não é do Marco Civil da Internet. *Open Democracy* (17-5-2016). Disponível em: <https://www.opendemocracy.net/democraciaabierta/carlos-affonso-souza-s-rgio-branco/whatsapp-bloqueado-culpa-n-o-do-marco-civil-da->. Acesso em: 31 de março de 2021.

17 Tratarei desse ponto em mais detalhes na segunda parte deste capítulo.

Por fim, vale comentar brevemente sobre o decreto que regulamentou o MCI (Decreto n. 8.771/2016). Por mais que não estabeleça nenhum mecanismo de restrição ao desenvolvimento, à implementação ou ao uso da criptografia, ele menciona a técnica no art. 13, IV[18], a fim de recomendar sua adoção para o armazenamento, a guarda e o tratamento de dados pessoais e comunicações privadas por provedores de aplicação (LIGUORI FILHO, SALVADOR, 2018, p. 139).

4.1.2.2. Lei Geral de Proteção de Dados Pessoais (Lei n. 13.709/2018)

Extremamente relevante no contexto digital, a LGPD estabeleceu um marco jurídico para o tratamento de dados pessoais no Brasil. Pautada pela proteção à privacidade, liberdade de expressão e direitos da personalidade, a lei estabelece um conjunto de obrigações aos responsáveis pelo tratamento desses dados e de direitos aos seus titulares.

Em específico sobre seu reflexo na questão da cibersegurança, a Lei estabelece como um dos seus princípios basilares o chamado "princípio da segurança", previsto no art. 6º, VII[19], que impõe aos agentes de tratamento de dados pessoais no Brasil o dever de "adotar práticas e medidas de segurança aptas, de acordo com o estado da técnica, a resguardar as informações de natureza pessoal contra acessos não autorizados, destruição, ou outros riscos e tratamentos ilícitos" (MACHADO, DONEDA, 2018, p. 120), princípio este também previsto na GDPR[20].

---

18 Art. 13. Os provedores de conexão e de aplicações devem, na guarda, armazenamento e tratamento de dados pessoais e comunicações privadas, observar as seguintes diretrizes sobre padrões de segurança: (...) IV – o uso de soluções de gestão dos registros por meio de técnicas que garantam a inviolabilidade dos dados, como **encriptação** ou medidas de proteção equivalentes (grifo meu).

19 Art. 6º As atividades de tratamento de dados pessoais deverão observar a boa-fé e os seguintes princípios: (...) VII – segurança: utilização de medidas técnicas e administrativas aptas a proteger os dados pessoais de acessos não autorizados e de situações acidentais ou ilícitas de destruição, perda, alteração, comunicação ou difusão.

20 Article 5. Personal data shall be: (...) (f) processed in a manner that ensures appropriate security of the personal data, including protection against unauthorised or unlawful processing and against accidental loss, destruction or damage, using appropriate technical or organisational measures ("integrity and confidentiality").

A importância da segurança dos dados – para todas as atividades de tratamento – é reforçada inúmeras vezes ao longo do texto, com destaque para a ideia de segurança *by design*, em que a lei impõe que medidas de segurança sejam desenvolvidas e implementadas desde a concepção do produto ou serviço sujeito à LGPD[21] – o que vai diretamente contra qualquer tipo de sugestão de enfraquecimento de sistemas de segurança para fins de investigação criminal.

A LGPD não faz nenhum tipo de referência expressa à "criptografia", tampouco sobre padrões específicos para segurança de dados, relegando à Autoridade Nacional de Proteção de Dados os poderes para emissão de recomendações nesse sentido[22]. Essa escolha é reflexo de uma preocupação bastante relevante em não tornar a lei ultrapassada – o que costuma ocorrer em normas que buscam regular tecnologias detalhadamente. Isso cumpre esses objetivos da lei (estabelecer a segurança dos dados como um dos requisitos para o tratamento), sem engessar o meio para sua concretização.

No entanto, vale dizer que a lei só é aplicável ao tratamento de dados pessoais: "informação relacionada a pessoa natural identificada ou identificável" – o conteúdo das comunicações só será considerado dado pessoal se, por meio dele, for possível chegar direta ou indiretamente a um indivíduo.

Além disso, a própria LGPD exclui de seu escopo de aplicação o tratamento de dados para fins de segurança pública, defesa nacional, segurança de Estado e atividades de investigação e repressão de infração

---

21 Art. 46. Os agentes de tratamento devem adotar medidas de segurança, técnicas e administrativas aptas a proteger os dados pessoais de acessos não autorizados e de situações acidentais ou ilícitas de destruição, perda, alteração, comunicação ou qualquer forma de tratamento inadequado ou ilícito. (...) § 2º As medidas de que trata o *caput* deste artigo deverão ser observadas desde a fase de concepção do produto ou do serviço até a sua execução.

22 Art. 46 (...) § 1º A autoridade nacional poderá dispor sobre padrões técnicos mínimos para tornar aplicável o disposto no *caput* deste artigo, considerados a natureza das informações tratadas, as características específicas do tratamento e o estado atual da tecnologia, especialmente no caso de dados pessoais sensíveis, assim como os princípios previstos no *caput* do art. 6º desta Lei.

penal[23], o que intensifica as diversas incertezas jurídicas acerca desse tipo de tratamento.

No entanto, é importante ressaltar que apesar dessas limitações, a Lei estabelece ainda diversas condições gerais que devem ser obedecidas quando do tratamento dos dados para essas finalidades, quais sejam: (i) a necessidade de legislação própria para a temática, "que deverá prever medidas proporcionais e estritamente necessárias ao atendimento do interesse público, observados o devido processo legal, os princípios gerais de proteção e os direitos do titular" previstos no art. 2º da LGPD (art. 4º, § 1º); (ii) vedação desse tipo de tratamento por pessoa de direito privado (art. 4, § 2º); e (iii) a observância de recomendações e imposições da Autoridade Nacional de Proteção de Dados (ANPD) em relação a essas atividades (art. 4º, § 3º).

4.1.3. Processo Penal, Investigação criminal e novas tecnologias

Como o tema deste livro é o acesso a informações criptografadas no contexto de investigações criminais, optei por dedicar um item específico para tratar de processo penal e tecnologia no cenário brasileiro – ainda que boa parte do que será tratado aqui seja legislação infraconstitucional, como no item anterior. Nesse sentido, buscarei mapear, de um lado, as incertezas normativas em relação ao acesso a dados armazenados e em fluxo/trânsito no contexto de investigações e, de outro, questões pouco exploradas que o uso de criptografia forte pode ensejar nessas atividades.

Em primeiro lugar, retomarei algumas questões que envolvam a interceptação telemática/de dados, passando por algumas previsões importantes da Lei de Interceptações Telefônicas (LIT) e em regulações da Agência Nacional de Telecomunicações (ANATEL). Estas últimas são importantes para expor a ausência de obrigações específicas de assistência impostas a provedores de aplicações de Internet, uma vez que o alcance regulatório da agência se restringe à provisão de telecomunicações

23 Art. 4º Esta Lei não se aplica ao tratamento de dados pessoais: (...) III – realizado para fins exclusivos de: a) segurança pública; b) defesa nacional; c) segurança do Estado; ou d) atividades de investigação e repressão de infrações penais.

(telefonia fixa, telefonia móvel e conexão à Internet). Eventuais imposições de acesso excepcional, a serem implementadas por provedores de aplicação, provavelmente seriam operacionalizadas por esse tipo de instrumento regulatório.

Em seguida, abordarei a ainda incerta questão sobre acesso a dados armazenados em dispositivos eletrônicos e a obrigatoriedade ou não de autorização judicial para tanto. As questões constitucionais apresentadas anteriormente geram reflexos práticos nesse ponto.

Por fim, busco tratar de um ponto pouco estudado no Brasil, cujas questões são reflexos subsequentes do ponto anterior: supondo que haja autorização necessária para que a autoridade policial acesse dados armazenados em um dispositivo cifrado, poderia um investigado ser obrigado a fornecer as chaves criptográficas para tanto ou isso feriria seu direito a não produzir prova contra si mesmo?

4.1.3.1. Interceptação de dados e obrigações dos provedores

A questão da interceptação telemática – ou de dados – é primordial quando se trata do debate sobre regulação jurídica da criptografia no Brasil. Como tratarei na segunda metade deste capítulo, a obrigação de provedores de aplicação que oferecem serviços de comunicação criptografados a viabilizarem a interceptação dos dados na forma legível foi um dos pontos principais debatidos na audiência pública no STF sobre os bloqueios do WhatsApp.

Tutelado pela LIT, o regime da interceptação telefônica e telemática no Brasil impõe uma série de condições que devem ser alcançadas cumulativamente para sua realização. Estão elas presentes no art. 2º da Lei: (i) presença de indícios razoáveis de autoria ou participação em infração penal; (ii) impossibilidade de produção da prova por outros meios disponíveis; (iii) o fato investigado constituir infração penal punida com reclusão[24]. Além disso, há a necessidade de ordem judicial específica para

---

24 Art. 2° Não será admitida a interceptação de comunicações telefônicas quando ocorrer qualquer das seguintes hipóteses: I – não houver indícios razoáveis da autoria ou participação em infração penal; II – a prova puder ser feita por outros meios

a condução da atividade[25]. Esses elementos reforçam o caráter subsidiário (*ultima ratio*) da interceptação, justificado pelo potencial lesivo que este representa aos direitos fundamentais do investigado (GOMES, MACIEL, 2018, p. 109, BADARÓ, 2016, p. 512, SIDI, 2014, p. 175).

Retomando o ponto levantado sobre quebra do sigilo de comunicações e atividades de inteligência, a LIT segue na mesma linha e restringe quem pode requerer e implementar interceptações ao Ministério Público na investigação criminal e instrução processual penal e a autoridade policial na investigação criminal[26].

Em seu art. 7º, a LIT estabelece a possibilidade de a autoridade policial solicitar de assistência técnica especializada às concessionárias de serviços públicos (no caso, provedoras de telecomunicações) para a condução das atividades de interceptação[27]. Gomes e Maciel (2018, p. 194) entendem que assistência não deve ser entendida como algo facultativo para os provedores de telecomunicação, mas sim como uma obrigação:

> A autoridade policial pode "requisitar" (exigir) serviços e técnicos especializados às concessionárias de serviço público (art. 7º). A lei colocou essa requisição como facultativa, mas, na verdade, em grande parte das interceptações, será a única forma de se viabilizar a medida cautelar, porque a polícia judiciária nem sempre conta com meios próprios adequados para tais diligências. Havendo tal requisição, não pode insurgir-se contra ela a concessionária de ser-

---

disponíveis; III – o fato investigado constituir infração penal punida, no máximo, com pena de detenção. Parágrafo único. Em qualquer hipótese deve ser descrita com clareza a situação objeto da investigação, inclusive com a indicação e qualificação dos investigados, salvo impossibilidade manifesta, devidamente justificada.

25 Art. 3° A interceptação das comunicações telefônicas poderá ser determinada pelo juiz, de ofício ou a requerimento.

26 Art. 3º (...) I – da autoridade policial, na investigação criminal; II – do representante do Ministério Público, na investigação criminal e na instrução processual penal. No entanto, como levantado por Abreu e Antonialli (2017, p. 11), há a possibilidade de cooperação entre o Sistema Brasileiro de Inteligência e outros órgãos (Decreto n. 4.376/2002).

27 Art. 7° Para os procedimentos de interceptação de que trata esta Lei, a autoridade policial poderá requisitar serviços e técnicos especializados às concessionárias de serviço público.

viço público; a requisição não permite recusa, tem que ser cumprida. De outro lado, isso é feito sem nenhum pagamento (gratuitamente). O descumprimento injustificado da requisição implica responsabilidade criminal por desobediência.

O desenvolvimento tecnológico complexificou bastante os serviços de comunicação, que agora não se limitam a telefonia fixa, abarcando também a telefonia móvel, a provisão de conexão à Internet e a provisão de serviços de comunicação a partir de aplicações de Internet. Provedores de telecomunicações (telefonia fixa, móvel e conexão à Internet) estão sujeitos à regulamentação da Anatel, que já implementou obrigações específicas em relação à assistência a autoridades de investigação. Como compilado por Abreu e Antonialli (2017, p. 30-31):

> (i) Em relação a provedores de telefonia fixa, a Resolução n. 426/2005 em seu art. 24 estabelece que "A prestadora deve tornar disponíveis os recursos tecnológicos e facilidades necessários à suspensão de sigilo de telecomunicações, determinada por autoridade judiciária ou legalmente investida desses poderes, e manter controle permanente de todos os casos, acompanhando a efetivação dessas determinações, e zelando para que elas sejam cumpridas, dentro dos estritos limites autorizados".
>
> (ii) Em relação a provedores de telefonia móvel, a Resolução n. 477/2007 estabelece obrigação idêntica em seu art. 90[28].
>
> (iii) Em relação a provedores de conexão à Internet, a Resolução n. 614/2013, no parágrafo único do art. 52, prevê a obrigação de o provedor "tornar disponíveis os dados referentes à suspensão de sigilo de telecomunicações às autoridades que, na forma da lei, tenham competência para requisitar essas informações".

Sobre este último, vale apontar um desafio técnico da interceptação telemática: caso os dados que trafegam na rede estejam criptografados

---

28 Art. 90. A prestadora deve tornar disponíveis os recursos tecnológicos e facilidades necessários à suspensão de sigilo de telecomunicações determinada por autoridade judiciária ou legalmente investida desses poderes, e deve manter controle permanente de todos os casos, acompanhando a efetivação dessas determinações, e zelando para que elas sejam cumpridas, dentro dos estritos limites autorizados.

ponta a ponta, o conteúdo interceptado será incompreensível, não havendo nada que o provedor de conexão possa fazer para entregá-lo na forma legível.

Provedores de aplicação de Internet, por sua vez, não estão sujeitos à regulação da Anatel e, até o momento, não há qualquer tipo de imposição no ordenamento jurídico brasileiro que obrigue esses provedores a assistirem ou alterarem seus sistemas de forma a viabilizar atividades de interceptação telemática. Esse vácuo regulatório recebe cada vez mais atenção na medida em que provedores de aplicação – em especial serviços de mensagem instantânea, comunicação por vídeo e VoIP – vêm se consolidando como principal ferramenta de comunicação na atualidade.

4.1.3.2. Acesso a dados armazenados em dispositivos eletrônicos

A questão do acesso a dados armazenados é, no atual contexto tecnológico, tão relevante quanto a interceptação do fluxo das comunicações. Isso se justifica na medida em que dispositivos eletrônicos, em especial aparelhos celulares, são utilizados para inúmeras finalidades: desde a troca de mensagens e e-mails, passando pela navegação na *web*, produção a acesso a fotos, áudios, vídeos e documentos de texto, anotações, dentre outras – atividades que na maioria das vezes deixam registros e vestígios nos aparelhos.

Se, por um lado, essas informações podem ser valiosas para autoridades de investigação, por outro lado, o acesso a essas informações pode ter um potencial lesivo à privacidade e intimidade do indivíduo imensamente maior do que (as já bastante lesivas) interceptações telefônicas e de comunicação de dados.

Nesse sentido, dois grandes desafios podem ser destacados. O primeiro refere-se à autorização do acesso às informações armazenadas em dispositivos eletrônicos, que destrincho em três questões principais: (i) Em quais condições poderia essa autorização ser concedida? (ii) Haveria a necessidade de ordem judicial específica? (iii) A apreensão devidamente autorizada de dispositivo eletrônico (mediante mandado de busca e apreensão ou flagrante delito) enseja o acesso aos dados lá contidos? Parte da doutrina nacional vem se debruçando nessas questões ao longo dos últimos anos (ZILLI, 2018; ANTONIALLI et al., 2019; FAYET, CARVALHO, 2018; GOMES, MACIEL, 2018, p. 51-53). Esse ponto é importante para este livro na medida em que reforça as incertezas acerca da proteção de dados no contexto de investigações criminais.

O segundo desafio, como se verá adiante, refere-se ao papel do direito na viabilização técnica desse acesso em dispositivos criptografados e protegidos por senha/PIN ou biometria.

A questão da proteção de dados e comunicações armazenadas em dispositivos eletrônicos é incerta no ordenamento jurídico nacional. Como mencionei anteriormente, impera a tese de que o inciso XII do art. 5º da CF abrange somente o sigilo da comunicação de dados, em oposição à proteção do sigilo de dados como um todo[29]. A proteção constitucional dos dados de comunicação armazenados, no entanto, não seria inexistente, recaindo no princípio mais genérico previsto no inciso X, que trata do direito à privacidade. O grande problema disso é a lacuna deixada na operacionalização do acesso a esses dados armazenados no âmbito de investigações criminais e processo penal: haveria a necessidade de autorização judicial para isso, tal como a estabelecida pela LIT?

Com o Marco Civil da Internet, houve um esforço do legislador infraconstitucional em suprir essa lacuna. Sendo a privacidade e a proteção de dados um dos pilares fundamentais da lei, e reconhecendo o grau de invasividade na esfera privada do indivíduo que a devassa de seus dados pode constituir, estabeleceu-se a necessidade de ordem judicial específica para o acesso no art. 7º, III[30]. Em relação à operacionalização do pedido, no entanto, o MCI estabelece apenas que "O conteúdo das comunicações privadas somente poderá ser disponibilizado mediante ordem judicial, nas hipóteses e na forma que a lei estabelecer, respeitado o disposto nos incisos II e III do art. 7º" (art. 10, § 2º). Uma vez que o entendimento predominante é o de que a LIT não se aplica a comunicações

29 Ainda que, como mencionado anteriormente, existam posicionamentos doutrinários contrários a essa interpretação.

30 Art. 7º O acesso à internet é essencial ao exercício da cidadania, e ao usuário são assegurados os seguintes direitos: (...) III – inviolabilidade e sigilo de suas comunicações privadas armazenadas, salvo por ordem judicial.

armazenadas, a única garantia de fato dada pelo MCI é a necessidade de ordem judicial.

O problema, no entanto, refere-se à extensão da aplicabilidade desses dispositivos nas distintas modalidades de armazenamento de dados. Explico: o MCI trata especificamente de fundamentos, direitos e deveres do uso da Internet no Brasil. Disso pode-se abstrair que o sigilo disposto no art. 7º, III, aplica-se a comunicações armazenadas por provedores de serviço de Internet (aplicação e conexão). Entretanto, não é clara sua aplicação a comunicações armazenadas em dispositivos eletrônicos de usuários finais, como celulares (ANTONIALLI et al., 2019, p. 181).

Mais ainda: se, de um lado, houve essa tentativa de equalização pontual do regime com aquele previsto na LIT, o Marco Civil falhou ao não estabelecer os requisitos e procedimentos para o pedido, as condições para concessão (no caso das interceptações, a lei estabelece-as como *ultima ratio*) e demais obrigações da autoridade de investigação em relação às informações coletadas (por exemplo, descarte após o término da investigação). Todas essas lacunas reforçam a incerteza em relação à proteção dessas informações.

Duas questões distintas podem ser identificadas nesse cenário: (i) prisão em flagrante e acesso a dados em dispositivos móveis; (ii) busca e apreensão de dispositivos eletrônicos devidamente autorizada e o acesso aos dados neles contidos.

Em relação à prisão em flagrante, a questão é um pouco mais complexa. Isso ocorre pois o CPP explicitamente excetua a obrigatoriedade de mandado para busca pessoal em caso de flagrante delito[31]. O problema que aqui se coloca é em que medida a busca pessoal, que "incide sobre a pessoa humana, abrangendo seu corpo, suas vestes (que é um provável meio de ocultação de coisa) e outros objetos ou coisas que estejam em contato com o corpo da vítima ou que por ela sejam transpor-

---

31 Art. 244. A busca pessoal independerá de mandado, no caso de prisão ou quando houver fundada suspeita de que a pessoa esteja na posse de arma proibida ou de objetos ou papéis que constituam corpo de delito, ou quando a medida for determinada no curso de busca domiciliar.

tados (bolsas, mochilas, malas etc.)" (BADARÓ, 2016, p. 499), se estenderia também ao *conteúdo digital* de eventuais dispositivos eletrônicos apreendidos.

Essas questões – em especial a segunda – vêm sendo tratadas de forma errática na jurisprudência. Em excelente levantamento empírico sobre decisões judiciais que tratam do acesso a dados armazenados em celulares por autoridades em abordagens policiais e prisões em flagrante, Antonialli et al. (2019) traçam um cenário permissivo em relação ao acesso aos dados nesse momento processual, com fundamentos que variam desde a tutela específica da busca pessoal em flagrante delito no CPP[32], até a interpretação do art. 5º, XII, da CF, que limita seu escopo à comunicação de dados, e não aos dados armazenados.

No que se refere a casos notáveis sobre acesso a dados armazenados em celular, Zilli aponta que boa parte dos julgados vinha seguindo o entendimento do HC 91.867/PA[33], decidido em 2012 no STF (ZILLI, 2018, p. 69-71). No caso, datado originalmente de 2004, o agente policial havia acessado o registro de chamadas armazenado no celular, que fora obtido no contexto de prisão em flagrante. O relator, Ministro Gilmar Mendes, reforça a distinção entre comunicação de dados e dados armazenados, indicando que registros telefônicos se encaixariam no segundo tipo, não sendo abarcados no art. 5º, XII, da CF. Nesse sentido, no caso da prisão em flagrante, não seria necessária autorização judicial para o acesso.

Alguns julgados mais recentes do Superior Tribunal de Justiça (STJ) apontam para uma mudança desse entendimento. O principal desses julgados é do HC 51.531/RO[34], decidido em maio de 2016, de relatoria do Ministro Nefi Cordeiro, que trata do acesso ao conteúdo de conversas de WhatsApp na apreensão de celular no momento da prisão em flagrante. No acórdão, o Ministro entende que, entre 2004 (ano do julgado

---

32 Em geral, arts. 6º, 240 e 244.

33 Disponível em: <http://redir.stf.jus.br/paginadorpub/paginador.jsp?docTP=TP&docID=2792328>. Acesso em: 31 de março de 2021.

34 Disponível em: <http://www.omci.org.br/m/jurisprudencias/arquivos/2016/stj_00070839320148220000_19042016.pdf>. Acesso em: 31 de março de 2021.

do supramencionado caso no STF) e os dias de hoje, o cenário tecnológico mudou drasticamente, em especial nossa relação com aparelhos celular, sendo necessária uma revisão do entendimento em favor da necessidade de autorização judicial para quebra de sigilo dos dados armazenados[35]. Importante destacar que o art. 7º, III, do MCI é também invocado como argumento para obrigatoriedade da autorização judicial.

No mesmo sentido, só que com finalidades distintas, destaca-se um julgado de setembro de 2016, o RHC 75.800/PR, também do STJ, de relatoria do Ministro Felix Fischer[36]. No caso, alegou-se ilicitude de prova obtida por acesso a dados armazenados em celular. No entanto, havia ordem judicial específica para acesso ao conteúdo, e o Tribunal, por esse motivo, reconheceu a licitude da prova. Em seu voto, o Ministro Fischer remete e reforça o entendimento do HC 51.531/RO e indica, também, a previsão do MCI como fundamento[37].

---

35 "Atualmente, o celular deixou de ser apenas um instrumento de conversação pela voz à longa distância, permitindo, diante do avanço tecnológico, o acesso de múltiplas funções, incluindo, no caso, a verificação da correspondência eletrônica, de mensagens e de outros aplicativos que possibilitam a comunicação por meio de troca de dados de forma similar à telefonia convencional. Deste modo, ilícita é tanto a devassa de dados como das conversas de whatsapp obtidos de celular apreendido, porquanto realizada sem ordem judicial" (voto do relator, Min. Nefi Cordeiro) e "Os fatos narrados nesse writ são de 2004, período em que os telefones celulares sabidamente não eram conectados à internet de banda larga como o são já há algum tempo – os chamados smartphones, dotados de aplicativos de comunicação em tempo real –, motivo pelo qual o acesso que os policiais teriam àquela época seria necessariamente menos intrusivo que o seria hoje" (voto vista do Min. Rogerio Schietti Cruz).

36 Disponível em: <http://www.internetlab.org.br/wp-content/uploads/2016/11/lavajato.pdf>. Acesso em: 31 de março de 2021.

37 "No caso concernente a essa decisão, cuidava-se de prisão em flagrante, no curso da qual se apreendeu aparelho de telefone celular, acessando-se as conversas independentemente de autorização judicial. Tanto assim, que a conclusão do voto do em. Min. Nefi Cordeiro foi no sentido de que 'ilícita é tanto a devassa de dados como das conversas de whatsapp obtidos de celular apreendido, porquanto realizada sem ordem judicial'. O caso em apreço, entretanto, diz respeito ao cumprimento de mandado de busca e apreensão, que evidentemente independe de prisão em flagrante, o qual, às expressas, indicou como objeto a ser apreendido tal tipo de aparelho, e, ademais, aquilo que se configurasse como seu conteúdo."

Por fim, vale mencionar um caso mais recente, o RHC 76.324/DF[38], de fevereiro de 2017, de relatoria da Ministra Maria Thereza. Esse caso é bastante relevante, pois busca atualizar a questão da distinção entre "dados em fluxo" e "dados armazenados", no que tange à proteção do art. 5º, XII, da CF. A relatora remete a um voto que proferiu no HC 51.531/RO e afirma que, mesmo que não haja proteção dos dados armazenados pelo inciso XII, eles estão plenamente abarcados pela proteção geral à privacidade no inciso X[39]. Essa proteção é ainda mais relevante no contexto tecnológico atual, suscitando a necessidade autorização judicial para a devassa. A Ministra reconhece, contudo, que pode haver situações de dispensa da autorização, mas não especifica quais seriam essas hipóteses[40].

Essa evidente mudança de entendimento representa um importante passo na superação da distinção entre essas duas modalidades de dados, como apontam Gomes e Maciel (2018, p. 53):

> Interessante e correta essa mudança de orientação jurisprudencial: o STJ fazia uma distinção entre interceptação de comunicação de dados e acesso aos dados armazenados, entendendo que somente no primeiro caso era necessária ordem judicial. Em outras palavras, entendia o tribunal que era necessária ordem judicial para interceptar uma

---

38 Disponível em: <https://ww2.stj.jus.br/processo/revista/documento/mediado/?componente=ATC&sequencial=68193393&num_registro=201602508220&data=20170222&tipo=91&formato=PDF>. Acesso em: 31 de março de 2021.

39 "Os dados mantidos num aparelho celular atualmente não se restringem mais, como há pouco tempo atrás, as ligações telefônicas realizadas e recebidas e a uma agenda de contatos. (...) existe uma infinidade de dados privados que, uma vez acessados, possibilitam uma verdadeira devassa na vida pessoal do titular do aparelho. É inegável, portanto, que os dados constantes nestes aparelhos estão resguardados pela cláusula geral de resguardo da intimidade, estatuída no artigo 5º, X, da Constituição. A proteção dos dados armazenados em aparelhos celulares, portanto, é ínsita ao direito fundamental à privacidade."

40 "Não descarto, de forma absoluta, que, a depender do caso concreto, caso a demora na obtenção de um mandado judicial pudesse trazer prejuízos concretos à investigação ou especialmente à vítima do delito, mostre-se possível admitir a validade da prova colhida através do acesso imediato aos dados do aparelho celular. Imagine-se, por exemplo, um caso de extorsão mediante sequestro, em que a polícia encontre aparelhos celulares em um cativeiro recém-abandonado: o acesso *incontinenti* aos dados ali mantidos pode ser decisivo para a libertação do sequestrado."

> comunicação de dados (por via informática), mas não era necessária essa ordem para acessar os dados já armazenados no celular ou em outro aparelho. Havia uma distinção entre comunicação atual, ou seja, que estava acontecendo e que só poderia ser interceptada com ordem judicial, e conversa pretérita, ou seja, já ocorrida e armazenada numa base qualquer, cujo acesso dispensava ordem judicial. Ocorre que agora o art. 7º, III, do [MCI] expressamente exige ordem judicial para o acesso das "comunicações privadas armazenadas", não tendo mais cabimento a distinção outrora realizada pela Corte Superior.

Por mais que o STJ venha decidindo nesse sentido, o cenário ainda é incerto (ANTONIALLI et al., 2019). Um caso que pode dar mais concretude ao problema é o ARE 1.042.075/RJ[41], que discutirá se o acesso a dados de celular encontrado no local do crime viola sigilo telefônico. O STF reconheceu a existência de repercussão geral no caso, e agora aguarda julgamento no plenário.

Esse cenário deve gerar reflexos na segunda questão apontada, relacionada à busca e apreensão de conteúdos digitais, em que a principal problemática é a necessidade ou não de ordem judicial específica para o acesso ao conteúdo digital do dispositivo licitamente apreendido. A questão é relevante na medida em que a quantidade massiva de dados e informações pessoais contidas nesses dispositivos – grande parte delas provavelmente nada tem a ver com o crime que ensejou a sua apreensão. Uma vez que o mandado de busca e apreensão necessita ser específico e limitado ao crime investigado (LOPES JR., 2017, p. 525), maior atenção deverá ser dada à especificação das informações que podem ser acessadas quando da devassa de dados armazenados em aparelhos. Isso, claro, se a tendência das decisões do STJ prosperar.

A questão procedimental do acesso a dados armazenados em dispositivos é bastante complexa e controversa. As questões jurídicas são ainda mais espinhosas quando se trata da viabilização técnica do acesso a esses dados, quando dispositivos estão protegidos por senha e criptografados, como descreverei a seguir.

---

41 STF vai discutir se acesso a dados de celular encontrado no local do crime viola sigilo telefônico. *Notícias STF* (27-11-2017). Disponível em: <http://www.stf.jus.br/portal/cms/verNoticiaDetalhe.asp?idConteudo=362944>. Acesso em: 31 de março de 2021.

4.1.3.3. Acesso a dados criptografados e o direito de não produzir prova contra si mesmo

Melhor direcionada ao tópico deste livro é uma segunda questão, relacionada especificamente à viabilização técnica do acesso aos dados armazenados. Como explicado no Capítulo 3, a preocupação pela segurança e pela privacidade dos seus usuários se tornou um diferencial de mercado para empresas de tecnologia. No que concerne a dados armazenados, diversos provedores de sistema operacional (como a Apple) passaram a implementar mecanismos de criptografia por padrão em suas atualizações de sistema – além de diversos outros mecanismos de segurança, como: (i) exigência do fornecimento de PIN (senha), reconhecimento de impressão digital e/ou reconhecimento facial para acesso ao conteúdo do aparelho; (ii) verificação em dois fatores; e (iii) limite de tentativas incorretas de PIN, em que após determinado número de tentativas, o celular é bloqueado e seu conteúdo se perde, sendo necessária sua formatação para que o aparelho volte a funcionar[42].

De um lado, em relação aos provedores de sistema operacional, isso gerou o imbróglio do já mencionado caso Apple *vs.* FBI nos Estados Unidos. De outro lado, gerou uma segunda questão sobre o usuário final em si: no contexto de investigações criminais, poderiam as autoridades forçar o detentor das chaves criptográficas (ou dos meios para acesso aos conteúdos, como o desbloqueio de aparelhos, de forma mais geral) a fornecê-las? Na prática, a questão é muito menos técnica do que parece: poderia um investigado ser obrigado a fornecer a senha de seu celular às autoridades (partindo do pressuposto de que há a devida autorização judicial administrativa)?

Por trás dessa questão prática reside um dos princípios basilares do direito processual penal: o *nemo tenetur se detegere*, ou o direito[43] a não

42 Alguns celulares, como o iPhone possuem um mecanismo, que pode ser ativado pelo usuário, que permite que todo o conteúdo do aparelho seja apagado permanentemente após determinado número de tentativas de inserção do PIN.

43 Por questões terminológicas, optou-se por colocar o *nemo tenetur se detegere* genericamente como "direito", e não como "princípio", como é frequentemente tratado na doutrina. Tomando como ponto de referência a diferenciação de princípios

autoincriminação, convalidado no direito de não produzir prova contra si mesmo[44]. Segundo esse direito, "o sujeito passivo não pode sofrer nenhum prejuízo jurídico por omitir-se de colaborar em uma atividade probatória da acusação ou por exercer seu direito de silêncio quando do interrogatório" (LOPES JR., 2017, p. 104). Associado a um outro pilar do devido processo legal – a presunção de inocência – pode-se afirmar que, na maior parte dos casos[45], a recusa de assistência do investigado não pode ensejar a presunção de sua culpabilidade (SAAD, 2004, p. 291).

O *nemo tenetur se detegere* permeia também o direito de defesa. Este é composto tanto pelo direito à defesa técnica (assistência de um profissional do direito no processo) quanto pelo direito à autodefesa, ou defesa pessoal, que se dá por meio da possibilidade de participação ativa na investigação (responder às questões no interrogatório, participar de acareações etc.), ou na possibilidade de o investigado se recusar a fornecer elementos de prova no processo (LOPES JR., 2017, p. 101-103; COUCEIRO, 2004, p. 22). Evidentemente, o *nemo tenetur se detegere* fundamenta essa segunda modalidade da autodefesa.

Uma modalidade mais restrita do "direito de não produzir prova contra si mesmo" foi consolidada em dois diplomas bastante relevantes de direito internacional: trata-se do *direito ao silêncio*, convalidado no art. 14.3(g) do Pacto Internacional sobre Direitos Civis e Políticos ("3. Toda pessoa acusada de um delito terá direito, em plena igualmente, a, pelo menos, as seguintes garantias: (...) g) De não ser obrigada a depor contra si mesma, nem a confessar-se culpada"); e art. 8.2(g) da Convenção Americana sobre Direitos Humanos, ou Pacto de San Jose da Costa Rica ("2. Toda pessoa acusada de delito tem direito a que se presuma sua

---

e regras trabalhada na Teoria dos Direitos Fundamentais, parece-me que o "direito a não autoincriminação" se assemelha muito mais a uma regra do que a um princípio em si.

44 Devido à temática desta obra, me limitarei a trabalhar a questão do *nemo tenetur se detegere* aplicado exclusivamente às investigações criminais e ao processo penal.

45 Há algumas exceções em que a recusa de assistência pode ser considerada um elemento para presunção de culpa, como em investigações de paternidade, em que a recusa do investigado em realizar o exame de DNA gera presunção de paternidade (art. 2º-A, parágrafo único, da Lei n. 8.560/92).

inocência enquanto não se comprove legalmente sua culpa. Durante o processo, toda pessoa tem direito, em plena igualdade, às seguintes garantias mínimas: (...) g) direito de não ser obrigado a depor contra si mesma, nem a declarar-se culpada"). O Brasil já promulgou ambos os diplomas em seu ordenamento jurídico[46].

A disseminação de sistemas de armazenamento de dados com criptografia forte e a necessidade de fornecimento da chave criptográfica gera diversas questões sobre os limites do alcance desse direito, tendo em vista que a impossibilidade de acesso às mensagens pode, em alguns casos, ser um empecilho à efetividade das investigações criminais, em especial quando há a necessidade imediata de acesso aos conteúdos armazenados[47]. Ademais, as diferentes modalidades de entrega dos meios de decriptação (fornecimento de PIN/senha ou dados biométricos, como impressão digital e reconhecimento facial), constantes nos dispositivos eletrônicos modernos, complexificam ainda mais essas questões.

Nos Estados Unidos, essa questão em específico é debatida nos tribunais desde os anos 2000[48], antes da potencialização do problema pela criptografia por padrão e sem os holofotes que questões sobre restrição de criptografia vêm tomando ao redor do mundo. No país, o *nemo tenetur se detegere* advém de uma interpretação específica da 5ª Emenda à Constituição, que afirma:

> Ninguém será detido para responder por crime capital, ou outro crime infamante, salvo por denúncia ou acusação perante um Grande Júri, exceto em se tratando de casos que, em tempo de guerra ou de perigo público, ocorram nas forças de terra ou mar, ou na milícia,

---

46 A Convenção Americana sobre Direitos Humanos foi incorporada por meio do Decreto n. 678/92, enquanto o Pacto Internacional sobre Direitos Civil e Políticos foi incorporado pelo Decreto n. 592/92.

47 Essa necessidade imediata pode advir de situações em que é possível o acesso remoto a dados que também estão armazenados no celular, podendo ensejar seu apagamento ou alteração. Serviços de armazenamento em nuvem, cada vez mais populares, viabilizam esse tipo de ação.

48 O primeiro caso de grande relevância sobre o tema é *In re Boucher* (2007) – United States District Court for the District of Vermont. Disponível em: <https://www.crowell.com/PDF/In-re-Boucher.pdf>. Acesso em: 31 de março de 2021.

> durante serviço ativo; ninguém poderá pelo mesmo crime ser duas vezes ameaçado em sua vida ou saúde; **nem ser obrigado em qualquer processo criminal a servir de testemunha contra si mesmo**; nem ser privado da vida, liberdade, ou bens, sem processo legal; nem a propriedade privada poderá ser expropriada para uso público, sem justa indenização[49] (grifos meus).

A defesa (ou "privilégio") garantida pela 5ª Emenda, ainda que semelhante ao conceito tradicional de direito ao silêncio, trata-se de uma proteção mais específica e menos flexível em relação à não autoincriminação. Ela consiste na proteção do investigado contra testemunhos autoincriminadores forçados (em inglês, *compelled, self-incriminating testimony*) (WISEMAN, 2015). Para compreender se o fornecimento dos meios de decriptação pelos investigados estaria protegido pelo dispositivo, fragmento aqui o objeto do dispositivo:

- *(i)* ***Compelled*** – em primeiro lugar, o investigado deve ser forçado a decifrar ou fornecer os meios para decriptação, o que obviamente exclui atos voluntários nesse sentido;
- *(i)* ***Self-incriminating*** – em segundo lugar, o conteúdo criptografado localizado no dispositivo pode incriminar o investigado; e
- *(i)* ***Testimony*** – por fim, a grande discussão sobre a 5ª emenda é se meios de decriptação podem ser considerados *testemunhos*. A jurisprudência não é pacífica com relação ao tema – atos físicos costumam não ser considerados testemunhos (por

49 No original, em inglês: "No person shall be held to answer for a capital, or otherwise infamous crime, unless on a presentment or indictment of a Grand Jury, except in cases arising in the land or naval forces, or in the Militia, when in actual service in time of War or public danger; nor shall any person be subject for the same offence to be twice put in jeopardy of life or limb; nor shall be compelled in any criminal case to be a witness against himself, nor be deprived of life, liberty, or property, without due process of law; nor shall private property be taken for public use, without just compensation". Tradução adaptada daquela fornecida pela Biblioteca de Direitos Humanos da Universidade de São Paulo: <http://www.direitoshumanos.usp.br/index.php/Documentos-anteriores-%C3%A0-cria%C3%A7%C3%A3o-da-Sociedade-das-Na%C3%A7%C3%B5es-at%C3%A9-1919/constituicao-dos-estados-unidos-da-america-1787.html>. Acesso em: 31 de março de 2021.

exemplo, fornecimento de amostra de sangue[50], fornecimento de amostras da caligrafia do investigado[51] e fornecimento de chave para abertura de cofre)[52] (HOWELL, 2017).

Esse último ponto segue gerando dúvidas em relação à abrangência da 5ª Emenda e o fornecimento dos meios de acesso a dispositivos protegidos. Em relação ao fornecimento de senhas/PIN, entende-se que a divulgação da combinação pelo investigado de forma oral, em qualquer momento processual, estaria protegida sim pelo dispositivo (SACHAROFF, 2018, p. 224). Tal posicionamento foi corroborado judicialmente em algumas ocasiões[53]. Um pouco mais complexa é a questão da produção física de prova documental que contenha a senha; nesse sentido, o que poderia ser encaixado como "testemunho" não seria o conteúdo em si de um papel com o PIN do celular, mas sim o ato físico de sua produção, na medida em que esse ato comunique informações incriminadoras (Idem, 2018, p. 217; HOWELL, 2017)[54].

O cenário é ainda mais incerto no tocante ao fornecimento de dados biométricos para decriptação. Em alguns casos, o julgador interpretou

---

50 ESTADOS UNIDOS. Suprema Corte. Schmerber *vs.* California 384 US 757 (1966).

51 ESTADOS UNIDOS. Suprema Corte. Gilbert *vs.* California 388 US 263 (1967).

52 ESTADOS UNIDOS. Suprema Corte. United States *vs.* Hubbell 530 US 27 (2000).

53 Os dois casos mais relevantes sobre o tema são: In re Grand Jury Subpoena Duces Tecum (2011) – 11th U.S. Circuit Court of Appeals. Disponível em: <http://caselaw.findlaw.com/us-11th-circuit/1595245.html>; e United States *vs.* Kirschner (2010) – United States District Court for the Eastern District of Michigan. Disponível em: <http://mi.findacase.com/research/wfrmDocViewer.aspx/xq/fac.20100330_0000995.EMI.htm/qx>. Acesso em: 31 de março de 2021.

54 O tema é mais complexo do que esse breve resumo, uma vez que esse entendimento vem de uma interpretação específica de uma passagem do caso Fisher *vs.* United States (1976), em que a *Internal Revenue Service* (IRS) obrigou dois contribuintes a divulgarem documentos cujo conteúdo os incriminavam. A defesa alegou que a produção desses documentos seria protegida pela 5ª Emenda. O Tribunal concordou que os atos de produção dos documentos estariam sim protegidos pelo dispositivo, mas entendeu que, no caso em questão, era aplicável a exceção à regra geral da Emenda, a *foregone conclusion*, que é analisada a seguir. No geral, cf. HOWELL, 2017; SACHAROFF, 2018 e Fisher *vs.* United States (1976) – *Supreme Court of the United States*. Disponível em: <https://caselaw.findlaw.com/us-supreme-court/425/391.html>. Acesso em: 31 de março de 2021.

que o fornecimento do polegar para desbloqueio do aparelho consiste em ato puramente físico, não sendo passível da proteção da 5ª Emenda – na mesma lógica do fornecimento de amostra de sangue e caligrafia[55]; uma decisão mais recente, no entanto, chegou a conclusões diametralmente opostas, equalizando o fornecimento de dados biométricos (no caso, tanto a digital quanto a íris, para reconhecimento facial) ao ato físico da produção de senha/PIN, este protegido pelo dispositivo[56].

Além desses pontos, uma segunda questão refere-se a uma doutrina específica de exceção à regra geral da 5ª Emenda, a chamada doutrina da *foregone conclusion* (conclusão inevitável). Encaixa-se na limitação casos em que a autoridade de investigação tem o conhecimento com

---

55 "Diamond was not required to disclose any knowledge he might have or to speak his guilt. The district court's order is therefore distinguishable from requiring a defendant to decrypt a hard drive or produce a combination. Those requirements involve a level of knowledge and mental capacity that is not present in ordering Diamond to place his fingerprint on his cellphone. Instead, the task that Diamond was compelled to perform – to provide his fingerprint – is no more testimonial than furnishing a blood sample, providing handwriting or voice exemplars, standing in a lineup, or wearing particular clothing." State of Minnesota *vs.* Matthew Vaughn Diamond (2017) – State of Minnesota Court of Appeals. Ver, também, Commonwealth of Virginia *vs.* David Charles Baust (2014). Disponível em: <https://nationallawforum.com/tag/commonwealth-v-baust/>. Acesso em: 31 de março de 2021.

56 "The Court finds that utilizing a biometric feature to unlock an electronic device is not akin to submitting to fingerprinting or a DNA swab, because it differs in two fundamental ways. First, the Government concedes that a finger, thumb, or other biometric feature may be used to unlock a device in lieu of a passcode. In this context, biometric features serve the same purpose of a passcode, which is to secure the owner's content, pragmatically rendering them functionally equivalent. (...) It follows, however, that if a person cannot be compelled to provide a password because it is a testimonial communication, a person cannot be compelled to provide one's finger, thumb, iris, face, or other biometric feature to unlock that same device. Second, requiring someone to affix their finger or thumb to a digital device is fundamentally different than requiring a suspect to submit to fingerprinting. A finger or thumb scan used to unlock a device indicates that the device belongs to a particular individual. (...) Thus, the act of unlocking a phone with a finger or thumb scan far exceeds the "physical evidence" created when a suspect submits to fingerprinting to merely compare his fingerprints to existing physical evidence (another fingerprint) found at a crime scene (...)." In the matter of a search of a residence in Oakland, California (2019) United States District Court Northern District of California. Disponível em: <https://assets.documentcloud.org/documents/5684307/Gov-Uscourts-Cand-336910-1-0.pdf>. Acesso em: 31 de março de 2021.

especificidade razoável (*reasonable particularity*) que as informações criptografadas: (i) existem e tem-se certeza de seu conteúdo; (ii) que elas estão armazenadas em lugar certo e identificado; e (iii) que elas são autênticas e que o investigado possui os meios para acessá-las; (iv) inclusive, há a necessidade de ordem judicial prévia para sua obtenção. Diante desse cenário, é possível identificar diversas decisões a favor[57] e contra[58] a decriptação forçada como exceção à regra da 5ª Emenda (TERZIAN, 2015, p. 29).

Na União Europeia, por sua vez, o fornecimento de dados biométricos para decriptação não consiste em violação do *nemo tenetur se detegere*. Fundamento disso é a decisão da Corte Europeia de Direitos Humanos no caso Saunders *vs.* The United Kingdom[59], que tratou do direito à não autoincriminação e da presunção de inocência no art. 6º da Convenção Europeia dos Direitos Humanos:

> No entanto, o **direito a não autoincriminação** está principalmente preocupado em respeitar a vontade de um acusado de permanecer em silêncio. Como é comumente entendido nos sistemas jurídicos dos países que assinam a Convenção e em outros lugares, **ele não se estende ao uso, em investigações criminais, de material que pode ser obtido do acusado por meio de obrigações de assistência compulsórias previstas no ordenamento, mas que tem uma existência independente da vontade do suspeito**, tais como, entre outros, documentos adquiridos de acordo com um mandado, bafômetro, sangue e urina e tecidos corporais para fins de testes de DNA[60] (grifos meus).

---

57 Exemplos: ESTADOS UNIDOS. United States District Court for the District of Vermont. In re Boucher 2:06 (2009); e ESTADOS UNIDOS. United States District Court for the District of Colorado. United States *vs.* Fricosu F.Supp.2d 1232 (2012).

58 Exemplos: In re Boucher (2007) – United States District Court for the District of Vermont; In re Grand Jury Subpoena Duces Tecum (2011) – 11th U.S. Circuit Court of Appeals; e United States *vs.* Kirschner (2010) – United States District Court for the Eastern District of Michigan.

59 Saunders *vs.* The United Kingdom, 43/1994/490/672, Council of Europe: European Court of Human Rights, 17 de dezembro de 1996. Disponível em:<https://www.refworld.org/cases,ECHR,3ae6b68010.html>. Acesso em: 31 de março de 2021.

60 Tradução própria. No original, em inglês: "**The right not to incriminate oneself** is primarily concerned, however, with respecting the will of an accused person to

No Brasil, o debate sobre o "direito de não produzir prova contra si mesmo" e acesso a dados criptografados em dispositivos eletrônicos ainda é algo pouco trabalhado.

No ordenamento jurídico nacional, além dos tratados supramencionados, esse direito pode ser abstraído de uma interpretação extensiva do art. 5º, LXIII[61], e do parágrafo único do art. 186 do Código de Processo Penal[62]. Afirmo aqui que deve-se recorrer a uma interpretação "extensiva" porque ambas as normas se limitam a tratar o direito ao silêncio ("o preso será informado de seus direitos, entre os quais o de permanecer calado (...)" e "(...) o acusado será informado pelo juiz, antes de iniciar o interrogatório, do seu direito de permanecer calado e de não responder perguntas que lhe forem formuladas"), sem adotar uma abordagem mais ampla de não autoincriminação de forma geral.

Apesar disso, a ideia mais abrangente de direito à não autoincriminação, sendo o direito ao silêncio apenas uma de suas possíveis manifestações, parece ser predominante tanto na doutrina (LOPES JR., 2017, p. 104; SAAD, 2004, p. 291; COUCEIRO, 2004, p. 27; QUEIJO, 2003, p. 69) quanto na jurisprudência (COSTA, 2019; LIMA, 2012).

Sob a perspectiva doutrinária, entende-se que o *nemo tenetur se detegere* abrange o direito ao silêncio no interrogatório (caso preso em

---

remain silent. As commonly understood in the legal systems of the contracting parties to the Convention and elsewhere, it **does not extend to the use in criminal proceedings of material which may be obtained from the accused through the use of compulsory powers, but which has an existence independent of the will of the suspect**, such as, inter alia, documents acquired pursuant to a warrant, breath, blood and urine samples and bodily tissue for the purpose of DNA testing".

61 Art. 5º Todos são iguais perante a lei, sem distinção de qualquer natureza, garantindo-se aos brasileiros e aos estrangeiros residentes no País a inviolabilidade do direito à vida, à liberdade, à igualdade, à segurança e à propriedade, nos termos seguintes (...) LXIII – o preso será informado de seus direitos, entre os quais o de permanecer calado, sendo-lhe assegurada a assistência da família e de advogado.

62 Art. 186. Depois de devidamente qualificado e cientificado do inteiro teor da acusação, o acusado será informado pelo juiz, antes de iniciar o interrogatório, do seu direito de permanecer calado e de não responder perguntas que lhe forem formuladas. Parágrafo único. O silêncio, que não importará em confissão, não poderá ser interpretado em prejuízo da defesa.

flagrante delito, desde o momento da captura – SAAD, 2004, p. 292), o direito de não participar de acareações e reconstituições, não fornecer materiais para realização de exames periciais (material biológico[63], amostras de caligrafia etc.), dentre outros (LOPES JR., 2017, p. 104). Além disso, o investigado deve ser informado do direito ao silêncio no momento da prisão em flagrante ou interrogatório (SAAD, 2004, p. 297).

Nessa lógica, a posição doutrinária nacional em relação ao direito à não autoincriminação parece bem mais abrangente do que o que se verifica na 5ª Emenda estadunidense.

Diversas decisões do STF corroboram a amplitude da abrangência do direito de forma geral[64] e em relação a ações específicas do acusado, conforme mapeado por Costa (2019, p. 215):

> Neste sentido, a jurisprudência do Supremo Tribunal Federal entende que a garantia da não autoincriminação abarca o direito a não participar da produção de provas, possibilitando ao acusado imputar falsamente o crime a terceiro, cuja punibilidade esteja extinta (HC 80.616), usar de malícia quando do fornecimento de padrão gráfico com o intuito de prejudicar o resultado de perícia (HC 83.960), se negar a colaborar em reconstituição do crime (HC 69.026), a fornecer padrão gráfico (HC 77.135), de voz e amostra de ar alveolar (HC 93.916).

---

63 Há exceções previstas em lei, como se verá adiante.

64 Dois julgados relevantes do STF podem ser aqui exemplificados: (i) STF, HC 99.289-7-MC/RS, rel. Min. Celso de Mello: "A recusa em responder ao interrogatório policial e/ou judicial e a falta de cooperação do indiciado ou do réu com as autoridades que o investigam ou que o processam traduzem comportamentos que são inteiramente legitimados pelo **princípio constitucional que protege qualquer pessoa contra a autoincriminação**, especialmente a pessoa exposta a atos de persecução penal"; e (ii) STF, HC 122.279-RO/RJ, rel. Min. Gilmar Mendes (j. 12-8-2014): "O direito do preso – a rigor o direito do acusado – **de permanecer em silêncio é expressão do princípio da não autoincriminação**. A Constituição Federal consagra expressamente o direito do preso de ser informado do seu direito de permanecer calado – art. 5º, LXIII. No entanto (...) o direito à não autoincriminação tem fundamento mais amplo do que o art. 5º, LXIII, da Constituição Federal". No entanto, para uma visão mais aprofundada do tema, cf. LIMA, 2012.

Ainda que a abordagem seja ampla, a ausência de um regime específico que trate do *nemo tenetur se detegere* gera incertezas em relação ao seu conceito (para além do direito ao silêncio) e a sua abrangência.

Não sendo, por óbvio, um direito absoluto, as limitações ao *nemo tenetur se detegere* no direito brasileiro representam uma questão controversa. É possível encontrar limitações pulverizadas no ordenamento jurídico, como confissões obtidas por meio de interceptação telefônica devidamente autorizada[65], e a Lei n. 12.654/2012, que traz uma exceção específica ao direito de não fornecimento de material biológico, uma vez que prevê a coleta de perfil genético para identificação criminal (LOPES JR., 2017, p. 435).

Limitações podem ser encontradas também na jurisprudência. Em estudo específico sobre a jurisprudência do STF relacionada ao direito à não autoincriminação, Lima (2012, p. 72-74) procurou identificar suas limitações relacionadas à colisão com o dever de investigação do Estado. Dois julgados foram encontrados: ambos relacionados à obrigação de fornecimento de documentos incriminadores, quando se tratar de documentos públicos[66].

Diante desse regime, o fornecimento dos meios de decriptação de dados pelo investigado suscita algumas questões – mesmo pressupondo que o investigador possui autorização judicial específica que garanta o acesso aos conteúdos dos dispositivos. Caso simples refere-se ao fornecimento de PIN/senha para desbloqueio do dispositivo quando de sua apreensão ou no interrogatório – o investigado pode se utilizar do direito ao silêncio para recusar-se a fornecê-lo.

A situação fica mais complicada quando se trata do desbloqueio por meio da impressão digital (datiloscopia) ou do reconhecimento facial, ambos envolvendo o fornecimento de material biométrico pelo investigado. Esse tipo de ação parece não se encaixar especificamente no escopo do direito ao silêncio, ainda que seja possível argumentar que estariam abrangidos no *nemo tenetur se detegere* em sentido amplo.

---

65 STF, HC 93.829/BA, Rel. Min. Ricardo Lewandowski, j. 10-6-2008.

66 STF, HC 103.236/ES, Rel. Min. Gilmar Mendes, j. 14-6-2010; e STF, HC 93.829/BA, Rel. Min. Ricardo Lewandowski, j. 10-6-2008.

A mesma problemática se aplicaria no desbloqueio por reconhecimento facial, se equipararmos a íris com a impressão digital. Essa técnica, no entanto, pode viabilizar abusos na prática, uma vez que, em teoria, não seria necessário nenhum tipo de ação do investigado para viabilizar o desbloqueio, bastando apontar o aparelho celular no seu rosto.

Ainda que pouco se escreva sobre o tema no Brasil, é interessante apontar que a recusa no fornecimento de senhas e digital para desbloqueio de aparelhos celular já foi enfrentada pela Polícia Federal[67], mas não encontrei nenhum julgado sobre isso.

Em trabalho específico sobre o direito à não autoincriminação e criptografia, ao tratar de busca e apreensão de dados que estão cifrados, Costa (2019, p. 223-224) sugere uma equiparação da obrigação de fornecimento da senha/biometria ao dever de cooperar do investigado no contexto da busca domiciliar (art. 245, § 5º, do CPP):

> Quando o objeto da diligência recair sobre dados digitais, a mesma compreensão deve ser adotada, pois também constituem evidência apreensível, devendo o possuidor dos mesmos se sujeitar à ordem legal. É exatamente o que ocorre quando, por exemplo, é apreendido computador ou telefone cujos dados armazenados não estejam protegidos por criptografia. O material apreendido com lastro na ordem judicial é remetido à perícia, auxiliares da justiça podem extrair e analisar os dados obtidos para posterior manifestação das partes e valoração judicial. Note-se que todo e qualquer óbice à efetiva apreensão permite a utilização pelo Estado dos meios necessários e suficientes para fazer cumprir a ordem. Assim, se o indivíduo se negar a abrir a porta, trancafiar os objetos da diligência em

---

67 Ver, por exemplo, ROCHA, Marcelo. PF pede a Geddel para desbloquear celular apreendido com a digital, mas ele se recusa. Época (23-8-2017). Disponível em: <https://epoca.globo.com/politica/expresso/noticia/2017/08/pf-pede-geddel-para-desbloquear-celular-apreendido-com-digital-mas-ele-se-recusa.html>; PALMA, Gabriel; PARREIRA, Marcelo. PF não consegue desbloquear celular de Lúcio Vieira Lima e sugere envio do aparelho ao exterior. *G1* (7-2-2018). Disponível em: <https://g1.globo.com/politica/noticia/pf-nao-consegue-acessar-celular-de-lucio-vieira-lima-e-sugere-envio-do-aparelho-ao-exterior.ghtml>; e OLIVEIRA, Mariana. Fachin dá aval para PF tentar recuperar dados de celular do coronel Lima. *G1* (8-8-2017). Disponível em: <https://g1.globo.com/politica/noticia/fachin-da-aval-para-pf-recuperar-dados-de-celular-do-coronel-lima.ghtml>. Acesso em: 31 de março de 2021.

um cofre, opuser resistência física etc. os agentes responsáveis pelo cumprimento da ordem deverão, se necessário, arrombar a porta, tomar a chave do cofre, conter e prender o indivíduo etc.

Devido ao potencial lesivo que o acesso aos dados contidos em dispositivos eletrônicos representa atualmente, a abordagem parece problemática, ainda mais diante das incertezas acerca da extensão do direito à não autoincriminação que apresentei até agora. No momento, não há qualquer tipo de norma no ordenamento brasileiro que obrigue o investigado a fornecer esses materiais para desbloqueio de aparelhos eletrônicos[68], mas não parece inadmissível que possa haver uma previsão legal nesse sentido no futuro, tendo em vista o contexto tecnológico atual (observando, claro, as garantias fundamentais do investigado e o devido processo legal). Possíveis saídas normativas para essa questão específica serão discutidas no final deste livro.

Por fim, vale dizer que o desenvolvimento tecnológico viabiliza o acesso ao conteúdo do dispositivo mesmo sem a participação ativa do investigado, seja por meio de "hacking governamental" (como na solução do caso Apple *vs.* FBI), seja pelo uso de bases de dados de impressões digitais[69], ou meios menos tradicionais, como impressões 3D de cabeças para reconhecimento facial[70].

Passados esses apontamentos sobre criptografia e direito no ordenamento jurídico brasileiro, o próximo item será dedicado à descrição

---

68 A incorporação de norma específica, dentro do ordenamento jurídico, que obrigue o investigado a fornecer os meios de decriptação, excetuando a abrangência do *nemo tenetur se detegere* tem sido uma das modalidades de resposta ao problema no contexto do debate "going dark". Como apresentarei no Capítulo 5, alguns países como o Reino Unido, França e Noruega resolveram dessa maneira a questão, ao mesmo tempo que criaram diversas outras, relacionadas principalmente ao direito à privacidade do investigado.

69 BRANDOM, Russell. Your phone's biggest vulnerability is your fingerprint. *The Verge* (2-5-2016). Disponível em: <https://www.theverge.com/2016/5/2/11540962/iphone-samsung-fingerprint-duplicate-hack-security>. Acesso em: 31 de março de 2021.

70 BREWSTER, Thomas. We Broke Into A Bunch Of Android Phones With A 3D-Printed Head. *Forbes* (13-12-2018). Disponível em: <https://www.forbes.com/sites/thomasbrewster/2018/12/13/we-broke-into-a-bunch-of-android-phones-with-a-3d-printed-head/#2f2e7aba1330>. Acesso em: 31 de março de 2021.

de como o debate sobre acesso a dados criptografados se deu na prática no território nacional.

4.2. O debate "Going Dark" no Brasil

A preocupação com dados criptografados e investigação criminal no Brasil é algo exclusivamente recente. Não houve, por aqui, movimentações regulatórias na década de 1990, como aconteceu em outros países. À época, boa parte das preocupações de estudiosos do direito acerca da criptografia limitava-se às possíveis utilizações de sistemas criptográficos para o exercício da atividade jurídica, em especial no "futuro distante" do processo eletrônico: autenticação de documentos, assinatura digital, certificados digitais, dentre outras funcionalidades (MARCACINI, 2002; SANTOS, DEVEGILI, 2002).

Na década de 2010, no entanto, o debate chega ao Brasil a todo o vapor. Os eventos que o desencadearam compartilham diversas semelhanças ao contexto estadunidense, do impacto das revelações de Edward Snowden a um caso de grande repercussão que envolveu dificuldades no acesso a comunicações cifradas por autoridades de investigação – o caso dos bloqueios do aplicativo WhatsApp.

Neste item, explorarei elementos principais da construção do debate "going dark" no Brasil, estruturados em quatro pontos: (i) os impactos do "efeito Snowden" no Brasil, que culminaram na sanção do Marco Civil da Internet; (ii) os sucessivos bloqueios do WhatsApp em território nacional, que envolveu questões sobre a legalidade de sanções previstas no próprio MCI e questões sobre criptografia; (iii) o debate sobre bloqueio de aplicações e criptografia do STF; e, por fim, (iv) movimentações mais recentes sobre a regulação da criptografia no país. Parte do que trabalharei aqui espelha o que analisei em trabalho anterior (LIGUORI FILHO, SALVADOR, 2018), com atualizações e inclusão de movimentações recentes do debate.

4.2.1. O "efeito Snowden" no ordenamento brasileiro: o Marco Civil da Internet

As revelações de Edward Snowden atingiram o Brasil de forma intensa: os documentos vazados indicavam que a NSA monitorou diversos membros do alto escalão da Petrobrás e do governo brasileiro, incluindo por meio de grampos telefônicos em conversas da própria então presidente do Brasil, Dilma Rousseff[71]. Isso fez com que o "efeito Snowden" atingisse o Brasil de forma particular: além das reações de mercado, surgiram por aqui reações jurídicas. Em meio à ascensão de uma possível crise diplomática, a então presidente respondeu às revelações com um ato bastante simbólico: a sanção do Marco Civil da Internet.

Debatido desde o final da década de 2000, o MCI já havia passado por duas consultas públicas, em 2009 e em 2010, que contaram com participação de diversos setores da sociedade e culminaram no texto do Projeto de Lei n. 2.126/2011. O objetivo do PL era estabelecer direitos e deveres de provedores de aplicação, de conexão e usuários, além de princípios para o uso da Internet no Brasil – com a preocupação com privacidade e proteção de dados dos usuários sendo um dos pilares do texto.

Bastante aplaudido na comunidade internacional – tanto pelo seu processo de elaboração como pelo seu conteúdo[72] – o MCI (Lei n. 12.965/2014) foi sancionado por Dilma Rousseff no fechamento de um dos eventos mais importantes sobre governança da Internet do mundo: o NetMundial, ocorrido nos dias 23 e 24 de abril de 2014, na cidade de São Paulo. Em seu discurso, a então presidente não escondeu o impacto dos vazamentos de Snowden para justificar a importância da lei:

---

71 Documentos da NSA apontam Dilma Rousseff como alvo de espionagem. *Globo* (1º-9-2013). Disponível em: <http://g1.globo.com/politica/noticia/2013/09/documentos-da-nsa-apontam-dilma-rousseff-como-alvo-de-espionagem.html>. Acesso em: 31 de março de 2021.

72 Cf., por exemplo, MORRISON, Sara. Brazil Is About To Have an Internet Bill of Rights. *The Atlantic* (22-4-2014). Disponível em: <https://www.theatlantic.com/international/archive/2014/04/brazil-is-about-to-have-an-internet-bill-of-rights/361083/>; BERNERS-LEE, Tim. Marco Civil: Statement of Support from Sir Tim Berners-Lee. *World Wide Web Foundation* (24-3-2014). Disponível em: <https://webfoundation.org/2014/03/marco-civil-statement-of-support-from-sir-tim-berners-lee/>; e A bill of internet rights for Brazil. *Access Now* (26-3-2014). Disponível em: <https://www.accessnow.org/a-bill-of-internet-rights-for-brazil/>. Acesso em: 31 de março de 2021.

A Internet que queremos só é possível em um cenário de respeito aos direitos humanos, em particular à privacidade e à liberdade de expressão. É importante reiterar que os direitos que as pessoas têm offline também devem ser protegidos online. (...) Em meados de 2013, as revelações sobre os mecanismos abrangentes de espionagem e de monitoramento coletivo de comunicações provocaram indignação e repúdio em amplos setores da opinião pública brasileira e mundial. Esses fatos são inaceitáveis e continuam sendo inaceitáveis. Eles atentam contra a própria natureza da internet: aberta, plural e livre[73].

A relação entre o MCI e o debate sobre regulação da criptografia no Brasil não é evidente de imediato: a lei não trata especificamente da restrição ou promoção da criptografia, mas estabelece determinadas obrigações de provedores de serviço em relação à proteção de dados, registros e comunicações de usuários[74]; e em relação ao fornecimento destes para autoridades mediante ordem judicial[75] (LIGUORI FILHO, SALVADOR, 2018, p. 150). Naturalmente, o MCI estabelece sanções no caso de descumprimento dessas obrigações, das quais destacam-se aquelas previstas no art. 12:

Art. 12. Sem prejuízo das demais sanções cíveis, criminais ou administrativas, as infrações às normas previstas nos arts. 10 e 11 ficam sujeitas, conforme o caso, às seguintes sanções, aplicadas de forma isolada ou cumulativa:

---

73 ESTARQUE, Marina. Dilma sanciona Marco Civil e critica espionagem em evento em SP. *Deutsche Welle* (23-4-2014). Disponível em: <https://www.dw.com/pt-br/dilma-sanciona-marco-civil-e-critica-espionagem-em-evento-em-sp/a-17588584>. Acesso em: 31 de março de 2021.

74 Art. 10. A guarda e a disponibilização dos registros de conexão e de acesso a aplicações de internet de que trata esta Lei, bem como de dados pessoais e do conteúdo de comunicações privadas, devem atender à preservação da intimidade, da vida privada, da honra e da imagem das partes direta ou indiretamente envolvidas.

75 Art. 10 (...) § 1º O provedor responsável pela guarda somente será obrigado a disponibilizar os registros mencionados no *caput*, de forma autônoma ou associados a dados pessoais ou a outras informações que possam contribuir para a identificação do usuário ou do terminal, mediante ordem judicial, na forma do disposto na Seção IV deste capítulo, respeitado o disposto no art. 7º. § 2º O conteúdo das comunicações privadas somente poderá ser disponibilizado mediante ordem judicial, nas hipóteses e na forma que a lei estabelecer, respeitado o disposto nos incisos II e III do art. 7º.

I – advertência, com indicação de prazo para adoção de medidas corretivas;

II – multa de até 10% (dez por cento) do faturamento do grupo econômico no Brasil no seu último exercício, excluídos os tributos, considerados a condição econômica do infrator e o princípio da proporcionalidade entre a gravidade da falta e a intensidade da sanção;

III – suspensão temporária das atividades que envolvam os atos previstos no art. 11; ou

IV – proibição de exercício das atividades que envolvam os atos previstos no art. 11.

Parágrafo único. Tratando-se de empresa estrangeira, responde solidariamente pelo pagamento da multa de que trata o *caput* sua filial, sucursal, escritório ou estabelecimento situado no País (grifos meus).

Esses dois últimos incisos seriam utilizados para solicitar o bloqueio do aplicativo WhatsApp em todo o território nacional por três vezes, em casos em que a empresa não forneceu o conteúdo de comunicações solicitados por autoridades de investigação. Esses bloqueios seriam justamente o pontapé inicial do debate "going dark" no Brasil, como se verá a seguir.

4.2.2. Os bloqueios do WhatsApp em 2015 e 2016

O WhatsApp é o aplicativo de comunicação mais popular do Brasil, estando presente em cerca de 99% dos celulares dos brasileiros[76]. Por ser uma das principais formas de comunicação no país, é natural que seja utilizado tanto para finalidades legítimas como ilegítimas. Isso gera efeitos diretos nas atividades de investigação criminal, uma vez que o conteúdo das conversas travadas pelo aplicativo passa a ser tão ou mais relevante do que as tradicionais conversas telefônicas. Como apontei anteriormente, no entanto, há diversas particularidades e incertezas no ordenamento jurídico brasileiro em relação à interceptação de dados e

---

76 Dados de 2020, com base na pesquisa Panorama Mobile Time/ Opinion Box. Cf. VENTURA, Felipe. WhatsApp chega a 99% dos celulares no Brasil; Telegram cresce. *Tecnoblog* (27-2-2020). Disponível em: <https://tecnoblog.net/326932/whatsapp-chega-a-99-por-cento-celulares-brasil-telegram-cresce/>. Acesso em: 31 de março de 2021.

às obrigações de provedores de aplicação de Internet. Foi justamente com esse pano de fundo de incerteza regulatória que os bloqueios do WhatsApp aconteceram.

Nos anos de 2015 e 2016, juízes de primeira instância determinaram o bloqueio[77] do aplicativo WhatsApp (ou suspensão do serviço) em todo o território nacional em quatro ocasiões distintas: em fevereiro e dezembro de 2015 e em abril e julho de 2016[78]. Em todos os casos, as ordens de bloqueio foram expedidas como forma de sanção ao aplicativo por descumprimento de ordens judiciais, ordens estas que solicitavam que a empresa fornecesse às autoridades de investigação o conteúdo da conversa de determinados usuários. Em todos os casos, essas ordens de bloqueio foram rapidamente suspensas por decisões de tribunais superiores, geralmente expedidas em menos de um dia.

No primeiro caso, ocorrido em fevereiro de 2015, o bloqueio foi requisitado por um juiz de Teresina[79], mas não chegou a ser implementado, sendo rapidamente suspenso pelo TJPI[80].Conforme trabalho que desenvolvi anteriormente, as três vezes que o aplicativo foi, de fato,

---

77 Souza et al. (2018, p. 51) definem "bloqueio" do serviço como: "a impossibilidade técnica proveniente de ordens judiciais, de acesso a determinados sites e aplicações de Internet, ocorrendo ora por meio da interrupção de comunicação entre as aplicações e seus servidores, ora por meio da proibição de download de determinados aplicativos nas principais lojas virtuais".

78 Um mapeamento detalhado da linha do tempo de bloqueios pode ser encontrado na plataforma "Bloqueios", do InternetLab. Disponível em: <bloqueios.info>. Acesso em: 31 de março de 2021.

79 Caso WhatsApp I: Descumprimento de Ordem Judicial de Entrega de Dados. *Bloqueios.Info*. Disponível em: <https://bloqueios.info/pt/casos/exemplo-de-post-em-casos/>. Acesso em: 31 de março de 2021.

80 "Vale dizer os casos judiciais por trás de todas estas ordens de bloqueio estão em segredo de justiça, não sendo possível precisar as situações fáticas que ensejaram os pedidos de fornecimento de dados, mas ao menos dois casos tratavam, de forma geral, de tráfico de drogas" (LIGUORI FILHO, SALVADOR, 2018, p. 151). Cf. Sobre o primeiro bloqueio: Mandado de Segurança 2015.0001.001592-4, Rel. Des. Raimundo Nonato da Costa Alencar, j. 15-2-2015. Disponível em: <https://www.migalhas.com.br/arquivos/2015/2/art20150227-03.pdf> e <http://atarde.uol.com.br/digital/noticias/1733543-drogas-e-pcc-entenda-o-que-levou-ao-bloqueio-do-whatsapp>; sobre o segundo bloqueio: <http://www.bbc.com/portuguese/brasil/2016/05/160502_whatsapp_bloqueio_if>. Acesso em: 31 de março de 2021.

bloqueado se deram da seguinte maneira (LIGUORI FILHO, SALVADOR, 2018, p. 151-153):

> O primeiro bloqueio do WhatsApp foi realizado em dezembro de 2015, após uma decisão expedida pela juíza Sandra Marques da 1ª Vara de São Bernardo do Campo[81]. O aplicativo ficou inacessível por mais de 10 horas, até o Tribunal de Justiça de São Paulo acatar um pedido de liminar elaborado pela própria empresa e suspender o bloqueio.
>
> O segundo bloqueio foi imposto cinco meses depois, em maio de 2016, com decisão do juiz Marcel Montalvão, da Comarca de Lagarto, em Sergipe. Ainda que, como nas outras ocasiões, o caso esteja correndo em segredo de justiça, esta ordem de bloqueio em específico foi disponibilizada publicamente[82]. Desta vez, a suspensão do aplicativo foi imposta pelo prazo de 72 horas, mas uma subsequente liminar foi apresentada pelo Whatsapp e o bloqueio foi suspenso após menos de 24 horas[83]. Ainda sobre este caso, vale mencionar que em março do mesmo ano, uma outra sanção fora imposta ao Facebook Brasil (empresa do mesmo grupo econômico do Whatsapp) em resposta ao não fornecimento do conteúdo de comunicações do WhatsApp: a prisão do vice-presidente da empresa[84].
>
> Este segundo bloqueio ensejou o ajuizamento de duas ações no Supremo Tribunal Federal, que questionavam a constitucionalidade do bloqueio de aplicativos como de sanção ao descumprimento de ordem judicial: (i) a **ADPF 403**, que alega que o bloqueio de aplicativo como sanção seria inconstitucional em si, uma vez que violaria

---

81 Cf. Caso WhatsApp II: Descumprimento de ordem judicial de entrega de dados. *Bloqueios.Info*. Disponível em: <http://bloqueios.info/pt/casos/bloqueio-por-descumprimento-de-ordem-judicial-de-entrega-de-dados>. Acesso em: 31 de março de 2021.

82 Cf. Decisão de suspensão do aplicativo WhatsApp. Processo n. 201655090143/SE. Juiz de Direito Marcel Maia Montalvão. Proferida em 26 de abril de 2016. Disponível em: <http://bit.do/BloqueioTJSE>. Acesso em: 31 de março de 2021.

83 Tribunal de Justiça do Estado de Sergipe. Mandado de Segurança 201600110899/SE. Relator: Desembargador Ricardo Múcio Santana de Abreu Lima. Disponível em: <http://www.omci.org.br/m/jurisprudencias/arquivos/2016/tjse_201600110899_03052016.pdf>. Acesso em: 31 de março de 2021.

84 Cf. Polícia prende vice-presidente do Facebook na América Latina em SP. *G1* (1º-3-2016). Disponível em: <http://g1.globo.com/sao-paulo/noticia/2016/03/policia-prende-representante-do-facebook-na-america-do-sul-em-sp.html>. Acesso em: 31 de março de 2021.

> o direito constitucional de livre comunicação; e (ii) a **ADI 5527**, que questiona a constitucionalidade de uma interpretação específica do Art. 12 do MCI, que viabilizaria os bloqueios como forma de sanção.
>
> Por fim, o terceiro e último bloqueio foi imposto em julho de 2016, por ordem judicial da juíza Daniela Souza da 2ª Vara Criminal do Rio de Janeiro, Comarca de Duque de Caxias. O bloqueio durou apenas 4 horas, uma vez que o pedido de liminar que solicitava a suspensão dos bloqueios de forma geral, parte da ADPF 403, foi enfim concedido pelo Ministro Ricardo Lewandowski, que [entendeu] que a medida violava o direito de comunicação e expressão[85].

A suspensão total do serviço como forma de sanção parte de interpretações particulares do art. 12 do Marco Civil da Internet, em especial do inciso III, que estabelece uma hipótese de sanção de "suspensão temporária das atividades que envolvam os atos previstos no art. 11"[86], no caso de violação dos arts. 10 e 11 da lei, em específico o art. 10, § 2º: "§ 2º O conteúdo das comunicações privadas somente poderá ser disponibilizado mediante ordem judicial, nas hipóteses e na forma que a lei estabelecer, respeitado o disposto nos incisos II e III do art. 7º". O questionamento da legalidade da sanção de suspensão das atividades viria a fundamentar ambas as ações apresentadas ao STF.

Por mais que nos três casos o cerne da discussão jurídica tenha se centrado na legalidade dos bloqueios, a questão da criptografia tomou os holofotes do debate de forma inevitável: em 31 de março de 2016, o WhatsApp anunciou que a partir de sua próxima atualização de softwa-

---

85 "Ora, a suspensão do serviço do aplicativo WhatsApp, que permite a troca de mensagens instantâneas pela rede mundial de computadores, da forma abrangente como foi determinada, parece-me violar o preceito fundamental da liberdade de expressão aqui indicado, bem como a legislação de regência sobre o tema. Ademais, a extensão do bloqueio a todo o território nacional, afigura-se, quando menos, medida desproporcional ao motivo que lhe deu causa." Supremo Tribunal Federal. Medida Cautelar na Arguição de Descumprimento de Preceito Fundamental 403/SE. Min. Ricardo Lewandowski. Disponível em: <http://www.stf.jus.br/arquivo/cms/noticiaNoticiaStf/anexo/ADPF403MC.pdf>. Acesso em: 31 de março de 2021.

86 As atividades previstas no art. 11 consistem em: "operação de coleta, armazenamento, guarda e tratamento de registros, de dados pessoais ou de comunicações por provedores de conexão e de aplicações de internet".

re, implementaria em seus serviços criptografia ponta a ponta por padrão[87]. A atualização foi disponibilizada a todos os usuários ao redor do mundo na semana seguinte, no dia 6 de abril[88]. A mudança foi paradigmática, na medida em que a impossibilidade técnica de acesso ao conteúdo de mensagens pelo WhatsApp tornou-se um dos principais argumentos utilizados pela empresa para justificar a recusa no fornecimento das informações às autoridades de investigação.

A preocupação com a criptografia e seu impacto na viabilidade técnica de cumprimento das ordens judiciais foram abordados na decisão que suspendeu o aplicativo pela terceira vez, com a juíza Daniela Souza clamando por uma solução técnica que viabilizasse o acesso de autoridades judiciais ao conteúdo criptografado[89]:

> Em verdade, o Juízo requer, apenas, a desabilitação da chave de criptografia, com a interceptação do fluxo de dados, com o desvio em tempo real em uma das formas sugeridas pelo MP, além do encaminhamento das mensagens já recebidas pelo usuário e ainda não criptografadas, ou seja, as mensagens trocadas deverão ser desviadas em tempo real (na forma que se dá com a interceptação de conversações telefônicas), antes de implementada a criptografia.

No debate público, a criptografia também tomou o protagonismo dos bloqueios: o Ministério Público começou a investigar a possibilidade técnica de quebra da criptografia do serviço[90], projetos de lei para regu-

---

87 WhatsApp Encryption Overview: Technical white paper. *WhatsApp* (5-4-2016). Disponível em: <http://bit.do/WPWhitePaper>. Acesso em: 31 de março de 2021.

88 Whatsapp adds end-to-end encryption. *BBC* (5-4-2016). Disponível em: <https://www.bbc.com/news/technology-35969739>. Acesso em: 31 de março de 2021.

89 Cf. Inquérito Policial n. 062-00164/2016, PJERJ, 2ª Vara Criminal de Duque de Caxias, Relatora: Daniela Barbosa Asumpção de Souza. Decisão proferida em 19-6-2016. Disponível em: <http://www.omci.org.br/m/jurisprudencias/arquivos/2016/rj_062001642016_19072016.pdf>. Acesso em: 31 de março de 2021.

90 Cf. MPF Investiga se a criptografia do Whatsapp permite a quebra de sigilo por parte das autoridades judiciais do país. *Ministério Público Federal – Sala de imprensa* (3-5-2016). Disponível em: <http://www.mpf.mp.br/mt/sala-de-imprensa/noticias-mt/mpf-investiga-se-a-criptografia-do-whatsapp-permite-a-quebra-de-sigilo-por-parte-das-autoridades-judiciais-do-pais>. Acesso em: 31 de março de 2021.

lamentar o acesso às comunicações do aplicativo começaram a surgir no legislativo[91] e a própria constitucionalidade do oferecimento de serviços de criptografia forte foi questionada pelo MPF[92].

Ao lado da legalidade dos bloqueios, a questão que se levantou foi a seguinte: deveriam os provedores de aplicação alterar seus sistemas de segurança – o que inclui a limitação do uso da criptografia forte – de forma a viabilizar o acesso aos conteúdos às autoridades de investigação?

4.2.3. A criptografia chega ao STF

O debate sobre regulação da criptografia chega ao Supremo Tribunal Federal de forma indireta, por meio das duas ações de controle de constitucionalidade concentrado que questionavam a legalidade dos bloqueios como medida sancionatória: a Arguição de Descumprimento de Preceito Fundamental 403 e a Ação Direta de Inconstitucionalidade 5.537.

A ADPF[93] 403, de relatoria do Ministro Edson Fachin, foi ajuizada pelo Partido Popular Socialista (PPS, hoje em dia Cidadania), no dia 3 de maio de 2016, contra a decisão da Vara Criminal de Lagarto que implementou o segundo bloqueio do WhatsApp no país[94]. De forma bas-

---

91 Cf. PASSARINHO, Natalia. Governo elabora projeto para regular acesso às informações do Whatsapp. *O Globo* (19-7-2016). Disponível em: <http://g1.globo.com/politica/noticia/2016/07/governo-elabora-projeto-para-regular-acesso-informacoes-do-whatsapp.html>. Acesso: em 31 de março de 2021.

92 Cf. MULLER, Leo. MPF investiga possível inconstitucionalidade da criptografia do Whatsapp. *Tecmundo* (6-5-2016). Disponível em: <https://www.tecmundo.com.br/whatsapp/104522-mpf-investida-possivel-inconstitucionalidade-criptografia-whatsapp.htm>. Acesso em: 31 de março de 2021.

93 Sobre a escolha da ADPF como ferramenta para questionar os bloqueios a nível constitucional, Souza e Mangeth (2019, p. 79) afirmam: "A ADPF foi escolhida como recurso adequado para proteger os direitos à liberdade de comunicação e à liberdade de expressão de ameaças de futuros bloqueios desproporcionais, levando em consideração como bloqueios dessa natureza afetam a infraestrutura da rede. Isso porque, cada vez que ocorre um bloqueio, milhões de brasileiros são prejudicados, incluindo o próprio Poder Judiciário, que vem utilizando o aplicativo WhatsApp até mesmo para a intimação de despachos ou decisões judiciais".

94 A petição inicial referente à ADPF 403 está disponível na íntegra em: <http://redir.

tante sucinta, o PPS alegou que a suspensão total do serviço em todo o território brasileiro seria inconstitucional, uma vez que afrontaria diretamente o direito à livre comunicação, presente no art. 5º, IX[95]. Para sustentar essa posição e reforçar a indispensabilidade do funcionamento pleno do WhatsApp no país, o partido indicou a onipresença do aplicativo nos celulares dos brasileiros (8 a cada 10 celulares à época), sua importância para as mais diversas atividades e até mesmo a sua aparição em expressões populares (*e.g.*, "passa o 'zap'")[96].

A ADPF contou ainda com pedido de medida cautelar, solicitando a suspensão imediata dos efeitos da decisão que ensejou o bloqueio do aplicativo. Quase 3 meses depois, no dia 19 julho de 2016, o então Presidente do STF, Ministro Ricardo Lewandowski, deferiu o pedido de liminar da ADPF. Sua decisão não impactou a decisão do juiz de Sergipe, uma vez que o TJSE já havia derrubado o bloqueio poucas horas após sua implementação[97]. No entanto, ela foi determinante para: (i) reimplementar o serviço quando do seu terceiro bloqueio, em julho, suspendendo os efeitos da decisão da Vara Criminal de Duque de Caxias; e, enfim, (ii) suspender de uma vez a possibilidade de aplicação desse tipo de sanção até o final julgamento da matéria pela Corte Constitucional[98].

---

stf.jus.br/paginadorpub/paginador.jsp?docTP=TP&docID=544597914&prcID=4975500#>. Acesso em: 31 de março de 2021.

95 "5º (...) IX – é livre a expressão da atividade intelectual, artística, científica e **de comunicação**, independentemente de censura ou licença" (grifos meus).

96 A menção à expressão "zap" realmente está na petição inicial da ADPF 403: "Segundo dados mais recentes, de cada 10 (dez) celulares brasileiros, 8(oito) estão conectados ao aplicativo. (...) **O povo brasileiro tem tanto apreço ao aplicativo que até o apelidou de 'ZapZap'**. Nos dias atuais, é mais comum um cidadão perguntar ao outro 'Qual o seu Whats?!' do que pedir propriamente o contato telefônico do interlocutor. Busca-se, assim, nessa apertada alusão, asseverar que o aplicativo WhatsApp é um meio deveras democrático para o cidadão brasileiro se comunicar" (grifos meus).

97 TJ/SE derruba bloqueio do WhatsApp. *Migalhas* (3-5-2016). Disponível em: <https://www.migalhas.com.br/quentes/238615/tj-se-derruba-bloqueio-do-whatsapp>. Acesso em: 31 de março de 2021.

98 SUPREMO TRIBUNAL FEDERAL. Medida Cautelar na Arguição de Descumprimento de Preceito Fundamental 403. Rel. Min. Ricardo Lewandowski. Disponível em: <http://www.stf.jus.br/arquivo/cms/noticiaNoticiaStf/anexo/ADPF403MC.pdf>. Acesso em: 31 de março de 2021.

Nesse meio tempo, uma segunda ação constitucional foi ajuizada para questionar o bloqueio como medida sancionatória ao descumprimento de ordem judicial: a ADI 5.537, dessa vez de autoria do Partido da República (PR, que hoje em dia também mudou de nome e se chama Partido Liberal), cuja relatoria ficou a cargo da Ministra Rosa Weber[99]. No mesmo sentido, a petição alega a inconstitucionalidade dos bloqueios e utiliza argumentos bastante semelhantes à ADPF 403 (incluindo a violação ao direito à comunicação e a indispensabilidade do serviço aos cidadãos), ainda que os explore de forma mais detalhada. De forma distinta, no entanto, o questionamento da ADI direciona-se especificamente à constitucionalidade da interpretação do art. 12 do MCI, que fundamentou a decisão do segundo bloqueio[100].

É curioso notar que, ainda que tenha se tornado o argumento principal de defesa do WhatsApp à época dos bloqueios, a possibilidade técnica de entrega dos conteúdos e as limitações da criptografia ponta a ponta não são sequer mencionadas nas iniciais das duas ações. Isso logo mudaria quando, em novembro de 2016, os Ministros relatores convocaram audiência pública conjunta para debater as duas ações de forma concomitante no STF.

Os editais de convocação da audiência pública (um primeiro referente apenas à ADPF 403[101] e o segundo já sobre a audiência con-

99 A petição inicial referente à ADI 5.537 está disponível na íntegra em: <http://redir.stf.jus.br/paginadorpub/paginador.jsp?docTP=TP&docID=548294060>. Acesso em: 31 de março de 2021.

100 "Não obstante o âmbito restrito de discussão da presente ação, o fato é que o art. 12, incisos III e IV, da Lei n. 12.965/14 tem sido aplicado indistintamente a todos os serviços de internet (art. 5º, VII, da Lei n. 12.965/14), de maneira que o dispositivo padece de vício de nulidade por abranger inúmeras situações em que sua aplicação é tida por inconstitucional (*overbreadth doctrine*). Ainda que assim não se entenda, busca-se, subsidiariamente, que este Pretório Excelso dê interpretação conforme à Constituição aos dispositivos ora impugnados, de maneira a impedir que outras decisões constrangedoras, como as relatadas no início da petição, voltem a ser proferidas."

101 SUPREMO TRIBUNAL FEDERAL. Decisão De Convocação De Audiência Pública Para Discutir O Bloqueio Do Aplicativo Whatsapp Por Decisões Judiciais No Brasil. Arguição De Descumprimento De Preceito Fundamental 403 (27-10-2016). Disponível em: <https://pdfhost.io/v/1Rrs7bWTH_3Convocacao_Audiencia_Publica_ADPF_403pdf.pdf>. Acesso em: 31 de março de 2021.

junta[102]) demonstraram a preocupação dos Relatores às questões técnicas da criptografia ponta a ponta do aplicativo e suas limitações em relação ao fornecimento de dados legíveis às autoridades de investigação. Essas questões acabaram se sobrepondo, em certa medida, aos bloqueios em si. Em um dos editais, tem-se como pré-requisito para a participação na audiência o fornecimento de respostas às seguintes perguntas:

> 1 – Em que consiste a criptografia ponta a ponta (*end to end*) utilizada por aplicativos de troca de mensagens como o WhatsApp?
>
> 2 – Seria possível a interceptação de conversas e mensagens realizadas por meio do aplicativo WhatsApp ainda que esteja ativada a criptografia ponta a ponta (*end to end*)?
>
> 3 – Seria possível desabilitar a criptografia ponta a ponta (*end to end*) de um ou mais usuários específicos para que, dessa forma, se possa operar interceptação juridicamente legítima?
>
> 4 – Tendo em vista que a utilização do aplicativo WhatsApp não se limita a apenas uma plataforma (aparelhos celulares/smartphones), mas permite acesso e utilização também em outros meios, como, por exemplo, computadores (no caso do WhatsApp mediante o WhatsApp Web/Desktop), ainda que a criptografia ponta a ponta (*end to end*) esteja habilitada, seria possível "espelhar" as conversas travas no aplicativo para outro celular/smartphone ou computador, permitindo que se implementasse ordem judicial de interceptação em face de um usuário específico?

Realizada nos dias 2 e 5 de junho de 2017, a audiência pública foi dominada por debates e exposições sobre a importância, os desafios e os limites da criptografia. Ela contou com uma gama multissetorial de 29 expositores representando 23 entidades, pertencentes à comunidade técnica, academia, setor privado, setor público e terceiro setor[103].

---

102 SUPREMO TRIBUNAL FEDERAL. Edital De Convocação Conjunta De Audiência Pública. Ação Direta de Inconstitucionalidade n. 5.527 (29-11-2016). Disponível em: <http://www.stf.jus.br/arquivo/cms/audienciasPublicas/anexo/ADI5527EDITAL_DE_CONVOCACAO_DE_AUDIENCIA_PUBLICAMinistraRosaWeber.pdf>. Acesso em: 31 de março de 2021.

103 Na ordem cronológica de exposição, os participantes foram: (i) Felipe Alcântara de Barros Leal; Ivo de Carvalho Peixinho, Marco Aurélio de Macedo Coelho (Polícia Federal); (ii) Brian Acton (WhatsApp Inc.); (iii) Fernanda Teixeira Souza Domingos,

Em trabalho anterior (LIGUORI FILHO, SALVADOR, 2018, p. 153-155), identifiquei três pontos principais que foram debatidos na audiência pública[104]: (i) a possibilidade técnica de acesso aos dados criptografados; (ii) a constitucionalidade de uma possível obrigação de alterar sistemas de segurança de forma a viabilizar o acesso das autoridades; e (iii) a proporcionalidade desse tipo de imposição diante dos mecanismos alternativos de investigação:

> Com relação à **possibilidade técnica** do acesso a dados no contexto de sistemas dotados de criptografia forte (como a criptografia ponta a ponta), o debate centrou-se na possibilidade de "quebra" deste tipo de criptografia, de forma a viabilizar o cumprimento das ordens judiciais. De forma geral, os especialistas técnicos[105] reiteraram a

---

Guilherme Gopfert, Neide Mara C. Cardoso de Oliveira, Vladimir Barros Aras (Ministério Público); (iv) Demi Getschko (CGI.br); (v) Anderson Nascimento (University of Washington, Tacoma); (vi) Diego Aranha (Unicamp); (vii) Marcos Simplício (POLI-USP); (viii) Renato Opice Blum (Insper); (ix) Fábio Maia (Assespro Nacional); (x) Dennys Antonialli (InternetLab); (xi) Ronaldo Lemos (ITS-Rio); (xii) Maximiliano Martinhão e Miriam Wimmer (MCTIC); (xiii) Eduardo Levy Cardoso Moreira e Volnys Bernal (Febratel); (xiv) Marcelo Amarante Ferreira Gomes e Thiago Guimarães Moraes (LAPIN-UnB); (xv) Alberto Pavie Ribeiro (AMB); (xvi) Alexandre Rodrigues Atheniense e Claudia Lima Marques (Conselho Federal da OAB); (xvii) Pablo Cerdeira (CTS- FGV Rio); (xviii) Alexandre Braga (CPQD); (xix) Thiago Rodovalho (IASP); (xx) Paulo Rená (Ibidem); (xxi) Juliano Maranhão (NDIT-USP); (xxii) Nelson Lago (IME-USP); (xxiii) Rafael Zanatta (Idec).

104 Para uma análise mais detalhada da audiência pública em si, cf. MODESTO, 2019. Para uma análise mais breve, porém direcionada, cf. LIGUORI FILHO, 2017.

105 Anderson Nascimento, professor da Universidade de Washington, Tacoma: "(...) depois de estudado, por diversos grupos ao redor do mundo, o entendimento da comunidade científica de criptografia é que o Signal, como se encontra hoje, o protocolo em si, é seguro. (...) o entendimento da comunidade, no momento, é que não existe uma vulnerabilidade aparente no protocolo. Então não podemos quebrar a criptografia forte".
Marcos Simplício, professor de ciência da computação da POLI-USP: "(...) a comunidade científica fez várias auditorias do WhatsApp, em si, e do protocolo signal. Então, é consenso na comunidade que, dificilmente, seria fácil trocar o protocolo que está sendo executado ali – logo, existe, sim, uma certa auditoria do próprio protocolo, pelo menos até onde se sabe –, e que não tem nenhuma porta dos fundos já no aplicativo. Não foi inserido jamais algo dessa natureza, também conforme as várias análises que foram feitas por pessoas independentes da comunidade científica". Transcrição disponível em: <http://www.stf.jus.br/arquivo/cms/audienciasPublicas/anexo/

> inexistência de falhas de segurança no protocolo Signal, utilizado pelo WhatsApp, corroborando a tese da impossibilidade técnica de acesso ao conteúdo criptografado no sistema atual.
>
> Frente a isto, tratou-se da possibilidade de alteração do mecanismo do Whatsapp de forma a viabilizar o fornecimento de dados. Neste sentido, discutiu-se a **constitucionalidade** (e legalidade, de forma geral) desta possível imposição para fins de investigação policial. De um lado apontando-se para a necessidade de acesso às provas como forma de manutenção da segurança pública; de outro indicando a importância da integridade de sistemas criptográficos para a manutenção de diversos direitos fundamentais no âmbito digital, como privacidade e liberdade de expressão (ABREU, 2017, p. 35).
>
> Diretamente relacionada à constitucionalidade, abordou-se de forma superficial, ainda, a **proporcionalidade** da imposição deste tipo de medida frente a outros direitos que podem vir a ser prejudicados em consequência desta imposição.
>
> Sobre este último ponto, o Procurador da República Vladmir Aras colocou que o direito à segurança pública se sobreporia ao direito à privacidade dos usuários, afirmando que o sistema não poderia viabilizar "um paraíso digital, em que criminosos possam cometer infrações penais, violando direitos fundamentais tão importantes quanto o direito à privacidade"[106].

O cerne das ações ainda reside na constitucionalidade dos bloqueios de aplicações como sanção ao descumprimento de ordem judicial, mas é evidente que as decisões orientarão o futuro do debate sobre regulação da criptografia no Brasil. Uma eventual decisão pela constitucionalidade da medida sancionatória pode, eventualmente, gerar consequências na escolha pela adoção de criptografia ponta a ponta por provedores de aplicação. O impacto, no entanto, não é imediato: um entendimento pela constitucionalidade não implica a obrigação de mecanismos de acesso excepcional em sistemas criptográficos; assim como sua inconstitucio-

---

ADI5527ADPF403AudinciaPblicaMarcoCivildaInterneteBloqueioJudicialdoWhatsApp.pdf>. Acesso em: 31 de março de 2021.

106 Cf. Ministério Público defende aplicação de sanções previstas no Marco Civil da Internet ao WhatsApp. *STF Notícias* (2-6-2017). Disponível em: <http://www.stf.jus.br/portal/cms/verNoticiaDetalhe.asp?idConteudo=345389>. Acesso em: 31 de março de 2021.

nalidade não torna a criptografia "intocável" do ponto de vista jurídico. A influência das decisões em futuras regulações, contudo, será inegável.

Quase três anos depois da audiência pública, em maio de 2020, a ADPF 403 e a ADI 5.527 foram colocadas na pauta do Plenário do STF. Nos dias 27 e 28 do mesmo mês, foram expostos e publicados os votos dos Relatores das ações. Ambos os Ministros votaram pela inconstitucionalidade dos bloqueios como forma de sanção a descumprimento de ordem judicial[107] e trataram de ressaltar a importância da criptografia para o exercício de direitos fundamentais, afastando a possibilidade de restrição do mecanismo para fins de investigação criminal. Ao contrário da minha expectativa pessoal, que fora retratada em trabalhos anteriores (LIGUORI FILHO, 2017; LIGUORI FILHO, SALVADOR, 2018), as decisões não apenas não se limitaram aos bloqueios, como deram à questão da criptografia igual destaque.

Em seu voto[108], o Ministro Edson Fachin aponta a importância da criptografia para o exercício do direito à privacidade e à liberdade de expressão e comunicação a partir do trabalho de David Kaye (2015 e 2018); além de reconhecer as limitações técnicas e os riscos do acesso excepcional sob o ponto de vista técnico, a partir dos trabalhos de Abelson et al. (2015) e da exposição do então professor Diego Aranha na audiência pública.

---

107 Ambos entendem que poderá haver suspensão das atividades das aplicações em uma única hipótese: "nos casos de descumprimento da legislação brasileira quanto à coleta, à guarda, ao armazenamento ou ao tratamento de dados, bem como aos direitos à privacidade, à proteção dos dados pessoais e ao sigilo das comunicações privadas e dos registros". Sobre este tópico, que é central ao debate no STF, mas extrapola tematicamente este livro, sugiro a leitura de dois documentos do Instituto de Tecnologia e Sociedade (ITS-Rio): o *amicus curiae* apresentado ao STF e o registro da sustentação oral do diretor do Instituto, Carlos Affonso Souza, no julgamento das ações em maio de 2020. Disponível em: <https://itsrio.org/wp-content/uploads/2017/01/Amicus-Curiae-Bloqueio.pdf> e <https://itsrio.org/wp-content/uploads/2020/05/Sustenta%C3%A7%C3%A3o-Bloqueios-STF.pdf>. Acesso em: 31 de março de 2021.

108 SUPREMO TRIBUNAL FEDERAL. Arguição De Descumprimento De Preceito Fundamental 403. Voto do Ministro Relator Edson Fachin (27-5-2020). Disponível em: <http://www.stf.jus.br/arquivo/cms/bibliotecaConsultaProdutoBibliotecaPastaFachin/anexo/ADPF403voto.pdf>. Acesso em: 31 de março de 2021.

Destaco aqui alguns trechos que explicitam a posição do Ministro, contrária a qualquer possibilidade de imposição de mecanismos de acesso excepcional em sistemas criptográficos, reforçando a inconstitucionalidade de restrição à criptografia forte (p. 71-72; 75):

> É contraditório, portanto, que em nome da segurança pública deixe-se de promover e buscar uma internet mais segura. Uma internet mais segura é direito de todos e dever do Estado. Medidas que, à luz da melhor evidência científica, trazem insegurança aos usuários somente se justificam se houver certeza comparável aos ganhos obtidos em outros áreas. Não é isso, porém, o que ocorre. **O risco causado pelo uso da criptografia ainda não justifica a imposição de soluções que envolvam acesso excepcional.**
>
> À luz de todas essas considerações, poder-se-ia, então, questionar se a criptografia ponta a ponta poderia ser restrita apenas a agentes de governo, isto é, se seria possível proibir o acesso da criptografia a todos os cidadãos. A resposta, aqui, seria negativa. Além de promover aspectos fundamentais da vida humana como a proteção à integridade, ao sigilo, à confidencialidade, à autenticidade e à privacidade das mensagens transmitidas, a criptografia assegura um acesso mais justo a pessoas que estão em situação de vulnerabilidade.
>
> Padrões sistemáticos de vigilância e mensagens dirigidas impactam desproporcionalmente essas pessoas, seja porque têm menos acesso aos meios de proteção, seja porque barreiras impedem seu acesso a essas ferramentas em absoluta condição de igualdade.
>
> Em síntese, é inconstitucional proibir as pessoas de utilizarem a criptografia ponta **a ponta, pois uma ordem como essa impacta desproporcionalmente as pessoas mais vulneráveis**.
>
> (...)
>
> Por entender que o risco causado pelo uso da criptografia ainda não justifica a imposição de soluções que envolvam acesso excepcional ou ainda outras soluções que diminuam a proteção garantida por uma criptografia forte, penso que não há como obrigar que as aplicações de internet que ofereçam criptografia ponta a ponta quebrem o sigilo do conteúdo de comunicações, ao menos à luz das informações que traduzem o consenso científico atual sobre a matéria (grifos do original).

Na mesma linha, a Ministra Rosa Weber[109] reforça o posicionamento de Fachin, indicando a importância da criptografia para os direitos fundamentais, e traça seu raciocínio a partir do trabalho de Kaye (2015), na ONU, e de Schulz e van Hoboken (2015), na Unesco. Em certo ponto de seu voto, a Ministra cogita até mesmo a ascensão de um eventual direito fundamental à criptografia (p. 27-28):

> Questiona-se, na sequência, a licitude do uso, nas comunicações privadas, de tecnologias de proteção do sigilo e da segurança das comunicações, notadamente das tecnologias criptográficas que tornem materialmente inviável o cumprimento, pela plataforma, de eventual comando judicial de disponibilização do conteúdo de comunicações privadas havidas por seu intermédio. (...)
>
> Entendo que a resposta no ponto é negativa. O poder de o Estado determinar a disponibilização do conteúdo de mensagens no âmbito de investigação criminal ou da instrução processual penal não conduz à conclusão de que ilegal o oferecimento de serviço que adote tecnologia por força da qual inacessível, esse conteúdo, ao próprio provedor da plataforma. Uma vez desenvolvida e adotada por ele, um particular, tecnologia voltada a garantir a segurança e a privacidade de comunicações, e oferecida essa tecnologia, como valor agregado, a outros particulares que contratam seus serviços, não pode o Estado compeli-lo a oferecer um serviço menos seguro e vulnerável, sob o pretexto de que pode vir, eventualmente, a utilizar essa vulnerabilidade artificial, para cumprir ordem judicial a respeito. Isso significaria tornar ilegal a criptografia, ou pelo menos alguns de seus usos.
>
> (...)
>
> a difusão da criptografia também tem garantido a segurança da comunicação de grupos de direitos humanos e indivíduos que se mobilizam contra regimes opressivos ao redor do mundo.
>
> Em certa medida, a liberdade fundamental que assegura ao indivíduo o direito de fechar o portão de casa com um cadeado, elevar a altura do muro ou pendurar uma cortina na janela, autoriza cogitar uma espécie de direito fundamental à criptografia, ou pelo menos que o uso da criptografia consiste em uma ferramenta indispensável, nos dias de hoje, para assegurar o direito à privacidade.

---

109 SUPREMO TRIBUNAL FEDERAL. Ação Direta de Inconstitucionalidade 5.527 – Distrito Federal. Voto da Ministra Relatora Rosa Weber (27-5-2020). Disponível em: <http://www.stf.jus.br/arquivo/cms/noticiaNoticiaStf/anexo/ADI5527voto.pdf>. Acesso em: 31 de março de 2021.

O julgamento, no entanto, segue sem uma decisão final. Imediatamente após a arguição dos relatores, o Ministro Alexandre de Morais pediu vista das ações, efetivamente suspendendo a sessão e postergando uma decisão definitiva sobre os casos[110].

4.3. Movimentações recentes sobre o debate no Brasil (Reações regulatórias, Projetos de Lei e outras manifestações)

O ordenamento jurídico brasileiro, no que se refere ao acesso governamental a dados criptografados, é um terreno espinhoso. Das dúvidas acerca da proteção constitucional do sigilo de dados (ou de sua comunicação), passando pelo impreciso regime (ou ausência de regime específico) de interceptação telemática, e desembocando nos imbróglios normativos e jurisprudenciais do acesso a dados armazenados em dispositivos eletrônicos, forma-se um pano de fundo cheio de incertezas acerca da proteção ou possibilidade de restrição à criptografia.

É justamente no contexto deste confuso cenário normativo que a questão desemboca no STF. Os já publicados votos dos Ministros Relatores apontam para um reconhecimento geral da importância da criptografia no exercício de direitos fundamentais na sociedade da informação, indicando de forma explícita a inconstitucionalidade de qualquer imposição restritiva a esses sistemas de segurança afrontaria, mesmo no contexto de investigações criminais. Com a suspensão do julgamento por causa do pedido de vista, não é possível garantir que o entendimento será mantido – o que não diminui a importância e influência que esses votos terão nos debates nacional e internacional sobre regulação da criptografia[111].

---

110 <https://www.migalhas.com.br/quentes/327869/vista-de-alexandre-de-moraes-suspende-julgamento-sobre-bloqueio-judicial-do-whatsapp>. Acesso em: 31 de março de 2021.

111 Sobre a repercussão internacional dos votos dos Ministros: "the proceeding ADPF 403, known as Request of Non-Compliance with Basic Constitutional Principles (ADPF), that has the same effects of ADIs, discussed the violation of the fundamental rights to privacy and secrecy of communication data. 'Digital Rights are Fundamental Rights':

Nesse meio tempo, na contramão do debate no STF, alguns projetos de lei foram apresentados no congresso sobre possíveis soluções aos anseios de autoridades de investigação diante da criptografia forte. Destacam-se aqui dois projetos de lei de 2018, o PL 9.808[112] e o PL 10.372[113],

---

with this strong affirmation, Justice Edson Fachin, the rapporteur, gave his vote ruling out any interpretation of the constitution that would allow a court order to provide exceptional access to end-to-end encrypted message content or that, by any other means, weakens the cryptographic protection of internet applications. Justice Rosa Weber highlighted in her ruling that 'the past 3 decades have been an arms race of protection technologies and privacy violations. The law cannot be ignored and must preserve the balance between privacy and the proper functioning of the State'. She also stated that 'cryptography, as a technological resource, has taken on special importance in the implementation of human rights'. The case is still under ongoing proceedings and pending the votes of the other 9 Justices. Nonetheless, the two opinions already published are a breakthrough and show a steep change in the perception and understanding of Brazil's highest court towards privacy and data protection rights". Cf. A Landmark Ruling in Brazil: Paving the Way for Considering Data Protection as an Autonomous Fundamental Right. *Future of Privacy Forum* (9-6-2020). Disponível em: <https://fpf.org/2020/06/09/a-landmark-ruling-in-brazil-paving-the-way-for-considering-data-protection-as-an-autonomous-fundamental-right/>. Acesso em: 31 de março de 2021.

112 O PL n. 9.808/2018, de autoria do Dep. João Campos, acrescenta dois parágrafos ao art. 10 do MCI, com um deles dispondo uma amplíssima e genérica obrigação de fornecimento de chaves aos provedores de aplicação: "§ 6º (...) se tratando de dados criptografados, poderá o delegado de polícia requisitar, diretamente aos provedores de internet, provedores de conteúdo e autores de aplicativos de comunicação, o fornecimento de chave criptográfica que permita o acesso aos dados e conteúdos de comunicação privada de dispositivo móvel, sem prejuízo do desenvolvimento e emprego, pelas polícias judiciárias, de técnicas e ferramentas tecnológicas que atinjam esse fim específico, incluindo a utilização de dispositivos que possibilitem o acesso a conteúdo anterior à criptografia por meio de aplicativos, sistemas ou outras ferramentas". Disponível em: <http://www.camara.gov.br/proposicoesWeb/prop_mostrarintegra;jsessionid=5EF2A77BBA331F8CDDB7B5BF8136CA77.proposicoesWebExterno2?codteor=1645807&filename=PL+9808/2018>. Acesso: em 31 de março de 2021.

113 O PL n. 10.372/2018, de autoria do Dep. José Rocha, dispõe especificamente da obrigação de entrega de chaves no contexto de infiltração policial, propondo alterações na Lei de Organizações Criminosas (Lei n. 12.850/2013): "Art. 10. (...) § 6º A infiltração incluirá a possibilidade de acesso, pela autoridade policial, a chave criptográfica de provedores de internet, provedores de conteúdo e autores de aplicativos de comunicação". Disponível em: <http://www.camara.gov.br/proposicoesWeb/prop_mostrarintegra;jsessionid=B03D1C179B99D5F4094E807FA8C99F43.proposicoesWebExterno1?codteor=1666497&filename=PL+10372/2018>. Acesso em: 31 de março de 2021.

ambos de 2018. Os dois projetos propõem, de forma distinta, abordagens regulatórias restritivas à utilização da criptografia, obrigando, de forma ampla, que os aplicativos de comunicação forneçam "chave criptográfica" para acesso aos conteúdos. No entanto, nenhuma movimentação relevante ocorreu com estes PLs nos últimos tempos.

Independentemente da posição adotada pelo STF ao final do julgamento, alguma solução jurídica será desenhada para responder aos anseios das autoridades de investigação. Caso a maioria dos Ministros votem contra os relatores, é possível que se busque a imposição de normas que restrinjam de forma direta a criptografia no Brasil. Caso haja concordância, é possível que alternativas para o acesso ao conteúdo sejam perseguidas.

Ao redor do mundo, países vêm propondo soluções normativas para o debate "going dark". As abordagens variam, com algumas nações regulando a criptografia de forma restritiva, outras estimulando o mecanismo e outras, ainda, buscando alternativas às restrições para conduzir investigações no ambiente digital.

Nesse sentido, explorarei no próximo capítulo essas soluções, elencando regulações jurídicas que impactem diretamente no desenvolvimento, na implementação e no uso da criptografia; ou meios alternativos de investigação criminal no ambiente digital, que adequem as atividades de investigação ao século XXI sem interferir na segurança garantida pela criptografia.

CAPÍTULO 5

SOLUÇÕES JURÍDICAS PARA O PROBLEMA E OS PROBLEMAS JURÍDICOS DAS SOLUÇÕES

A partir da segunda metade da década de 2010, uma grande quantidade de países começou a debater projetos de lei e implementar legislações para responder as questões levantadas no debate "going dark". As soluções propostas variam desde normas que afetam diretamente o desenvolvimento, a implementação e a utilização de sistemas criptográficos, até a busca por mecanismos alternativos de investigação, de forma a viabilizar as atividades de investigação sem impor alterações nos sistemas. O objetivo deste capítulo é apresentar e analisar essas soluções. Para isso, ele será dividido em três partes:

Na primeira parte, apresentarei modelos regulatórios da criptografia adotados ao redor do mundo, fruto do mapeamento de legislações e políticas públicas produzido para uma pesquisa que coordenei no Centro de Ensino e Pesquisa em Inovação (CEPI, 2019). Apontarei suas características principais, apresentarei países que adotaram cada um deles e descreverei seus possíveis problemas.

Na segunda parte, apresentarei formas de investigação que são apresentadas como alternativas à restrição de sistemas criptográficos. São elas: análise de metadados; dados armazenados em nuvem e dados obtidos a partir de dispositivos da Internet das Coisas (IoT). Muitas vezes essas soluções são apresentadas de forma circunstancial, sem o devido aprofundamento das complexas questões relativas a direitos fundamentais que elas ensejam. Este item busca suprir essa lacuna na literatura, tomando como referência as dificuldades que seriam enfrentadas no cenário brasileiro.

Por fim, tratarei em detalhes de um mecanismo alternativo de investigação que, em minha opinião, orientará todo o futuro do debate "going dark": o "hacking governamental" (*government/lawful hacking*) (BELLOVIN et al., 2014; MAYER, 2018; GUTHEIL et al., 2017). Trata-se da "manipulação de software, dados, sistema computacional, rede ou outro dispositivo eletrônico sem a permissão ou conhecimento da pessoa ou organização responsável por ele ou por demais dispositivos afetados por esta manipulação". Nesse sentido, ele pode consistir: (i) na exploração de vulnerabilidades de software ou hardware para acessar dados de comunicação ou armazenados pelo governo; ou também (ii) no desenvolvimento, pelo governo, de software malicioso nos dispositivos investigados para fins de monitoramento (STEPANOVICH, 2018). Argumento que esse mecanismo deve ser a principal solução a ser perseguida para adequar as autoridades de investigação à realidade do século XXI. No entanto, apontarei os diversos pontos complexos que devem ser levados em consideração no estabelecimento de um *framework* jurídico para *government hacking*, quais sejam: (i) definição e escopo de aplicação; (ii) operacionalização da atividade; (iii) desenvolvimento e aquisição de tecnologia; e (iv) *accountability* e transparência de vulnerabilidades e atores afetados.

5.1. Modelos de regulação jurídica da criptografia

Entre os anos 2017 e 2019, coordenei no Centro de Ensino e Pesquisa em Inovação da Fundação Getulio Vargas (CEPI) uma pesquisa de direito comparado com a finalidade de estabelecer um panorama global da regulação da criptografia (CEPI, 2019). Nosso objetivo foi, a partir de uma amostra de 40 países, identificar tendências e modelos de regulação da criptografia ao redor do mundo. Na conclusão da pesquisa, identificamos que 31 países já possuíam algum tipo de legislação consolidada sobre o tema, enquanto 18 países estavam debatendo projetos de lei (propondo legislação nova ou reformas à legislação preexistente).

A partir desse conjunto de dados, identificamos categorias em comum nas distintas legislações e, com isso, desenvolvemos alguns modelos de regulação da criptografia. Além disso, tive também a oportunidade de explorar cada um deles em trabalho posterior (LIGUORI FILHO, 2018). Importante notar que países podem adotar – e, em muitos casos, de fato adotam – mais de um modelo regulatório em seus ordenamentos jurídicos.

Pelo fato da exploração de soluções normativas ao debate "going dark" ser algo indispensável para esta obra, reproduzi-los-ei aqui de forma um pouco mais aprofundada, e ainda acrescentarei na análise meu posicionamento em relação às vantagens e desvantagens de cada um deles para as questões trabalhadas até agora.

Vale acrescentar que, ainda que a pesquisa do CEPI seja minha fonte principal, utilizarei subsidiariamente duas outras pesquisas: a primeira é uma consulta pública coordenada por David Kaye (2018), relator especial para a promoção e proteção do direito à liberdade de opinião e expressão[1]; e a segunda é um mapeamento realizado pelo professor da Universidade de Tilburg, Bert Jaap Koops (2013), em seu website *Crypto Law Survey*[2]. Koops vinha realizando uma ampla pesquisa sobre regulação jurídica da criptografia a partir de 1999, com o final das primeiras *Crypto Wars*. No entanto, a última atualização do mapeamento foi realizada justamente em fevereiro de 2013, apenas quatro meses antes das revelações de Snowden que, como visto, desencadearam o debate contemporâneo.

---

1 A pesquisa consistiu no envio, a representante dos países, das seguintes questões: "First, do the rights to privacy and freedom of opinion and expression protect secure online communication, specifically by encryption or anonymity? And second, assuming an affirmative answer, to what extent may governments, consistent with human rights law, impose restrictionson encryption and anonymity?". No final, 17 países contribuíram para a consulta. Disponível em: <https://www.ohchr.org/en/issues/freedomopinion/pages/callforsubmission.aspx>. Acesso em: 31 de março de 2021.

2 KOOPS, Bert-Jaap. *Crypto Law Survey*, 2013. Disponível em: <http://www.cryptolaw.org/>. Acesso em: 31 de março de 2021.

5.1.1. Proibição de criptografia forte

Uma primeira abordagem normativa para lidar com a questão é simplesmente proibir a criptografia forte em território nacional, criminalizando seu desenvolvimento, sua implementação, sua disponibilização e/ou seu uso. Esse modelo costuma ser adotado por países autoritários, tendo em vista que a criptografia é uma forma de evitar o controle estatal sobre as atividades de seus cidadãos online.

Exemplo disso é o **Irã**, país historicamente conhecido pela censura à Internet. Durante os protestos ocorridos no país entre 2017 e 2018, o governo bloqueou massivamente o acesso a redes sociais, como Instagram, Facebook e YouTube e aplicativos de comunicação, como Telegram e Signal[3]. No final de 2019, o acesso à Internet de forma geral foi suspenso em resposta a manifestações populares em Tehran[4]. Ainda que grande parte da justificativa para o bloqueio dos serviços esteja atrelada ao conteúdo compartilhado por eles[5], o Irã conta com normas específicas relacionadas a proibição do uso de criptografia no país.

A principal delas está contida na Lei de Crimes Computacionais de 2009 que, em seu art. 10, estabelece:

> Art. 10. Toda pessoa que, sem poder para tal, impedir o acesso de pessoas autorizadas aos dados, ou sistema de computador ou de telecomunicações, escondendo dados, trocando senhas e criptografando dados, será punida com uma pena de 91 dias a 1 ano de prisão,

---

3 BRANDOM, Russell. Iran blocks encrypted messaging apps amidst nationwide protests. *The Verge* (2-1-2018). Disponível em: <https://www.theverge.com/2018/1/2/16841292/iran-telegram-block-encryption-protest-google-signal>; e DEAHL, Dani. Iran has banned Telegram after claiming the app encourages protests. *The Verge* (1º-5-2018). Disponível em: <https://www.theverge.com/2018/5/1/17306792/telegram-banned-iran-encrypted-messaging-app-russia>. Acesso em: 31 de março de 2021

4 FASSIHI, Farnaz. Iran Blocks Nearly All Internet Access. *The New York Times* (17-11-2019). Disponível em: <https://www.nytimes.com/2019/11/17/world/middleeast/iran-protest-rouhani.html>. Acesso em: 31 de março de 2021.

5 Para uma análise aprofundada das normas relacionadas à censura da Internet no Irã, cf. ZARWAN, Elijah. False Freedom: Online Censorship in the Middle East and North Africa. Relatório de Pesquisa – Human Rights Watch, 2005.

> ou com uma multa de 5.000.000 a 20.000.000 Rials, ou com a pena de prisão e multa[6].

Esse dispositivo pode ser interpretado tanto para proibir o uso de criptografia por usuários finais, quanto para proibir a disponibilização de aplicações que contem com sistemas de criptografia ponta a ponta, tendo em vista ser tecnicamente impossível para o provedor do serviço o fornecimento da chave às autoridades.

Outro país que se encaixa nesta categoria é o **Paquistão**. Assim como o Irã, o país é notório pelos esforços em censurar atividades online, com um longo histórico de censura e bloqueio a conteúdos na Internet[7]. A Lei de Prevenção de Crimes Eletrônicos de 2016[8] estabelece dispositivos bastante amplos que podem ser utilizados para justificar a proibição de criptografia no país. O mais relevante é o crime disposto na seção 15 da lei:

> Seção 15. Elaborar, obter ou fornecer dispositivo utilizado para comissão de crime. Produzir, desenvolver, adaptar, fornecer etc., determinado dispositivo ou sistema para ser utilizado (ou que pode ser primariamente utilizado) na comissão ou no auxílio para comissão dos demais crimes elencados na lei[9].

---

6 Tradução própria. Em inglês: "Art 10. Every person who, without authority, prevents authorized persons from access to data, or computer or telecommunication system by hiding data, changing passwords, and encrypting data shall be punished by a term of 91 days to 1 year of imprisonment, or by a fine of 5,000,000 to 20,000,000 Rials, or by both the imprisonment and fine". Versão em inglês disponibilizada pelo Escritório das Nações Unidas sobre drogas e crime (UNODC). Disponível em: <https://www.unodc.org/res/cld/document/computer-crimes-act_html/Computer_Crimes_Act.pdf>. Acesso em: 31 de março de 2021.

7 Cf. BALOCH, Haroon; XYNOU, Maria; FILASTÒ, Arturo. Internet Censorship in Pakistan: Findings from 2014-2017. *Open Observatiori of Network Interference*, 2017. Disponível em: <https://ooni.org/post/pakistan-internet-censorship/>. Acesso em: 31 de março de 2021.

8 Versão oficial em inglês disponível em: <http://www.na.gov.pk/uploads/documents/1472635250_246.pdf>. Acesso em: 31 de março de 2021.

9 Tradução nossa (CEPI, 2019). No original, em inglês: "Sec. 15. Making, obtaining, or supplying device for use in offence. Whoever produces, makes, generates, adapts, exports, supplies, offers to supply or imports for use any information system, data

Essa norma é abrangente o suficiente para incluir qualquer tipo de sistema criptográfico: a criptografia ponta a ponta pode ser utilizada para a comunicação entre criminosos e a criptografia de disco rígido pode ser utilizada para armazenamento de material ilícito, por exemplo (CEPI, 2019).

A proibição da criptografia é uma saída autoritária, prejudicial aos direitos fundamentais e absolutamente ineficaz. Trata-se de uma forma de normatização da censura estatal, que afronta de forma direta a privacidade, a liberdade de expressão e os demais direitos viabilizados pela criptografia, como visto no Capítulo 2. Consubstanciado na necessidade de controle de comportamentos criminosos, a medida é ainda por cima ineficaz, uma vez que criminosos com conhecimento técnico simplesmente utilizarão serviços dotados de criptografia forte hospedados em outros países, em que a proibição é inexistente. A maioria dos prejudicados, no final das contas, serão os cidadãos comuns.

5.1.2. Licença ou Autorização Governamental para oferecimento e utilização de mecanismos criptográficos

Alguns países requerem a obtenção prévia de licença governamental para autorização de desenvolvimento, implementação e comercialização de sistemas criptográficos em seu território. Na maior parte das vezes, autorizações são concedidas mediante o cumprimento do requisitante com as requisições estabelecidas pelas autoridades. Por mais que consistam em formas de controle, modelos de licenciamento não necessariamente implicam imposições de restrições à criptografia, podendo consistir em limitações de importação ou apenas imposições burocráticas (LIGUORI FILHO, 2018, p. 68).

Israel adota esse modelo, diferenciando a utilização de criptografia para finalidades civis ou militares, com esta última sofrendo mais res-

---

or device, primarily with the intent to be used or believing that it is primarily to be used to commit or to assist in the commission of an offence under this Act shall, without prejudice to any other liability that he may incur in this behalf, be punished with imprisonment for a term which may extend to 6 months or with fine up to fifty thousand rupees or with both".

trições do que a primeira[10]. A obtenção da licença envolve o cumprimento de alguns requisitos, como:

- Auditoria do lugar de produção do item, assim como o processo, produto criptográfico, registros relacionados à criptografia e as circunstâncias nas quais a produção e armazenamento de sistemas criptográficos estão sendo ou serão conduzidas;
- Demandas discricionárias de outros detalhes necessários;
- Cláusula de confidencialidade sobre o desenvolvimento de tecnologias criptográficas durante o processo de licenciamento;
- Proibição da exportação do produto para: Irã, Síria, Coréia do Norte, Líbano, Sudão e Cuba[11].

O Ministério da Defesa é o órgão responsável pelo licenciamento, pelo controle e pela categorização desses produtos[12]. O Ministério pode, ainda, de forma discricionária, isentar determinados produtos criptográficos dessa regulação[13]. A isenção costuma ser concedida a produtos criptográficos de código aberto e para uso particular[14].

---

10 Cf Encryption Controls in Israel. *Ministry of Defense*. Disponível em: <https://www.mod.gov.il/English/Encryption_Controls/Pages/default.aspx>. Acesso em: 31 de março de 2021.

11 Cf. Announcements – Encryption Controls. *Ministry of Defense*. Disponível em: <https://www.mod.gov.il/English/Encryption_Controls/Pages/FAQ-Encryption-Controls-.aspx>. Acesso em: 31 de março de 2021.

12 Law Governing the Control of Commodities and Services, 1957 (5717): "(a) No one shall engage in encryption items unless he/she has been licensed to do so by the Director and according to the terms of license". Disponível em: <http://www.mod.gov.il/English/Encryption_Controls/Pages/order.aspx>. Acesso em: 31 de março de 2021.

13 A "Free Means" is a means of encryption for which a general license has been granted or which the Director-General has declared to be decontrolled. Once an encryption item is defined as a free means, it is free of the licensing restrictions. A periodically revised list of encryption items which have been declared "decontrolled" is published in the Official Gazette of the Government of Israel. Cf. <https://www.mod.gov.il/English/Encryption_Controls/Pages/default.aspx>. Acesso em: 31 de março de 2021.

14 Disponível em: <https://www.lexology.com/library/detail.aspx?g=b31fe40f-9564-44cf-b241-bcda18c0fc61>. Acesso em: 31 de março de 2021.

De forma mais restritiva, a Índia estabelece que provedores de telecomunicações e provedores de serviços de Internet devem utilizar sistemas criptográficos com chaves de, no máximo, 40 bits. No caso de sistemas mais robustos, deve-se obter uma licença excepcional do Departamento de Telecomunicações para oferecer seus serviços no país, e o requisito para tal inclui o fornecimento das chaves criptográficas ao Departamento (SWIRE, AHMAD, 2012, p. 418; BUDISH et al., 2018, p. 11):

> Cláusula 1.10.1 – Criptografia. Indivíduos/Grupos/Organizações têm permissão para usar criptografia com chaves até o tamanho 40 bits com algoritmos RSA ou seu equivalente em outros algoritmos sem a necessidade de obter permissão. Entretanto, se equipamentos de criptografia superiores a este limite forem implantados, indivíduos/grupos/organizações deverão fazê-lo com a permissão da Autoridade de Telecomunicações e depositar a chave criptográfica, dividida em duas partes, junto à Autoridade de Telecomunicações.

Essa restrição, colocada em prática em 1999, impõe fragilizações ao sistema em todos os cenários: aqueles que não desejam obter a licença governamental, devem adequar seus sistemas a um padrão de segurança exponencialmente mais fraco do que se costuma adotar ao redor do mundo[15]. Os que querem oferecer algo mais robusto, devem entregar as chaves à autoridade reguladora.

Questiono, entretanto, a eficácia dessa imposição: na teoria, ela inviabiliza o oferecimento de sistemas de criptografia ponta a ponta no país, uma vez que não só os serviços mais populares (como WhatsApp e Signal) utilizam chaves de 256 bits, como também é tecnicamente impossível a essas empresas o fornecimento das chaves criptográficas, devido à própria estrutura desse tipo de criptografia[16]. Na prática, no

---

15 Sistemas criptográficos modernos utilizam chaves de, no mínimo, 128 bits (KERR, SCHNEIER, 2018, p. 994).

16 GRIFFIN, Andrew. WhatsApp end-to-end encryption update might have made chat app illegal in India. *Independent* (8-4-2016). Disponível em: <https://www.independent.co.uk/life-style/gadgets-and-tech/news/whatsapp-end-to-end-encryption-update-might-have-made-chat-app-illegal-in-india-a6974921.html>. Acesso em: 31 de março de 2021.

entanto, a Índia é o país com o maior número de usuários de WhatsApp do mundo, cerca de 400 milhões[17].

Além disso, a medida é inconsistente com diversas regulações setoriais dentro da própria Índia. O Banco Central do país, por exemplo, recomenda a utilização de chaves de, no mínimo, 128 bits para serviços de *internet banking*[18].

Esse modelo regulatório não tem muito o que oferecer em relação às questões levantadas pelo debate "going dark". A modalidade adotada por Israel pouco responde aos anseios das autoridades de investigação, enquanto a da Índia incorre nas mesmas questões levantadas pela proibição da criptografia forte.

5.1.3. Obrigação de assistência

Alguns aprendizados das *Crypto Wars* 1.0 foram incorporados por governos em legislações recentes sobre acesso a dados criptografados e investigações criminais. Ao invés de propor *explicitamente* a implementação obrigatória de *backdoors* ou mecanismos de acesso excepcional em sistemas criptográficos – como na malfadada iniciativa do *Clipper Chip* nos anos 1990 –, países vêm propondo legislação que obriga pessoas físicas ou jurídicas a "prestar assistência" a autoridades de investigação em relação ao fornecimento de conteúdos criptografados. Essas normas não indicam de forma particular os meios para o cumprimento da obrigação, apenas estabelecem sua existência de forma geral.

Na pesquisa que conduzi na FGV (CEPI, 2019; LIGUORI FILHO, 2018), identificamos que essa obrigação de assistência pode estar descrita de forma *genérica* – simplesmente requerendo o "fornecimento de informações às autoridades"; ou *específica* – na forma de uma obrigação explícita de entrega das chaves criptográficas ou do fornecimento do conteúdo na forma legível.

---

17 SINGH, Manish. WhatsApp reaches 400 million users in India, its biggest Market. *Techcrunch* (26-7-2019). Disponível em: <https://techcrunch.com/2019/07/26/whatsapp-india-users-400-million/>. Acesso em: 31 de março de 2021.

18 Disponível em: <https://www.rbi.org.in/scripts/PublicationReportDetails.aspx?UrlPage=&ID=243>. Acesso em: 31 de março de 2021.

Explorarei a seguir esses dois modelos na prática. Acrescentarei ainda uma abordagem particular de obrigação de assistência específica que merece destaque: a solução norueguesa de limitar o direito à não autoincriminação para fornecimento de dados biométricos para desbloqueio de sistemas.

5.1.3.1. Obrigação genérica de assistência

Na categorização de modelos regulatórios desenvolvidas por nós no CEPI (2019), definimos as obrigações genéricas de assistência como:

> Trata-se de uma obrigação, presente no ordenamento jurídico de determinado país, que pode ser invocada para solicitar que determinada pessoa (física ou jurídica) forneça informações criptografadas na forma legível ou auxilie neste processo de decriptação no contexto de investigações criminais. Encaixam-se na vertente genérica desse tipo de obrigação aqueles países que possuem mecanismos jurídicos que, por sua abrangência ao estabelecer obrigações de auxílio às autoridades de investigação, são entendidos como suficientes para impelir o solicitado a providenciar essa assistência. Não há menção explícita a criptografia ou a seus elementos neste modelo regulatório.

Como a própria nomenclatura já estabelece, trata-se simplesmente de uma obrigação geral de auxiliar as autoridades que é imposta a determinado sujeito. Essas obrigações não existem nos ordenamentos jurídicos para lidar especificamente com questões de acesso a dados criptografados por autoridades, mas o texto da norma é amplo o suficiente para ser utilizado com esta finalidade.

O **México**, por exemplo, dispõe que provedores de sistemas de comunicação privadas podem ser obrigados a prestar assistência a autoridades de investigação na condução de interceptações, sob pena de sanção. A obrigação se aplica a qualquer pessoa física ou jurídica, investigada ou não:

> **Artigo 301. Colaboração com a autoridade:** Os concessionários, titulares de autorização e outros proprietários dos meios ou sistemas suscetíveis à interceptação, devem colaborar eficientemente com a autoridade competente para o desenvolvimento de tais mecanismos de investigação, de acordo com as disposições aplicáveis. Da mesma

> forma, eles devem ter a capacidade técnica necessária para atender aos requisitos exigidos pela autoridade judicial para executar um mandado de interceptação de comunicações privadas. O não cumprimento desse mandato será punido de acordo com as disposições penais aplicáveis[19].

Outro país com normas na mesma linha é o **Canadá** que, em seu Código Criminal, estabelece uma obrigação genérica de assistência para o cumprimento de mandados judiciais que autorizem interceptações e/ou acesso a dados. Aqui, também, não é necessário que o sujeito obrigado a prestar assistência seja um dos investigados (GILL et al., 2018, p. 63):

> **Ordem de assistência – 487.02** Se uma autorização for dada sob as seções 184.2, 184.3, 186 ou 188 ou se um mandado for emitido com base nesta Lei, o juiz ou tribunal que der a autorização ou emitir o mandado pode ordenar que uma pessoa preste assistência, se a assistência da pessoa puder ser razoavelmente considerada necessária para dar efeito à autorização ou mandado. A ordem tem efeito em todo o Canadá[20].

Esse modelo é problemático porque o texto aberto das normas concede poderes de forma desproporcionada às autoridades de investigação,

---

19 Tradução própria. No original, em espanhol: "Artículo 301. Colaboración con la autoridad: Los concesionarios, permisionarios y demás titulares de los medios o sistemas susceptibles de intervención, deberán colaborar eficientemente con la autoridad competente para el desahogo de dichos actos de investigación, de conformidad con las disposiciones aplicables. Asimismo, deberán contar con la capacidad técnica indispensable que atienda las exigencias requeridas por la autoridad judicial para operar una orden de intervención de comunicaciones privadas. El incumplimiento a este mandato será sancionado conforme a las disposiciones penales aplicables". Codigo Nacional de Procedimientos Penales. Disponível em: <http://dof.gob.mx/nota_detalle.php?codigo=5334903&fecha=05/03/2014>. Acesso em: 31 de março de 2021.

20 Tradução própria. No original, em inglês: "Assistance order – 487.02 If an authorization is given under section 184.2, 184.3, 186 or 188 or a warrant is issued under this Act, the judge or justice who gives the authorization or issues the warrant may order a person to provide assistance, if the person's assistance may reasonably be considered to be required to give effect to the authorization or warrant. The order has effect throughout Canada". Criminal Code. Disponível em: <https://laws-lois.justice.gc.ca/eng/acts/C-46/page-111.html#docCont>. Acesso em: 31 de março de 2021.

principalmente em relação a terceiros não envolvidos no processo. Por se tratar de obrigações genéricas, não há como estabelecer de antemão o que pode e o que não pode ser solicitado pelas autoridades, sendo necessária a contestação da obrigação posteriormente.

Além disso, gera ainda insegurança jurídica a todas as partes envolvidas – à autoridade de investigação, que necessita ter certeza sobre a extensão da assistência que lhe é permitido solicitar, sob pena de ver anulada parte da instrução probatória e prejuízos à atividade investigativa; ao sujeito da obrigação, que deve judicializar ordens que julga abusivas ou desproporcionais; e ao investigado, que pode ter seus direitos violados a depender do grau de invasividade da ordem.

5.1.3.2. Obrigação específica de assistência

Definimos, no contexto da pesquisa do CEPI (2019), as obrigações específicas de assistência como:

> (...) uma obrigação, presente no ordenamento jurídico de determinado país, que pode ser invocada para solicitar que determinada pessoa (física ou jurídica) forneça informações criptografadas na forma legível ou auxilie nesse processo de decriptação no contexto de investigações criminais. Encaixam-se na vertente específica países que tratam explicitamente de criptografia e de seus elementos nas normas que tratam desse tipo de obrigação. Ordenamentos que possuam normas que obriguem a entrega de chaves criptográficas ou que explicitamente solicitem o fornecimento de informações em linguagem legível encaixam-se nesse modelo regulatório.

Exemplo deste modelo pode ser encontrado na **França**. O Código Penal Francês (*Code pénal*), em seu Artigo 434-15-2, criminaliza a recusa da entrega de chaves criptográficas que viabilizem o acesso a informação relacionada à preparação, à facilitação ou à comissão de crimes, estabelecendo como sanção multa e até mesmo prisão:

> Art. 434-15-2: É punido com três anos de prisão e uma multa de 270.000 euros para qualquer pessoa que, tendo conhecimento da informação necessária para decifrar um meio de criptografia que possa ter sido utilizado para preparar, facilitar ou cometer um crime ou delito, se recuse a entregar a referida informação às autoridades judiciais ou a

> implementá-la, a pedido dessas autoridades, emitido de acordo com os Títulos II e III do Livro I do Código de Processo Penal.
>
> Se a recusa for feita quando a entrega ou implementação da Convenção teria impedido a prática de um crime ou ofensa ou teria limitado seus efeitos, a pena é aumentada para cinco anos de prisão e uma multa de 450.000 euros[21].

Em 2016, o dispositivo foi alterado de forma a enrijecer as sanções relacionadas a esse crime. A razão desta alteração foi a promulgação da Loi 2016-731, voltada ao combate ao terrorismo e crime organizado (*Loi 2016-731 du 3 juin 2016 renforçant la lutte contre le crime organisé, le terrorisme et leur financement, et améliorant l'efficacité et les garanties de la procédure pénale*)[22]. Essa lei surgiu em resposta aos atentados terroristas ocorridos em Paris em 2015 e 2016 e ampliou os poderes de vigilância do Estado francês em relação à interceptação de comunicações e acesso a dados (SEVERSON, 2016, p. 2-3).

A questão da possibilidade técnica de fornecimento de dados na forma legível e a subsequente necessidade de que aplicações alterem seus sistemas para viabilizar esse acesso é algo que vinha sendo debatido pelo governo francês na segunda parte da década de 2010 (ACHARYA

---

21 Tradução própria. No original, em francês: "Art. 434-15-2: Est puni de trois ans d'emprisonnement et de 270 000 € d'amende le fait, pour quiconque ayant connaissance de la convention secrète de déchiffrement d'un moyen de cryptologie susceptible d'avoir été utilisé pour préparer, faciliter ou commettre un crime ou un délit, de refuser de remettre ladite convention aux autorités judiciaires ou de la mettre en œuvre, sur les réquisitions de ces autorités délivrées en application des titres II et III du livre Ier du code de procédure pénale.
Si le refus est opposé alors que la remise ou la mise en œuvre de la convention aurait permis d'éviter la commission d'un crime ou d'un délit ou d'en limiter les effets, la peine est portée à cinq ans d'emprisonnement et à 450 000 € d'amende". Código Penal Francês. Disponível em: <https://www.legifrance.gouv.fr/affichCodeArticle.do?idArticle=LEGIARTI000006418646&cidTexte=LEGITEXT000006070719>. Acesso em: 31 de março de 2021.

22 Loi 2016-731 du 3 juin 2016 renforçant la lutte contre le crime organisé, le terrorisme et leur financement, et améliorant l'efficacité et les garanties de la procédure pénale. Disponível em: <https://www.legifrance.gouv.fr/affichTexte.do?cidTexte=JORFTEXT000032627231&categorieLien=id>. Acesso em: 31 de março de 2021.

et al., 2017a). Nas eleições de 2017, a preocupação com o uso de aplicativos de comunicação criptografados por terroristas foi uma das bandeiras levantadas pelo então candidato Emmanuel Macron[23]. Desde sua eleição, no entanto, não houve qualquer movimentação legislativa mais incisiva diante da questão no país.

Outro país que se encaixa nesta vertente é a **Austrália**. No final de 2018, o país promulgou o *Telecommunications and Other Legislation Amendment (Assistance and Access* – AA Act), que estabeleceu obrigações específicas a provedores de comunicação em relação ao fornecimento de dados e informações a autoridades de investigação e agências de inteligência.

Três instrumentos são dignos de nota em relação à criptografia: *technical assistance requests*, *technical assistance notices* e *technical capability notices*. Os três instrumentos consistem em notificações oficiais direcionadas a provedores de aplicações para que eles prestem assistência técnica às autoridades, fornecendo informações técnicas, viabilizando o acesso aos dispositivos e aos dados neles armazenados, dentre outras coisas (SHEARING, 2019).

Technical assistance requests são solicitações de assistência voluntária: não há nenhum tipo de sanção caso o provedor de comunicação se recuse a cumpri-las[24]. O cumprimento das *Technical assistance notices*, por sua vez, é obrigatório[25]. Estas consistem em notificações que exigem que os provedores assistam às autoridades na medida em que suas capacidades técnicas permitam. Por exemplo: se um provedor de serviços de armazenamento em nuvem armazena os arquivos de seus usuários na forma legível, ele pode ser obrigado a fornecer esses arquivos às autoridades. Caso a nuvem seja cifrada, a notificação não se aplicaria (Idem).

---

23 SEIBT, Sébastian. French candidate Macron targets encryption in fight against terrorism. *France 24* (12-4-2017). Disponível em: <https://www.france24.com/en/20170412-candidate-macron-encryption-fight-terror-whatsapp-telegram>. Acesso em: 31 de março de 2021.

24 Telecommunications and Other Legislation Amendment (Assistance and Access). Division 2 – Voluntary Technical Assistance. Arts. 317G-317K.

25 Telecommunications and Other Legislation Amendment (Assistance and Access). Division 3 – Technical Assistance Notices. Arts. 317L-317RA.

Por fim, as *technical capability notices*, diretamente baseadas no instrumento homônimo presente no ordenamento jurídico inglês, consistem em notificações oficiais que podem ser utilizadas para solicitar que empresas que utilizam sistemas criptográficos em seus serviços de comunicação alterem-nos de forma a viabilizar o acesso ao seu conteúdo na forma legível por autoridades de investigação[26].

O AA Act, quando ainda era debatido como projeto de lei, foi alvo de inúmeras críticas em relação a essa última forma de notificação: entendia-se, naquele momento, que o texto da lei era amplo o suficiente para ser interpretado no sentido de impor mecanismos de acesso excepcional em sistemas criptográficos[27]. O texto aprovado da lei, no entanto, incluiu um artigo que estabelece explicitamente que as *technical capabilities notices* não podem ser utilizadas para obrigar um provedor de aplicação a enfraquecer ou implementar quaisquer vulnerabilidades em seus sistemas[28]. No entanto, a lei é bastante recente e a real

---

26 Telecommunications and Other Legislation Amendment (Assistance and Access). Division 4 – Technical Capabilities Notices. Arts. 317S-317ZAA.

27 Cf. O'BRIEN, Danny. In the New Fight for Online Privacy and Security, Australia Falls: What Happens Next? *Electronic Frontier Foundation* (6-12-2018). Disponível em: <https://www.eff.org/pt-br/deeplinks/2018/12/new-fight-online-privacy-and-security-australia-falls-what-happens-next>; KARP, Paul. Australia's war on encryption: the sweeping new powers rushed into law. *The Guardian* (7-12-2018). Disponível em: <https://www.theguardian.com/technology/2018/dec/08/australias-war-on-encryption-the-sweeping-new-powers-rushed-into-law>; WHITE, Nathan. What (we think) you should know about Australia's new encryption bill. *Access Now* (16-8-2018). Disponível em: <https://www.accessnow.org/what-we-think-you-should-know-about-australias-new-encryption-bill/>. Acesso em: 31 de março de 2021.

28 Art. 317ZG. Designated communications provider must not be requested or required to implement or build a systemic weakness or systemic vulnerability etc. (1) A technical assistance request, technical assistance notice or technical capability notice must not have the effect of: (a) requesting or requiring a designated communications provider to implement or build a systemic weakness, or a systemic vulnerability, into a form of electronic protection; or (b) preventing a designated communications provider from rectifying a systemic weakness, or a systemic vulnerability, in a form of electronic protection.
Interessante apontar que o Department of Home Affairs do Governo Australiano criou uma espécie de "FAQ" sobre o AA Act para sanar dúvidas acerca das *technical capabilities notices e backdoors*. Cf. Assistance and Access: Common Myths and Misconceptions. Disponível em: <https://www.homeaffairs.gov.au/about-us/our-

extensão do alcance desta modalidade de notificação ainda está para ser visto na prática.

5.1.3.3. Fornecimento de dados biométricos para acesso a sistema computacional

Após se deparar com diversos casos envolvendo apreensão de celulares bloqueados por biometria, o que suscitou diversas incertezas jurídicas acerca de como proceder no acesso ao seu conteúdo, a **Noruega** alterou o seu Código de Processo Penal em 2017 de forma bastante direcionada. A Seção 199-A do Código passou a dispor o seguinte:

> Sec. 199-A. Ao realizar uma busca em um sistema de processamento de dados, a polícia pode ordenar que todos que estejam lidando com o referido sistema forneçam as informações necessárias para obter acesso ao sistema ou para abri-lo por meio do uso de autenticação biométrica.
>
> Caso alguém se recuse a cumprir uma ordem de autenticação biométrica como mencionado no primeiro parágrafo, a polícia pode realizar a autenticação pela força.
>
> A permissão para usar a força de acordo com o segundo parágrafo é dada pela autoridade de acusação. Se o atraso implicar um risco de que a investigação seja prejudicada, a permissão poderá ser dada pela polícia no local. A decisão da polícia deve ser submetida à procuradoria[29].

Trata-se de uma forma de obrigação específica de assistência que busca responder aos questionamentos colocados no item 4.1.3.3 *supra,*

---

portfolios/national-security/lawful-access-telecommunications/myths-assistance-access-act>. Acesso em: 31 de março de 2021.

29 Tradução própria da versão em inglês produzida por Ingvild Bruce (2017, p. 28): "Sec. 199-A. When conducting a search of a data-processing system the police may order everyone who is dealing with the said system to provide the information necessary for gaining access to the system or to open it by use of biometric authentication.
Should anyone refuse to comply with an order of biometric authentication as mentioned in the first paragraph, the police may perform the authentication by force.
Permission to use force according to the second paragraph is given by the prosecuting authority. If delay entails a risk that the investigation will be impaired, permission may be given by the police on the spot. The decision by the police shall be submitted to the prosecuting authority".

acerca do fornecimento dos meios para decriptação e sua compatibilização com o direito a não autoincriminação. Aqui, o legislador optou por incluir explicitamente no texto a obrigação do fornecimento de autenticação biométrica para acesso ao conteúdo bloqueado, acrescendo isso às "informações necessárias para acesso ao sistema". Em uma primeira leitura, essa inclusão pode parecer redundante, mas é algo necessário na medida em que a autenticação biométrica envolve a realização de um ato físico do indivíduo com acesso ao sistema (*e.g.*, inserção da digital, escaneamento da íris etc.), e não apenas o fornecimento de uma informação que pode ser inserida por terceiros (*e.g.*, senha, PIN).

Houve discussões acerca da compatibilidade do dispositivo com o direito à não autoincriminação, que também está presente no ordenamento norueguês. No entanto, a avaliação da compatibilidade se baseou no que se estabeleceu no já mencionado caso Saunders *vs.* The United Kingdom, da Corte Europeia de Direitos Humanos[30]. O parlamento da Noruega entendeu que a autenticação biométrica forçada não entraria em conflito com a não autoincriminação, porque envolve o fornecimento de uma característica física do indivíduo que existe independentemente da sua vontade, e por isso não forçaria o suspeito a escolher entre mentir ou incriminar-se a si mesmo (BRUCE, 2017, p. 29).

Ao utilizar a expressão "sistema de processamento de dados" para referir-se ao que se pretende acessar, a norma é suficientemente ampla para abarcar dados contidos em dispositivos eletrônicos (hardware) e em aplicações (software) (Idem, p. 28). Nesse sentido, a autenticação pode ser solicitada tanto para desbloqueio de *smartphones* e computadores quanto para acesso a contas de e-mail ou de serviços de armazenamento em nuvem, por exemplo. Além disso, a expressão "autenticação biométrica" é um termo amplo o suficiente para abarcar quaisquer formas de fornecimento de dados biométricos que sejam necessários para o acesso ao sistema existente ou que possam surgir.

Dois outros pontos também são dignos de nota: o primeiro é que a obrigação pode se estender a qualquer pessoa que tenha acesso ao siste-

---

30 Cf. 4.1.3.3 *supra*.

ma, não apenas o investigado; e o segundo é que, em harmonia com os demais dispositivos do Código de Processo Penal Norueguês (especificamente Seções 197 e 198), a obrigação do fornecimento dos meios de acesso ao sistema depende de ordem judicial anterior que a autorize[31].

Talvez o aspecto mais controverso da norma trata da possibilidade do uso de força para obtenção da informação ou autenticação biométrica. O CPP Norueguês estabelece que qualquer medida coercitiva só deve ser utilizada como *ultima ratio*, quando estritamente necessário e proporcional, e avaliando cada caso concretamente[32]. A ideia de necessidade e proporcionalidade, no entanto, é tratada de forma vaga demais pelo código, o que pode abrir espaço para abusos[33].

De forma geral, o modelo norueguês apresenta alguns elementos interessantes para uma saída interessante à questão do acesso a dados armazenados criptografados: não impõe nenhum tipo de fragilização geral no sistema; estabelece de forma específica o que deve ser fornecido (autenticação biométrica/informações para acesso ao sistema); exclui explicitamente do escopo de aplicação aqueles que não possuem acesso

---

31 Com duas exceções: a explícita autorização por escrito da parte investigada e, caso a demora da obtenção da ordem judicial apresente algum risco à investigação. "Section 197. Without the written consent of the person concerned, a search pursuant to sections 192, 194 and 195 may only be made pursuant to a court decision. If delay entails any risk, the decision may be made by the prosecuting authority. In the event of a search of editorial offices or the like, the decision shall be made by the public prosecutor, and only if it is probable that the investigation will be substantially impaired by waiting for a court decision. Any decision pursuant to the first or second paragraph shall as far as possible be in writing and specify the nature of the case, the purpose of the search, and what it shall include. An oral decision shall be reduced to writing as soon as possible." Código de Processo Penal Norueguês, atualizado até 21 de junho de 2013. Versão de Ronald Walford e Einar Høgetveit, disponibilizada pelo Escritório das Nações Unidas sobre Drogas e Crime (UNODC). Disponível em: <https://www.unodc.org/res/cld/document/nor/2006/the_criminal_procedure_act_html/The_Criminal_Procedure_Act.pdf>. Acesso em: 31 de março de 2021.

32 "Section 170 a. A coercive measure may be used only when there is sufficient reason to do so. The coercive measure may not be used when it would be a disproportionate intervention in view of the nature of the case and other circumstances." Ibidem.

33 ELECTRONIC FRONTIER NORWAY. Norway introduces forced biometric authentication. *EDRI* (26-7-2017). Disponível em: <https://edri.org/norway-introduces-forced-biometric-authentication/>. Acesso em: 31 de março de 2021.

ao sistema investigado (*e.g.*, exclui provedores de serviços de comunicação com criptografia ponta a ponta).

No entanto, sua viabilização em consonância com direitos fundamentais e o devido processo legal depende necessariamente do estabelecimento de requisitos restritivos para concessão da ordem judicial que autorize o ato, como a limitação dos tipos de crime que podem ensejar a obrigação de assistência; e a indicação, da forma mais detalhada possível, dos conteúdos que serão acessados dentro do sistema – evitando a devassa geral dos dados do investigado.

5.1.4. Estímulo à criptografia

Alguns países optaram por uma abordagem distinta dos modelos regulatórios discutidos até agora: ao invés de impor restrições ao desenvolvimento, oferecimento e uso de mecanismos criptográficos, esses países reforçaram sua importância para o exercício de direitos fundamentais, estimulando a sua adoção. Esse estímulo geralmente não se traduz na forma de norma jurídica, mas sim de políticas públicas. Dois países, com abordagens distintas, destacam-se na adoção deste modelo.

O primeiro é a **Holanda**, país que se manifestou de forma incisiva contra qualquer tipo de imposição de vulnerabilidades/mecanismos de acesso excepcional em sistemas de segurança[34]. Em 2016, o Ministério de Justiça e Segurança, ao lado do Gabinete Holandês (braço principal do Poder Executivo da Holanda), publicou uma nota oficial posicionando-se contra a restrição de mecanismos criptográficos e declarando que não tomaria nenhuma medida restritiva à implementação ou desenvolvimento destes mecanismos[35]. O Ministério citou a essencialidade da criptografia para a segurança e a privacidade dos usuários e para o

---

34 Dutch government says no to "encryption backdoors". *BBC* (7-1-2016). Disponível em: <https://www.bbc.com/news/technology-35251429>. Acesso em: 31 de março de 2021.

35 Nota do Ministério da Justiça e Segurança/Gabinete Holandês traduzida para o inglês disponível em: <https://www.enisa.europa.eu/about-enisa/structure-organization/national-liaison-office/news-from-the-member-states/nl-cabinet-position-on-encryption>. Acesso em: 31 de março de 2021.

funcionamento pleno da Internet, e afirmou que o governo holandês estava procurando soluções alternativas para as necessidades das autoridades de investigação.

Além disso, ainda em 2016, o parlamento holandês colocou em prática o posicionamento do país em relação à criptografia ao doar 500.000 euros para o OpenSSL Software Project, um projeto que desenvolve mecanismos de criptografia de forma aberta e gratuita[36].

O segundo país é a **Alemanha**, que vem mantendo o mesmo posicionamento em relação à criptografia desde a década de 1990, com o final das primeiras *Crypto Wars*. Em 1999, o governo alemão divulgou os "5 pontos da política alemã de criptografia" (*Eckpunkte der deutschen Kryptopolitik*), um conjunto de objetivos que visavam orientar o desenvolvimento de políticas públicas envolvendo criptografia no país (HERPIG, HEUMANN, 2019):

1. Não haverá nenhum tipo de proibição ou limitação de produtos de criptografia;
2. Os produtos de criptografia deverão ser testados quanto à sua segurança, a fim de aumentar a confiança dos usuários em relação a eles;
3. O desenvolvimento de produtos de criptografia por fabricantes alemães é essencial para a segurança do país e para garantir às empresas alemãs a capacidade de competir internacionalmente. Por isso seu desenvolvimento deve ser estimulado;
4. As autoridades de investigação criminal e de segurança pública não devem ser enfraquecidas pelo uso generalizado da criptografia. Para isso, o desenvolvimento de competências técnicas adicionais para essas autoridades deve ser estimulado;
5. A cooperação internacional em questões de criptografia, tais como padrões abertos e interoperabilidade, é essencial e deve ser fomentada multilateralmente.

---

36 MCCARTHY, Kieren. Dutch govt says no to backdoors, slides $540k into OpenSSL without breaking eye contact. *The Register* (4-1-2016). Disponível em: <https://www.theregister.com/2016/01/04/dutch_government_says_no_to_backdoors/>. Acesso em: 31 de março de 2021.

A retomada do debate sobre regulação da criptografia nos anos 2010 não abalou o posicionamento do país, com o Ministério do Interior manifestando-se abertamente em favor da criptografia forte e reforçando, em 2015, a existência e validade das orientações adotadas pelo país 16 anos antes[37]. Esse posicionamento foi formalizado com a publicação da Estratégia de Cibersegurança para a Alemanha, em 2016[38].

É importante notar que a opção pelo estímulo à criptografia não significa que esses países simplesmente fecharam os olhos para o debate "going dark". Ao contrário: a Alemanha, por exemplo, fez valer o ponto 4 de sua política de criptografia: para atender os anseios das autoridades de investigação, capacitou suas agências e reformou parte de seu sistema processual penal, de forma a regulamentar outros mecanismos de investigação no ambiente digital que não implicam a restrição da criptografia, como o "hacking governamental"[39].

O restante deste capítulo será inteiramente dedicado à análise desses mecanismos alternativos.

---

37 MONROY, Matthias. Bundesinnenministerium: "Eckpunkte der deutschen Kryptopolitik" von 1999 haben immer noch Bestand. *Netzpolitik* (17-6-2015). Disponível em: <https://netzpolitik.org/2015/bundesinnenministerium-eckpunkte-der-deutschen-kryptopolitik-von-1999-haben-immer-noch-bestand/>. Acesso em: 31 de março de 2021.

38 Cf. BUNDESMINISTERIUM DES INNERN. Cyber-Sicherheitsstrategie für Deutschland 2016. Disponível em: <https://www.bmi.bund.de/SharedDocs/downloads/DE/publikationen/themen/it-digitalpolitik/cybersicherheitsstrategie-2016.pdf?__blob=publicationFile&v=3>. Acesso em: 31 de março de 2021.

39 Essa abordagem foi inicialmente estabelecida na Estratégia de Cibersegurança para a Alemanha em 2016, e foi posteriormente incorporada no ordenamento jurídico alemão por meio de uma reforma no Código de Processo Penal em agosto de 2017. Na Estratégia, estabelece-se explicitamente que: "(...) die deutschen Strafverfolgungs- und Sicherheitsbehör sind den unter strengen gesetzlichen Voraussetzungen befugt, ver schlüsselte Kommunikation zu entschlüsseln oder zu um gehen, wenn dies im Einzelfall zur Erfüllung ihres gesetz lichen Auftrages notwendig ist. (...) die technischen Fähigkeiten der Strafverfolgungs- und Sicherheitsbehörden zur Entschlüsselung parallel zu den technischen Entwicklungen in Sachen Verschlüsselungen stetig fortentwickelt werden. Sicherheitsbehörden zur Entschlüsselung parallel zu den technischen Entwicklungen in Sachen Verschlüsselungen stetig fortentwickelt werden".

5.2. A "era do ouro da vigilância": formas alternativas de investigação

Em oposição à restrição jurídica da criptografia, estudiosos e especialistas apontam que o desenvolvimento tecnológico e o uso generalizado de mecanismos de geração e coleta de dados apresentam diversas alternativas às autoridades, sem a necessidade de comprometimento dos sistemas criptográficos.

Criticando o uso da expressão "going dark" pra descrever as dificuldades da investigação no século XXI, Swire e Ahmed (2012, p. 463) vão além e sugerem que a existência dessas fontes alternativas de informação teriam o potencial tão grande de aprimoramento das atividades de investigação que poderíamos estar vivendo em uma "era de ouro de vigilância", mesmo no contexto da disseminação da criptografia forte por padrão.

Neste item, analisarei as alternativas sugeridas com mais frequência no debate, que são: (i) o acesso a dados armazenados em serviços em nuvem; (ii) a análise dos metadados de comunicações; e (iii) a análise de dados e metadados gerados no contexto da Internet das coisas (IoT). Como veremos a seguir, cada uma delas apresenta vantagens e problemas para as autoridades. Diversas questões devem ser enfrentadas com cautela para que essas alternativas de fato representem opções eficientes e menos danosas à restrição da criptografia.

Para definir as três categorias analisadas, utilizei como fonte principal 12 relatórios de pesquisa e *policy papers* cujo tópico principal é o debate contemporâneo sobre regulação da criptografia (ABELSON et al., 2015; BERKMAN KLEIN CENTER, 2016; NASEM, 2018; GILL et al., 2018; SCHULZ, Van HOBOKEN, 2016; KUEHN, MCCONNELL, 2018; LEWIS et al., 2017; CASTRO, MCQUINN, 2016; DUAN et al., 2018; CARNEGIE, 2019; PFEFFERKORN, 2017; SOESANTO, 2018), além das falas apresentadas na audiência pública sobre bloqueios de aplicativos no STF.

Por fim, vale fazer uma ressalva em relação a uma quarta alternativa sugerida em grande parte destes trabalhos: o chamado "hacking governamental". Trata-se do mecanismo alternativo de investigação que julgo mais complexo e relevante para este debate, por isso ele será analisado individualmente em outro item (5.3).

5.2.1. *Backup* de dados e armazenamento em nuvem: outras fontes, mesmo conteúdo

Como já mencionei, o debate contemporâneo sobre regulação da criptografia se debruça em duas preocupações: a impossibilidade de interceptação de dados em trânsito, por causa de mecanismos de criptografia ponta a ponta; e a impossibilidade de acesso a dados armazenados em dispositivos, por causa da criptografia forte implementada por padrão em sistemas operacionais. Em grande parte dos casos, no entanto, pode haver uma terceira via para acessar esses mesmos conteúdos: o *backup* de dados em serviços de armazenamento em nuvem (*cloud storage*).

Atualmente, serviços de armazenamento em nuvem são populares tanto entre usuários particulares quanto entre empresas. Dentre os maiores provedores temos o Google Drive, com mais de 800 milhões de usuários ativos[40], o iCloud, da Apple, com mais de 780 milhões de usuários[41] e o Dropbox, com 600 milhões[42].

De forma simplificada, esses serviços permitem que usuários transfiram arquivos de seus computadores pessoais para servidores externos, gerenciados e operacionalizados por provedores como Amazon ou Google. O enorme conjunto de servidores administrados por essas empresas é genericamente chamado de "nuvem". Esse serviço fornece três diferenciais ao usuário: (i) o primeiro é a possibilidade de armazenamento de arquivos sem que eles ocupem espaço no

---

40 Dados de 2017, cf. LARDINOIS, Frederic. Google updates Drive with a focus on its business users. *TechCrunch* (9-3-2017). Disponível em: <https://techcrunch.com/2017/03/09/google-drive-now-has-800m-users-and-gets-a-big-update-for-the-enterprise/>. Acesso em: 31 de março de 2021.

41 Dados de 2016, cf. Apple Music passes 11M subscribers as iCloud hits 782M users. *Apple Insider* (12-2-2016). Disponível em: <https://appleinsider.com/articles/16/02/12/apple-music-passes-11m-subscribers-as-icloud-hits-782m-users>. Acesso em: 31 de março de 2021.

42 Dados de 2019, cf. KOVAR, Joseph. Dropbox: New Products, Integration Will Help Drive Higher Productivity, Free Cash Flow In 2020. *CRN* (21-2-2020). Disponível em: <https://www.crn.com/news/storage/dropbox-new-products-integration-will-help-drive-higher-productivity-free-cash-flow-in-2020>. Acesso em: 31 de março de 2021.

disco rígido do computador, o que viabiliza a gestão de grandes quantidades de dados[43]; (ii) o segundo é a acessibilidade aos dados; bastam as credenciais (login e senha) e acesso à internet para que os arquivos armazenados na nuvem sejam acessíveis em qualquer dispositivo. Além disso, muitos desses serviços permitem que usuários compartilhem arquivos entre si; (iii) por fim, o terceiro e talvez mais importante diferencial desses serviços é sua função de *backup* de dados.

A realização periódica de *backups* (criação de cópias digitais da totalidade do conteúdo de determinado disco) é essencial para garantir a recuperação de dados comprometidos devido a falhas no disco rígido, infeção por *malware* ou perda do dispositivo. No passado, a cópia dos dados era gravada em disquetes ou CDs. Hoje em dia, costuma-se fazê-las em HDs externos e, principalmente, na nuvem. A vantagem desta última é a maior segurança em relação a disponibilidade dos dados: HDs externos podem ser destruídos, roubados ou perdidos; na nuvem, os dados estarão sempre disponíveis[44].

Outra funcionalidade de destaque oferecida por esses serviços é o *backup* em tempo real: no instante em que um arquivo é criado no dispositivo, realiza-se o *upload* de uma cópia para a pasta na nuvem. Não é necessário, portanto, fazer *backups* periódicos. É muito comum que provedores de sistemas operacionais ofereceram a modalidade gratuita da nuvem logo na configuração inicial de um novo dispositivo – o iCloud em aparelhos da Apple, Google Drive em *smartphones* com Android e em Chromebooks e OneDrive no Windows[45].

---

43 Serviços como o Google Drive oferecem armazenamento de 15GB na modalidade gratuita e chegam a 10 TB na mais cara modalidade *premium* – espaço muito superior ao disco rígido da vasta maioria dos notebooks à venda. Cf. <https://onedrive.live.com/about/pt-BR/plans/>. Acesso em: 31 de março de 2021.

44 A não ser, claro, que haja algum tipo de destruição ou apagamento de dados em massa nos *data centers* dos provedores do serviço, algo bastante improvável.

45 Seria incorreto afirmar que esses serviços oferecem a nuvem "por padrão", uma vez que há a necessidade de cadastro e ativação dela pelo usuário. No entanto, faz parte do modelo de negócio desses serviços estimular sua adoção em massa, seja por meio do uso dos dados dos usuários ou convencendo-os a assinar pacotes *premium*. Cf. <https://www.computerworld.com/article/2882210/warning-apple-wants-to-get-you-hooked-on-icloud.html>. Acesso em: 31 de março de 2021.

No debate sobre regulação da criptografia, alguns trabalhos sugerem que esse sistema poderia oferecer às autoridades um jeito de acessar, na forma legível, dados que estão criptografados nos aparelhos dos investigados, solicitando-os, na forma da lei, diretamente aos provedores do serviço em nuvem. Centrando esforços nessa hipótese, não haveria a necessidade de nenhum tipo de enfraquecimento do sistema criptográfico (DUAN et al., 2018, p. 7; NASEM, 2018, p. 71; KUEHN, MCCONNEL, 2018, p. 32; GILL et al., 2018, p. 14 e 100; CARNEGIE, 2019, p. 18; BERKMAN KLEIN CENTER, 2016, p. 12-14; SWIRE, 2012). Não houve, no entanto, menção ao mecanismo na audiência pública sobre bloqueio de aplicativos no Brasil – por mais que o *backup* de dados de *smartphones* inclua, naturalmente, cópia das conversas realizadas via WhatsApp.

A seguir, explorarei as vantagens e os problemas do acesso aos dados armazenados na nuvem como fonte alternativa de dados para investigações criminais.

5.2.1.1. Vantagens: dados na forma legível

A grande vantagem da nuvem é que, na vasta maioria dos casos, os provedores do serviço são capazes de acessar os conteúdos armazenados na forma legível. Isso não quer dizer que os dados são imprudentemente armazenados na forma legível ou que o seu sistema de segurança é frágil[46]. Além da necessidade de fornecimento de credenciais como login e senha, via de regra, os provedores desses serviços implementam mecanismos de criptografia forte tanto na transmissão dos dados (do dispositivo pessoal aos servidores externos e vice-versa, geralmente via SSL), quanto no armazenamento dos dados nos servidores (AES 128-bit no iCloud e Google Drive e AES 256-bit no Dropbox)[47]. No entanto, a

---

46 Obviamente, esses sistemas são sim mais frágeis do que aqueles em que não há guarda da cópia das chaves pelos provedores.

47 WINDER, David. Cloud storage: How secure are Dropbox, OneDrive, Google Drive and iCloud? *ITPro* (14-2-2020). Disponível em: <https://www.itpro.co.uk/cloud-security/34663/cloud-storage-how-secure-are-dropbox-onedrive-google-drive-and-icloud>. Acesso em: 31 de março de 2021.

maior parte desses provedores guarda para si uma cópia da chave criptográfica, viabilizando que seus sistemas acessem e processem os arquivos dos usuários na forma legível (ZHANG, 2018).

Isso ocorre por três motivos principais. Em primeiro lugar, garante-se alguns benefícios aos usuários, como a possibilidade de recuperação das chaves, caso eles esqueçam seu login e senha ou tenham suas contas invadidas por terceiros. Não havendo a guarda da cópia das chaves, o conteúdo se perderia para sempre (VANDENBERG, 2017, p. 546). Além disso, o acesso e processamento dos dados pelo sistema são necessários para oferecer ao usuário mecanismos de indexação e busca de dados em suas plataformas, tanto na busca de arquivos quanto de conteúdos de arquivos (ZHANG, 2018; BERKMAN KLEIN CENTER, 2016, p. 11).

Em segundo lugar, o acesso aos dados na forma legível é necessário para garantir a segurança e a estabilidade dos servidores da nuvem, além de certificar que os materiais lá armazenados são lícitos. Nesse sentido, são realizados escaneamentos para identificação de malware, pornografia infantil, material que viole direitos autorais, dentre outros (JOHNSON, 2017, p. 874).

Por fim, em terceiro lugar, o próprio modelo de negócio das plataformas de serviços em nuvem gera desincentivos à implementação de mecanismos que as impeçam de acessar os conteúdos nelas armazenados. Principalmente no caso de plataformas que o fornecem de forma gratuita, o acesso aos dados é essencial para monetização do serviço: o tratamento dos dados dos usuários é realizado para o direcionamento de propagandas (BERKMAN KLEIN CENTER, 2016, p. 10; VANDENBERG, 2017, p. 546).

Nesse cenário, a nuvem pode oferecer às autoridades exatamente o mesmo conteúdo que está inacessível em sistemas criptográficos sem que haja restrição da criptografia.

5.2.1.2. Problemas: o futuro da nuvem e questões de jurisdição

Por causa do potencial invasivo do acesso aos dados na nuvem, são necessários robustos mecanismos jurídicos que viabilizem sua obtenção de forma equilibrada com a proteção à privacidade e o devido processo legal[48].

Além disso, é possível que, futuramente, os provedores alterem seus sistemas de segurança de forma que eles não possuam mais acesso aos dados dos usuários na forma legível. O cenário pode mudar devido a incentivos regulatórios advindos de recentes legislações de proteção de dados, como a GDPR na União Europeia e a LGPD no Brasil, que impõem pesadas sanções às empresas no caso de vazamento de dados (VANDENBERG, 2017, p. 547).

Vazamentos de dados e outros problemas de segurança de serviços de armazenamento em nuvem estão frequentemente sob os holofotes. Fotos íntimas de celebridades foram vazadas do iCloud e compartilhadas na internet em 2014[49]; login e senha de 68 milhões de usuários do Dropbox vazaram em 2012[50]; credenciais de 5 milhões de usuários do Gmail – email vinculado ao Google Drive – vazaram em fóruns de discussão russos em 2014[51]. As recentes regulações, ao lado do crescente número de usuários e empresas que dependem desses serviços, podem estimular mudanças em suas políticas de segurança no futuro. Alguns provedores menos populares, como o Mega e o SpiderOak, oferecem o serviço de nuvem criptografada sem a guarda da cópia das chaves (ZHANG, 2018).

---

48 Esse genérico parágrafo inicial será repetido incessantemente na análise de todos os mecanismos alternativos de investigação deste capítulo. Todas essas medidas são incrivelmente invasivas e precisam observar os direitos fundamentais e o devido processo legal. A diferença delas e da restrição da criptografia é que nesta última há uma imposição legal de enfraquecimento dos sistemas, enquanto aquela busca viabilizar a exploração de informações já disponíveis no ecossistema digital, sem qualquer tipo de restrição jurídica.

49 ARTHUR, Charles. Naked celebrity hack: security experts focus on iCloud backup theory. *The Guardian* (1º-9-2014). Disponível em: <https://www.theguardian.com/technology/2014/sep/01/naked-celebrity-hack-icloud-backup-jennifer-lawrence>. Acesso em: 31 de março de 2021.

50 GIBBS, Samuel. Dropbox hack leads to leaking of 68m user passwords on the internet. *The Guardian* (31-8-2016). Disponível em: <https://www.theguardian.com/technology/2016/aug/31/dropbox-hack-passwords-68m-data-breach>. Acesso em: 31 de março de 2021.

51 RHODAN, Maya. Nearly 5 Million Google Passwords Leaked on Russian Site. *Time Magazine* (10-9-2014). Disponível em: <https://time.com/3318853/google-user-logins-bitcoin/>. Acesso em: 31 de março de 2021.

Além disso, há a questão da requisição de dados a provedores localizados fora do país onde ocorre a investigação. Isso é algo recorrente, uma vez que grandes provedores de serviços em nuvem possuem *data centers* distribuídos ao redor do mundo. A criação de efetivos vínculos de colaboração entre autoridades de investigação e essas empresas, além do aprimoramento de mecanismos de cooperação internacional em matérias criminais, como os MLATs, é essencial para garantir a eficácia da investigação na nuvem[52].

5.2.2. Metadados: Mesmas fontes, outro conteúdo

Por mais que sistemas de criptografia forte impossibilitem o acesso ao conteúdo do que está sendo comunicado ou armazenado, isso não implica a inacessibilidade de todo e qualquer tipo de informação referente aos dados cifrados. Nessa categoria, encontram-se os chamados metadados.

Metadados são geralmente definidos como "dados sobre dados", informações descritivas sobre arquivos digitais ou ações realizadas no ambiente virtual. Tratam-se de todas as informações sobre determinado(s) dado(s) que não sejam o seu conteúdo em si (SINGER, FRIEDMAN, 2014, p. 297). Tomemos como exemplo uma ligação telefônica: o seu conteúdo é a própria conversa – o diálogo travado entre as pontas da comunicação; os metadados, por sua vez, são informações como o número do telefone do emissor, o número do telefone do receptor, a operadora utilizada, a duração da ligação, entre outros[53].

---

52 O tema é muito extenso e complexo, e uma abordagem detalhada dele neste livro seria tematicamente incoerente e temporalmente inviável. Ficam aqui, no entanto, algumas recomendações de leitura para aqueles que quiserem se aprofundar no tema: WALDEN, Ian. Accessing data in the Cloud: The long arm of the Law Enforcement Agent. *Privacy and Security for Cloud Computing*. London: Springer, 2013, p. 45-71; SVANTESSON, Dan Jerker B.; VAN ZWIETEN, Lodewijk. Law enforcement access to evidence via direct contact with cloud providers: identifying the contours of a solution. *Computer Law & Security Review*, v. 32, n. 5, p. 671-682, 2016; e SVANTESSON, Dan; GERRY, Felicity. Access to extraterritorial evidence: The Microsoft cloud case and beyond. *Computer Law & Security Review*, v. 31, n. 4, p. 478-489, 2015.

53 Cf. What Are Call Detail Records (CDRs)? Onsip. Disponível em: <https://www.onsip.com/voip-resources/voip-fundamentals/what-are-call-detail-records-cdrs>. Acesso em: 31 de março de 2021.

Esses "rastros" deixados pela comunicação telefônica têm o potencial de serem particularmente relevantes para autoridades de investigação. Ainda que não apresentem especificamente o *que* foi comunicado, os metadados podem auxiliar nas respostas a diversos questionamentos sobre a conversa, como: (i) *quem* são as pontas da comunicação, ao indicar as linhas telefônicas utilizadas e, subsequentemente, seus titulares; (ii) *quando* a ligação foi realizada, por meio de data e hora; e (iii) *onde* a ligação foi realizada, pela localização da linha física, ou pela localização das antenas de telefonia no caso da comunicação via telefone celular (NASEM, 2018, p. 45). Por mais que esses dados por si só não resolvam com 100% de precisão cada um dos questionamentos, eles não deixam de ser informações relevantes para a investigação criminal.

Outra vantagem é que, ao contrário do conteúdo da conversa telefônica em si, que é instantânea e passageira, os metadados são facilmente registráveis e armazenáveis, além de gerenciados por um pequeno número de atores, os provedores de telefonia. Em muitas jurisdições, inclusive no Brasil, há diversas obrigações legais de guarda de determinados tipos de metadados por esses provedores, o que contribui também para sua disponibilidade às autoridades de investigação[54].

Na esfera digital, a quantidade de metadados gerada é mais vasta do que na comunicação telefônica. Eles não se restringem aos dados sobre comunicações entre usuários via Internet, incluindo também informações sobre arquivos armazenados e compartilhados[55], identifica-

---

54 Ver ABREU, ANTONIALLI (2017 p. 10) e item 4.1.3 *supra*.

55 Informações como: tipo de arquivo (foto, vídeo, texto), extensão (.jpg, .png, .mp4, .mkv), data de criação, tamanho (em bytes), privilégios de administrador, entre outros. Vale a pena mencionar um padrão de formato de arquivos (geralmente de foto e vídeo) frequentemente adotado em smartphones e câmeras fotográficas, o *Exif*. Esse padrão permite que diversos metadados sobre as imagens sejam incluídos no arquivo, como marca e modelo da câmera, velocidade do obturador, tipo de exposição, ISO, zoom, número de pixels, data e hora do registro e até mesmo dados de geolocalização. Essas informações são absolutamente relevantes para o fotógrafo profissional, e acabam sendo muito úteis também nas investigações criminais. Cf. COSSETTI, Melissa. O que são dados EXIF de fotos e como encontrá-los ou escondê-los. *Tecnoblog*. Disponível em: <https://tecnoblog.net/259798/o-que-sao-dados-exif-de-fotos-e-como-encontra-los-ou-esconde-los/>;

dores de conexões e dispositivos[56], registro de atividades em aplicações[57], entre outros.

Ao contrário da comunicação telefônica, em que os registros concentram-se basicamente nos provedores de telefonia, na comunicação via Internet metadados podem ser encontrados em diversas fontes, desde no nível da conexão à Internet, como endereços IP, *mac address* e informações sobre transferência de dados via TCP; até no nível das aplicações, como logs de conexão e dados cadastrais de usuários, além de informações sobre comunicações realizadas por meio dessas aplicações, como emissor, destinatário e assunto em mensagens de e-mail. Todas essas informações dispersas, quando tomadas em conjunto, viabilizam uma análise precisa sobre o comportamento e as atividades de usuários para as autoridades de investigação.

No debate sobre regulação da criptografia, a exploração dos metadados das comunicações criptografadas como meio de investigação criminal é sugerida com frequência como uma possível alternativa à restrição do uso de mecanismos criptográficos, ainda que seja pouco explorada. Argumenta-se que a coleta e análise dessas informações seria uma opção eficaz e preferível ao enfraquecimento proposital de sistemas de segurança (ABELSON et al., 105, p. 3; CARNEGIE, 2019, p. 5; GILL et al., 2018, p. 22; LEWIS et al., 2017, p. 35; KUEHN, MCCONNELL, 2018, p. 24; CASTRO, MCQUINN, 2016, p. 25; NASEM, 2018, p. 45, 71; SWIRE, AHMAD, 2012, p. 467).

---

e BARRETO, Alessandro; CASELLI, Guilherme. Exif Metadata – A investigação policial subsidiada por sua extração e análise. *Delegados – Portal Nacional* (26-6-2016). Disponível em: <https://delegados.com.br/noticia/exif-metadata-a-investigacao-policial-subsidiada-por-sua-extracao-e-analise>. Acesso em: 31 de março de 2021.

56 Endereço IP (que identifica a conexão de um dispositivo à Internet), número de porta do TCP (que identifica endereço MAC), entre outros.

57 Aqui entram os já bem conhecidos no direito brasileiro "logs de conexão", "o conjunto de informações referentes à data e hora de início e término de uma conexão à internet, sua duração e o endereço IP utilizado pelo terminal para o envio e recebimento de pacotes de dado", de acordo com o MCI. A depender do nível de precisão que adotarmos para a definição de metadados, aqui podem entrar também todo e qualquer tipo de informação cadastral do usuário na aplicação, que variam desde nome de usuário e login até data de nascimento e outros dados pessoais.

Além disso, os metadados também foram mencionados com frequência na Audiência Pública do STF sobre bloqueio de aplicativos em 2017, em que autoridades da Polícia Federal e do Ministério Público ressaltaram a sua importância na investigação criminal contemporânea[58] e especialistas contrários à imposição de mecanismos de acesso excepcional apontaram-na como a melhor solução a ser buscada de forma a evitar o comprometimento da segurança dos sistemas[59].

---

58 Mais especificamente Ivo Peixinho, perito da PF: "Propõe-se que a empresa **forneça metadados**, que acreditamos que ela disponha, mediante ordem judicial referente a um caso em investigação (...), com a possibilidade talvez de notificar conteúdo relacionado a pornografia infantil, quando forem compartilhados elementos de mídia, como imagens e vídeos" (p. 21-22); e Fernanda Domingos, procuradora da República: "(...) embora o objeto das ações não discuta diretamente criptografia **e fornecimento de conteúdo de metadados**, são questões subjacentes ao descumprimento das ordens judiciais que ensejaram os bloqueios do aplicativo WhatsApp, pois **são relevantes para as investigações de crimes seríssimos**, é preciso lembrar, como tráfico de drogas, de armas e de pessoas, troca de pornografia infantil, preparação de sequestro, de homicídios e de atentados terroristas, dentre outros" (p. 48, grifos meus).

59 Uma grande quantidade de especialistas tocou nesse ponto em específico: Demi Getschko, do Comitê Gestor da Internet no Brasil: "só para avisar que não tem nenhum motivo de pânico, a internet é uma rede de controle. A nossa preocupação é evitar que ela vire um monitoramento geral de todo mundo, o tempo todo. Se há uma barreira a colocar, não é a barreira de menos visibilidade e, sim, a barreira de mais. Quer dizer, impedir que estejamos invadindo adicionalmente a vida do indivíduo. **Os metadados resolvem a maioria dos casos**" (p. 81); Anderson Nascimento, Professor da American University: "eu gostaria de comentar que existe a possibilidade de **metadados**, como foi colocado; geolocalização, se você tem acesso à companhia de telefonia celular, você pode obter as informações de onde aquela pessoa estava, com quem ela estava falando, a lista de contatos, **você pode montar o verdadeiro dossiê digital**" (p. 93); Diego Aranha, professor do IC-UNICAMP: "(...) **modernizar o aparato investigativo para que ele tenha condições de usar técnicas de investigação que sejam menos intrusivas. Já foi citada várias vezes aqui a análise de metadados**, por exemplo, que são de coleta obrigatória, armazenamento obrigatório nos termos do Marco Civil, lembrando que metadados nada dizem sobre o conteúdo das mensagens fotos e vídeos trafegados por esses canais, esses sistemas de comunicação" (p. 140); Marco Antonio Simplício, professor da POLI-USP: "Assim, **as respostas que são muito mais promissoras vão no sentido de obter metadados** e obter dados, memória, que não dependam da criptografia do canal de comunicação" (p. 157); Fabio Maia, da Assespro: "Você é capaz de, através do exame dos metadados de comunicação, construir toda uma hierarquia de relacionamento de uma organização criminosa. (...) É inacreditável a quantidade

Apesar dessas vantagens, a coleta e a análise de metadados gerados pelas atividades online podem causar diversos problemas relacionados à privacidade dos usuários e suscitar questões acerca da capacidade de vigilância do Estado sobre seus cidadãos – algo que as revelações de Edward Snowden mostraram já serem realizadas na prática.

A seguir, explorarei especificamente as vantagens e as desvantagens que a análise de metadados apresenta diante dos questionamentos trazidos no debate sobre regulação da criptografia, com foco na análise dos metadados gerados em comunicações online, e apontarei algumas questões jurídicas que devem ser enfrentadas de forma a viabilizar esse tipo de investigação sem que ela possa gerar abusos.

5.2.2.1. Vantagens: disponibilidade, estruturação e guarda obrigatória (em alguns casos)

Ainda que em sistemas de comunicação criptografados o conteúdo seja inacessível a terceiros, os metadados estão presente na forma legível mesmo nos mais robustos sistemas de criptografia ponta a ponta: informações sobre emissor, destinatário, hora e data da comunicação e até mesmo a localização razoavelmente precisa dos usuários (a partir do endereço IP) não são cifradas na maior parte dos aplicativos populares, como o iMessage e o WhatsApp[60]. Isso é necessário para que o sistema funcione corretamente: o conteúdo da mensagem

---

de informação que você é capaz de coletar de um indivíduo, só observando metadados dele" (p. 184); Ronaldo Lemos, advogado e diretor do ITS-Rio: "Apesar de não ter o conteúdo, **esses metadados são poderosíssimos**. Tanto são poderosos que, depois do caso Snowden, nos Estados Unidos, a própria NSI resolveu diminuir a quantidade de metadados que eles guardavam, porque achavam que estavam exacerbados os limites constitucionais" (p. 244); Marcelo Amarante, pesquisador da UnB: "**A captura de metadados sempre é recomendada** e pode ser estudada caso a caso se seria útil utilizá-la, se seria útil, para a investigação" (p. 275); e Nelson Lago, do IME-USP: "**O poder dos metadados é enorme**. Você consegue obter muita coisa a partir dos metadados. Você sabe quais pessoas se comunicam regularmente, se aquelas pessoas se comunicaram, (...) Você tem um universo de informações que não teria em outras formas de comunicação" (p. 389, grifos meus).

60 Cf. NEWMAN, Lily Hay. Encrypted Messaging Isn't Magic. *Wired* (14-6-2018). Disponível em: <https://www.wired.com/story/encrypted-messaging-isnt-magic/> Acesso em: 31 de março de 2021.

em si é cifrado no aparelho do emissor, encaminhado para os servidores da Apple ou do WhatsApp e redirecionado para o destinatário, que decifra o conteúdo em seu próprio aparelho. Do modo como eles funcionam, o encaminhamento da mensagem não seria possível caso os metadados sobre emissor e destinatário fossem cifrados[61]. Uma vez que os provedores têm acesso a esse conteúdo na forma legível, não haveria a questão da impossibilidade técnica de fornecê-lo às autoridades[62].

Em alguns sentidos, esses metadados podem ser mais elucidativos para as autoridades de investigação do que o próprio conteúdo[63]. Do ponto de vista organizacional e analítico, David Hayes (2017, p. 198-199) indica algumas vantagens específicas, das quais destaco duas:

A primeira, é que metadados são estruturados: referem-se a informações específicas, sem deixar muita margem para interpretação. Os dados podem indicar hora e data de envio de mensagens, localização física razoavelmente precisa de onde as mensagens foram enviadas (endereço IP do receptor e emissor) etc. Nem sempre esse tipo de informação-chave é facilmente abstraída do conteúdo em si. Além disso, a estruturação permite melhor controle e análise dos dados.

A segunda, em relação ao tamanho dos arquivos, é que metadados são mais leves do que o conteúdo, requerendo menor poder computacional para seu processamento. Isso é extremamente vantajoso na análi-

---

61 É importante dizer que existem alguns aplicativos que cifram determinados metadados. O Signal, por exemplo, cifra metadados sobre o emissor da mensagem. Cf. LEE, Micah. Battle of the Secure Messaging Apps: How Signal Beats WhatsApp. *The Intercept* (22-6-2016). Disponível em: <https://theintercept.com/2016/06/22/battle-of-the-secure-messaging-apps-how-signal-beats-whatsapp/>. Acesso em: 31 de março de 2021.

62 Como se verá adiante, ainda que seja tecnicamente possível que os provedores forneçam esses metadados, questões jurídicas surgem acerca da obrigação da guarda dessas informações.

63 Seu poder elucidativo, no entanto, não é ilimitado. Nas palavras de Rozenshtein (2019, p. 1201): "os metadados podem ser suficientes para colocar um suspeito na cena do crime, mas não basta estabelecer que a pessoa realmente puxou o gatilho".

se de grandes conjuntos de dados, possibilitando o mapeamento detalhado das atividades dos investigados[64].

Em relação a sua disponibilidade, uma outra vantagem para as autoridades é que diversos países incluem em seus ordenamentos jurídicos obrigações de guarda de determinados tipos de metadados por provedores de telefonia e de serviços de Internet (conexão e aplicação).

No Brasil, por exemplo, provedores de telefonia fixa e móvel têm a obrigação de reter e manter à disposição de delegados de polícia e do Ministério Público "registros de identificação dos números dos terminais de origem e de destino das ligações telefônicas internacionais, interurbanas e locais" por cinco anos[65]. Provedores de conexão à Internet devem armazenar registros de conexão ("o conjunto de informações referentes à data e hora de início e término de uma conexão à internet, sua duração e o endereço IP utilizado pelo terminal para o envio e recebimento de pacotes de dados", definido no art. 5º, VI, do MCI) por um ano[66]. Provedores de aplicações de Internet, por sua vez, devem manter registros de acesso à aplicação (endereço IP do usuário e data e hora de acesso à aplicação) por seis meses[67].

Por fim, o uso de metadados foi substancial para o sucesso de investigações de grande importância no Brasil e ao redor do mundo. Por aqui, destacam-se os casos do assassinato da juíza Patrícia Acioli, em 2011, em que os investigadores analisaram uma grande quantidade de metadados telefônicos para a identificação de seis Policiais Militares responsáveis

---

64 Como se verá adiante, esse ponto é uma faca de dois gumes, pois foi a facilidade na coleta e na análise de bancos de dados massivos de metadados que viabilizou também o desenvolvimento do arsenal e da vigilância da NSA, revelado por Snowden.

65 Lei n. 12.850/2013 (Lei de Organizações Criminosas), art. 17.

66 MCI, art. 13. Questiona-se, no momento, se haveria também uma obrigação de armazenamento das portas lógicas de acesso. Decisão recente do STJ aponta no sentido da existência dessa obrigação. Cf. Provedor deve fornecer porta lógica para identificar usuário acusado de atividade irregular na internet. *Portal do STJ* (3-12-2019). Disponível em: <http://www.stj.jus.br/sites/portalp/Paginas/Comunicacao/Noticias/Provedor-deve-fornecer-porta-logica-para-identificar-usuario-acusado-de-atividade-irregular-na-internet.aspx>. Acesso em: 31 de março de 2021.

67 MCI, art. 15.

pela comissão do crime[68]; e o assassinato da vereadora Marielle Franco e do motorista Anderson Gomes, em 2018, em que os dados de localização de telefones celulares e históricos de navegação, em conjunto com centenas de outros gigabytes de metadados, foram usados pelas autoridades para encontrar os responsáveis[69].

Metadados vêm se tornando cada vez mais essenciais para autoridades de investigação ao redor do mundo, especialmente com a popularização dos *smartphones* – o que intensificou o volume de solicitações a essas informações a grandes provedores de aplicação[70]. Na Austrália, por exemplo, o departamento do *Attorney General* apresenta relatórios anuais sobre interceptações e acesso a dados por autoridades de investigação. Entre 2016 e 2017, autoridades australianas foram autorizadas a acessar determinados metadados de comunicação 291.353 vezes[71].

5.2.2.2. Problemas: abrangência, vigilância em massa e privacidade

O poder elucidativo dos metadados é também seu maior problema: sua coleta e sua análise em massa suscitam diversas questões sobre pri-

---

68 Cf. Investigação de morte de juíza fecha o cerco sobre policiais acusados de crimes. *Veja* (24-8-2011). Disponível em: <https://veja.abril.com.br/brasil/investigacao-de-morte-de-juiza-fecha-o-cerco-sobre-policiais-acusados-de-crimes/>; e Justiça mantém penas de seis PMs envolvidos na morte de juíza no Rio. *Folha de S. Paulo* (5-10-2016). Disponível em: <https://www1.folha.uol.com.br/cotidiano/2016/10/1820061-justica-mantem-penas-de-seis-pms-envolvidos-na-morte-de-juiza-no-rio.shtml>. Acesso em: 31 de março de 2021.

69 PADRÃO, Marcio. Caso Marielle: como celulares levaram a acusados e por que isso é um avanço. *UOL-Tilt* (13-3-2019). Disponível em: <https://www.uol.com.br/tilt/noticias/redacao/2019/03/13/como-os-celulares-ajudaram-a-achar-o-assassino-de-marielle-franco.htm>. Acesso em: 31 de março de 2021.

70 <https://techcrunch.com/2018/03/18/report-police-are-increasingly-asking-google-for-area-based-user-data-to-solve-crimes/>.

71 A definição estabelecida pelo sistema australiano inclui aqui "subscriber data" e "traffic data": "'subscriber data' (...) includes information identifying the user of a telecommunications service. (...) 'traffic data' (...) include information such as the time, duration, and source of a communication". Cf. AUSTRALIAN GOVERNMENT. DEPARMENT OF HOME AFFAIRS. Telecommunications (Interception and Access) Act of 1979 Annual Report 2018-19, p. 71. Disponível em: <https://www.homeaffairs.gov.au/nat-security/files/telecommunications-interception-access-act-1979-annual-report-18-19.pdf>. Acesso em: 31 de março de 2021.

vacidade e vigilância[72]. Todas as vantagens apresentadas (disponibilidade, estruturação e facilidade de processamento) viabilizam a elaboração de um mapeamento comportamental detalhado dos indivíduos, sem qualquer necessidade de acesso ao conteúdo de comunicações. O desenvolvimento das tecnologias de coleta e análise dessas informações permitem a formação de grandes bancos de dados e até mesmo o desenvolvimento de algoritmos preditivos de comportamentos – metadados são parte fundamental do fenômeno do *big data*[73] (BALKIN, 2018, p. 1156). Nesse cenário, alguns especialistas apontam que eles seriam mais intrusivos que o conteúdo em si, o que suscita a necessidade de mecanismos de proteção para evitar usos abusivos dessas informações (MAYER et al., 2016; GRAY, 2016; MAURUSHAT et al., 2015)[74].

Foi possível conferir na prática o potencial invasivo dos metadados: o programa PRISM da NSA, um dos alvos principais das revelações de Snowden, envolvia a coleta massiva de metadados de comunicações telefônicas e via Internet para realização de atividades de vigilância em

---

72 O tópico é incrivelmente complexo e possui lugar de destaque nos Estudos de Vigilância (*Surveillance Studies*), uma crescente área de pesquisa interdisciplinar que se dedica a "compreender as formas cada vez mais dinâmicas de coleta, armazenamento, transmissão, verificação e utilização de informações como meio de influenciar e gerir pessoas e populações" (LYON, 2002, p. 1). Está fora do escopo deste livro o desenvolvimento de um estudo aprofundado sobre essas questões específicas. Sobre Estudos de Vigilância de forma geral, cf. LYON, David. *Surveillance studies*: An overview. Polity, 2007; e MARX, Gary T. Surveillance studies. *International encyclopedia of the social & behavioral sciences*, v. 23, p. 733-741, 2015. Na América Latina, destaca-se a produção da LAVITS (Rede Latino-Americana de Estudos sobre Vigilância, Tecnologia e Sociedade, em <http://lavits.org>). Sobre a importância dos metadados para vigilância e os problemas que surgem com isso, cf. LYON, David. *Surveillance after Snowden*. New Jersey: John Wiley & Sons, 2015; e SCHNEIDER, Bruce. Metadata= surveillance. *IEEE Security & Privacy*, v. 12, n. 2, 2014, p. 83-84.

73 Tratei sobre *big data* brevemente no item 3.2 *supra*.

74 Susan Landau em entrevista para a revista New Yorker. Cf. MAYER, Jane. What's the Matter with Metadata? *New Yorker* (6-6-2013). Disponível em: <https://www.newyorker.com/news/news-desk/whats-the-matter-with-metadata>; e SCHNEIDER, Bruce. Metadata= surveillance. *IEEE Security & Privacy*, v. 12, n. 2, 2014. Disponível em: <https://ieeexplore.ieee.org/stamp/stamp.jsp?tp=&arnumber=6798571>. Acesso em: 31 de março de 2021.

massa[75]. Em 2004, a Agência possuía uma base de dados com mais de 85 bilhões de registros de metadados, com 125 milhões de novas informações sendo acrescentadas a cada dia[76]. Dando credibilidade a tudo isso, o ex-*General Counsel* da NSA e ex-*Assistant Secretary* do Departamento de Segurança Interna dos EUA (*Department of Homeland Security*) afirmou em 2013 que "Os metadados dizem absolutamente tudo sobre a vida das pessoas. Se você tem acesso a metadados suficientes, você realmente não precisa do conteúdo... [É] meio vergonhoso o quão previsíveis somos nós como seres humanos"[77].

O que se verifica ao redor do mundo é a ausência de regulações jurídicas específicas que tratem da coleta e uso de metadados por autoridades de investigação, ainda que, como já dito, alguns países estabeleçam a provedores a obrigação de guarda desses dados para esses fins. Alia-se a isso o fato de o termo "metadado" abranger basicamente todo e qualquer tipo de informação que não seja "conteúdo", o que torna essa situação ainda mais complicada[78].

Contextualmente, grande parte dos metadados utilizados em investigações criminais, por se referirem a indivíduos específicos, se enquadrariam na categoria de dados pessoais (*e.g.*, endereço IP e endereço MAC; emissor e destinatário de e-mails etc.). Isso evidencia a necessida-

---

75 Cf. ELECTRONIC FRONTIER FOUNDATION. NSA Timeline 1791–2015. Disponível em: <https://www.eff.org/nsa-spying/timeline>. Acesso em: 31 de março de 2021.

76 SZOIDRA, Paul. Leaked NSA document says metadata collection is one of agency's "most useful tools". *Business Insider* (7-12-2016). Disponível em: <https://www.businessinsider.com/nsa-document-metadata-2016-12>. Acesso em: 31 de março de 2021.

77 No original, em inglês: "Metadata absolutely tells you everything about somebody's life. If you have enough metadata you don't really need content…[It's] sort of embarrassing how predictable we are as human beings". Cf. RUSBRIDGER, Alan. Life after Snowden: Journalists' new moral responsibility. *Columbia Journalism Review* (5-6-2015). Disponível em: <https://www.cjr.org/opinion/edward_snowden_impact.php>. Acesso em: 31 de março de 2021.

78 Nos EUA, por exemplo, a diferenciação entre "conteúdo" e "não conteúdo" dita o nível de proteção que determinada informação merece, com base no ECPA, lei de 1986. Bellovin et al. (2016) questiona até que ponto essa divisão faz sentido no contexto de comunicações online.

de de um diploma normativo que trata do uso desses dados para esses fins, nos moldes da Diretiva 2016/680 da União Europeia. Como visto no item 4.1.2.2, o Brasil não possui regulação nesse sentido, o que é um entrave para a efetivação da exploração dessas informações como solução menos problemática do que a restrição da criptografia.

Regulação nesse sentido não seria importante apenas para salvaguardar a privacidade e a proteção de dados de usuários investigados ou afetados pelas investigações, mas também para garantir eficácia e segurança jurídica às autoridades, deixando claro quais dados devem ser fornecidos pelos provedores e quais os procedimentos necessários para sua obtenção.

5.2.3. Um breve comentário sobre a "Internet das Coisas"

Além da onipresença dos *smartphones* e computadores pessoais, algo que sustentaria a existência dessa "era do ouro da vigilância" é a chamada "Internet das coisas" (majoritariamente conhecida por sua sigla em inglês, "IoT", de *Internet of things*). Trata-se de um termo genérico para se referir um ecossistema de dispositivos e sensores conectados à Internet (que não se restringem a computadores pessoais e *smartphones*) que interagem com usuários e comunicam-se entre si. Muitos desses dispositivos consistem em objetos do cotidiano (as "coisas" da expressão), como *smartTVs*, geladeiras inteligentes, assistentes virtuais, câmeras de segurança inteligentes, *smartwatches* etc. (XIA et al., 2012, p. 1101).

Essa conexão e integração permite que os dispositivos ofereçam diversos serviços feitos sob medida para seus usuários: *smartwatches* podem fornecer desde dados relativos à atividade física (distância percorrida, monitoramento cardíaco etc.), até conexão direta com *smartphones* (notificações sobre recebimento de e-mails e mensagens); câmeras de segurança permitem que usuários acessem suas imagens via *streaming* remotamente; assistentes virtuais (Amazon Alexa, Google Home) viabilizam um controle centralizado, por meio de comandos de voz, de funcionalidades do lar, como controle de aparelhos de som, da luz e termostatos. Esses objetos costumam ser chamados de "dispositivos inteligentes".

Por estarem em constante comunicação via Internet, gerando enormes quantidades de dados e metadados, esses dispositivos podem ser ricas fontes de informações para autoridades de investigação, permitindo traçar comportamentos e atividades de investigados de forma incrivelmente detalhada. Como boa parte desses serviços exige que os dados sejam comunicados aos provedores para seu funcionamento (*e.g.*, assistentes virtuais e câmeras de segurança inteligentes), a sua solicitação às empresas responsáveis é viável e seu fornecimento é possível tecnicamente. No debate sobre regulação da criptografia, a alternativa da Internet das coisas aparece diversas vezes (BERKMAN KLEIN CENTER, 2016, p. 15; KUEHN; MCCONNELL, 2018, p. 24 e 40; PFEFFERKORN, 2018, p. 13; PELL, 2016, p. 629).

Algo que se mostra com bastante frequência em relação a dispositivos da IoT são seus problemas de segurança. Nos últimos anos, vêm sendo reportadas invasões a assistentes virtuais[79], a câmeras de segurança inteligentes[80], a brinquedos inteligentes[81] e até mesmo o uso de dispositivos conectados para a realização de ataques DDoS[82]. Essas falhas podem ser explicadas por fatores como a ausência de padrões e diretrizes de segurança para o desenvolvimento dos dispositivos, dificuldades na atualização de software e firmware, entre outros[83].

---

79 Cf. GREENBERG, Andy. Hackers Found a (Not-So-Easy) Way to Make the Amazon Echo a Spy Bug. *Wired* (8-12-2018). Disponível em: <https://www.wired.com/story/hackers-turn-amazon-echo-into-spy-bug/>. Acesso em: 31 de março de 2021.

80 Cf. SACKS, Brianna. An 8-Year-Old Girl Had A Terrifying Exchange With A Stranger After He Hacked Her Family's Ring Camera. *BuzzFeed News* (13-12-2019). Disponível em: <https://www.buzzfeednews.com/article/briannasacks/ring-camera-hack-stranger-speaks-to-girl>. Acesso em: 31 de março de 2021.

81 Cf. FRENKEL, Sheera. A Cute toy just brought a hacker into your home. *The New York Times* (21-12-2017). Disponível em: <https://www.nytimes.com/2017/12/21/technology/connected-toys-hacking.html>. Acesso em: 31 de março de 2021.

82 Cf. OLSHANKY, Steve; WILTON, Robin. Internet of Things Devices as a DDoS Vector. *Internet Society* (11-4-2019). Disponível em: <https://www.internetsociety.org/blog/2019/04/internet-of-things-devices-as-a-ddos-vector/>. Acesso em: 31 de março de 2021.

83 Cf. ILASCU, Ionut. You Ask We Answer 5. Why Is IoT Insecure? *BitDefender* (15-5-2019). Disponível em: <https://www.bitdefender.com/box/blog/iot-news/why-is-iot-insecure/>. Acesso em: 31 de março de 2021.

A insegurança desses sistemas tem o potencial de ser um prato cheio para as autoridades, que podem explorar suas vulnerabilidades para acesso aos dados, às custas da privacidade de usuários e da possibilidade da exploração dos mesmos mecanismos por criminosos[84]. Contudo, a tendência é que, conforme esses dispositivos sejam adotados em massa e se tornem cada vez mais essenciais – ao lado da constante exposição dos problemas de segurança na mídia –, as empresas concentrem seus esforços na segurança da informação.

Em relação à eficácia da IoT como fonte de dados para investigações no Brasil, é preciso considerar que a adoção desses dispositivos não é tão disseminada quanto nos EUA e na União Europeia – onde a maior parte dos relatórios e trabalhos acadêmicos sobre o debate da regulação da criptografia são desenvolvidos. Muitos desses aparelhos são caros ou indisponíveis por aqui, ainda que o mercado nacional esteja em constante crescimento[85]. Trata-se de uma solução que pode se tornar viável a longo prazo, dependendo totalmente da adoção dos dispositivos pelos consumidores brasileiros.

5.3. O inevitável futuro do debate: "Hacking Governamental"

Dentre todas as alternativas apresentadas por aqueles que defendem a não restrição de criptografia forte, destaca-se o chamado "hacking governamental"[86]: a exploração de vulnerabilidades preexistentes no

---

84 Vide item 5.3 *infra*.

85 Para uma melhor análise do cenário da Internet das coisas no Brasil, cf. MAGRANI, Eduardo. *A internet das coisas*. Rio de Janeiro: FGV, 2018; e BNDES; MCTIC. Internet das Coisas: um plano de ação para o Brasil – Relatório Final do Estudo, 2018. Disponível em: <https://www.bndes.gov.br/wps/wcm/connect/site/d22e7598-55f5-4ed5-b9e5-543d1e5c6dec/produto-9A-relatorio-final-estudo-de-iot.pdf?MOD=AJPERES&CVID=m5WVIld>. Acesso em: 31 de março de 2021.

86 Em inglês, essa modalidade de investigação é frequentemente referida como *lawful* ou *government hacking* (em alguns casos, *law enforcement hacking*). O primeiro desafio em trazer o tópico para o debate brasileiro é a própria tradução da expressão *lawful/government hacking*: para abarcar corretamente o conceito, teríamos algo como "*hacking* autorizado por lei e conduzido para fins de investigação criminal". Para fins de simplificação, optei por utilizar "hacking governamental", a fim de adequar ao debate internacional e simplificar a leitura. Reconheço, no entanto, a limitação

sistema, além de outras ferramentas de *hacking*, pelas autoridades, para acessar determinadas informações contidas em dispositivos eletrônicos, no contexto de investigações criminais[87].

Defensores da modalidade sugerem-na especificamente como possível alternativa à imposição de mecanismos de acesso excepcional em sistemas criptográficos: em vez de forçar as empresas de tecnologia a inserirem vulnerabilidades em seus próprios sistemas de segurança, propõe-se focar na identificação e na exploração das falhas de segurança preexistentes (e não intencionais) nesses sistemas e, com isso, acessar os dados lá contidos (HENNESSEY, 2016; LANDAU, 2017, p. 138).

A ideia de "hacking governamental" como técnica de investigação não é nada revolucionária, sendo possível encontrar registros de sua utilização pelo governo dos EUA desde o final da década de 1990 (QUINLAN; WILSON, 2017). O seu uso pode ser identificado até mesmo nas *Crypto Wars* contemporâneas, uma vez que foi por meio de uma ferramenta de *hacking*, adquirida de terceiros, que o FBI conseguiu acessar o conteúdo do iPhone de San Bernardino e fez a agência desistir do caso Apple *vs.* FBI.

No entanto, quando ela é explorada como possível alternativa no contexto do debate sobre regulação da criptografia, diversas questões se colocam, desde sua viabilidade técnica, custos associados a sua condução e a necessidade do estabelecimento de um arcabouço jurídico que estabeleça regras, contrapesos e garantias para a atividade – algo ainda incipiente na maior parte dos ordenamentos jurídicos ao redor do mundo.

Apesar de ser uma alternativa preferível à imposição de *backdoors*, o "hacking governamental" traz um complexo conjunto de problemas e desafios regulatórios, tendo em vista possíveis impactos que sua

---

da tradução, uma vez que governos autoritários, de forma ilegítima, podem se utilizar de ferramentas de *hacking* para cometer abusos e violações de direitos humanos, e essa atividade também poderia ser chamada de "hacking governamental".

87 Ou para fins de inteligência nacional. De forma a manter a coerência com o debate "going dark", vamos focar exclusivamente no "hacking governamental" para fins de investigação criminal.

utilização pode gerar para privacidade de usuários, segurança de sistemas e até mesmo ao próprio devido processo legal. São esses desafios que, a meu ver, deveriam estar sob os holofotes do debate contemporâneo sobre acesso a dados criptografados, visando à regulação responsável dessa modalidade de investigação que é inevitável na sociedade conectada.

Neste item, elaborarei um panorama geral dos principais desafios regulatórios do "hacking governamental", indicando também suas vantagens diante das regulações restritivas à criptografia e analisando algumas recentes legislações voltadas ao tema.

5.3.1. Vantagens do "Hacking Governamental" como alternativa ao acesso excepcional

É sempre razoável supor que desenvolvedores de software se esforçam ao máximo para que seus produtos sejam os mais seguros possíveis e funcionem do jeito que é esperado que funcionem. No entanto, assim como todo e qualquer produto da atividade humana, o código é passível de falhas, erros, bugs etc. Mais ainda, quanto maior e mais complexo o código, mais passível de falhas não intencionais ele está sujeito, por mais que melhores práticas tenham sido empregadas em seu desenvolvimento. Essas falhas sempre existirão, não há código perfeito e por isso softwares são constantemente corrigidos por meio das (muitas vezes irritantes) atualizações.

A principal ideia do "hacking governamental" é explorar justamente isto: ao invés de obrigar desenvolvedores a inserir vulnerabilidades nos seus sistemas (mecanismos de acesso excepcional/*backdoors*), as autoridades de investigação utilizariam ferramentas para explorar as vulnerabilidades não intencionais já contidas neles e assim acessar as informações que buscam.

A grande vantagem dessa modalidade de investigação, em oposição à exigência de *backdoors*, é não gerar nenhum tipo de insegurança *adicional* aos usuários de determinado sistema além daquela a qual eles estão sujeitos de qualquer jeito (ROZENSHTEIN, 2019, p. 1198). Nesse sentido:

> (...) a escolha é entre formalizar (e, portanto, restringir) a capacidade das autoridades de investigação utilizarem as vulnerabilidades de segurança preexistentes – algo que o FBI e outras autoridades já fazem quando necessário, sem grande escrutínio público ou jurídico – ou viver com essas vulnerabilidades e impor intencional e sistematicamente um conjunto de novas vulnerabilidades que, independentemente dos melhores esforços, poderão ser exploráveis por todos[88] (BELLOVIN et al., 2014, p. 5).

O "hacking governamental" foi fundamental em investigações criminais recentes em que criminosos se utilizaram de sistemas criptográficos como medida antiforense. Além do caso do iPhone de San Bernardino, o uso da técnica foi essencial para a condução de diversas operações de grande complexidade na chamada *darkweb*[89]. Ela consiste na parte não indexada da web[90], que é acessível apenas pelo sistema Tor, um mecanismo que, por meio de conexões criptografadas, viabiliza a navegação anônima na Internet[91]. Por isso, as suas páginas não são facilmente aces-

---

88 Tradução própria. No original, em inglês: "(...) the choice is between formalizing (and thereby constraining) the ability of law enforcement to occasionally use existing security vulnerabilities – something the FBI and other law enforcement agencies already do when necessary without much public or legal scrutiny – or living with those vulnerabilities and intentionally and systematically creating a set of predictable new vulnerabilities that despite best efforts will be exploitable by everyone".

89 "The Dark Web is a collection of thousands of websites that use anonymity tools like Tor and I2P to hide their IP address. (...) the Dark Web is a collection of websites that are publicly visible, yet hide the IP addresses of the servers that run them. That means anyone can visit a Dark Web site, but it can be very difficult to figure out where they're hosted – or by whom." Cf. GREENBERG, Andy. Hacker Lexicon: What is the Dark web? *Wired* (19-11-2014). Disponível em: <https://www.wired.com/2014/11/hacker-lexicon-whats-dark-web/>. Acesso em: 31 de março de 2021.

90 Isso quer dizer simplesmente que as páginas que compõem a *darknet* não podem ser compiladas por mecanismos de busca como o Google.

91 De forma simplificada, o sistema Tor (The Onion Router) consiste em um software (navegador) e uma rede aberta de servidores espalhados ao redor do mundo que permitem ao usuário navegar de forma quase totalmente anônima na Internet. Sua estrutura e seu funcionamento são bastante complexos, mas basicamente estabelece-se uma conexão dotada de diversas camadas de criptografia entre o dispositivo do usuário e um dos servidores Tor espalhados ao redor do mundo. Esses mais de 7 mil servidores são mantidos principalmente por universidades, centros de pesquisa e organizações do terceiro setor. Os dados transitam de forma

síveis e a identificação dos usuários da rede é incrivelmente complexa, para não dizer impraticável (ADAMS, 2017, p. 735).

Por causa dessas características, a *darkweb* e a rede Tor são utilizadas para o bem e para o mal: tanto por usuários comuns para escapar da vigilância governamental em países autoritários quanto por criminosos, que formam comunidades para comércio de armas, drogas e redes de pedofilia. Nesse contexto, o uso de técnicas de "hacking governamental" foi essencial para o desmantelamento de websites criminosos na *darkweb* e para a identificação de seus usuários.

Em relação ao tráfico de drogas e de outros materiais ilícitos, a Operação *Onymous*, conduzida em 2014, consistiu na cooperação entre o FBI e a Interpol para derrubar e apreender responsáveis por mercados ilícitos existentes na *darkweb*, como a *Silk Road* 2.0, o *Black Market* e a *Hydra* (QUINLAN, WILSON, 2017). Vulnerabilidades na rede Tor foram utilizadas ao longo da operação para identificar atores e sistemas utilizados por esses portais[92].

---

segura em alguns dos servidores até chegar ao destinatário final. A partir dessa estrutura e do sistema criptográfico no trânsito, é muito difícil rastrear o endereço de IP originário do emissor. Para mais informações, cf. QUINTIN, Cooper. 7 Things You Should Know About Tor. *EFF* (1º-7-2014). Disponível em: <https://www.eff.org/deeplinks/2014/07/7-things-you-should-know-about-tor>; KUMAR, Mohit. Warning: Critical Tor Browser Vulnerability Leaks Users' Real IP Address – Update Now. *The Hacker News* (4-11-2017). Disponível em: <https://thehackernews.com/2017/11/tor-browser-real-ip.html>; e Tor Exit Nodes located and mapped. *Hacker Target*. Disponível em: <https://hackertarget.com/tor-exit-node-visualization/>. Acesso em: 31 de março de 2021.

A rede Tor não garante o anonimato de forma perfeita, uma vez que vulnerabilidades podem ser encontradas na implementação do sistema criptográfico no navegador Tor e uma vulnerabilidade de outros tipos de dados relacionados ao uso do sistema podem levar ao usuário inicial. De qualquer jeito, esse tipo de vigilância é bastante custosa e demorada, e a ferramenta continua sendo amplamente utilizada por dissidentes, ativistas de direitos humanos e usuários que prezam por sua privacidade em regimes autoritários. A robustez do sistema torna-o consideravelmente mais lento do que uma conexão padrão à Internet, limitando um pouco sua funcionalidade para algumas atividades online.

92 Cf. GREENBERG, Andy. Global Web Crackdown Arrests 17, Seizes Hundreds Of Dark Net Domains. *Wired* (7-11-2014). Disponível em: <https://www.wired.com/2014/11/operation-onymous-dark-web-arrests/>. Acesso em: 31 de março de 2021.

Exploração de vulnerabilidades nos websites e na própria rede Tor também foram essenciais para o desmantelamento de redes de pedofilia na rede, como nas operações Torpedo, de 2011[93], e Pacifier, de 2015[94], ambas conduzidas com sucesso por meio da cooperação de autoridades de investigação de diversos países – esta última acarretou na identificação de 185 suspeitos ao redor do mundo (LANDAU, 2017, p. 139; FINKLEA, 2017, p. 3).

O "hacking governamental" já é uma realidade na investigação criminal do século XXI e seu protagonismo tende apenas a crescer, reflexo de uma sociedade cada vez mais dependente de ferramentas digitais e com criminosos tecnologicamente experientes. Ainda que os principais exemplos sejam casos de grande complexidade, parece ser natural que o uso da modalidade se expanda. Nesse sentido, é extremamente importante apontar também a miríade de problemas que ele pode acarretar.

5.3.2. Problemas do "Hacking Governamental"

O fato de o "hacking governamental" ser preferível à imposição de mecanismos de acesso excepcional e à restrição da criptografia não afasta os problemas de sua utilização. Trata-se de uma modalidade de investigação extremamente invasiva, tanto sob a perspectiva das informações potencialmente acessíveis, quanto da segurança dos dispositivos explorados. Além disso, é extremamente complexa no que tange ao desenvolvimento, à implementação e à manutenção das ferramentas desenvolvidas para tal.

Sobre o ponto da privacidade: assim como a imposição de mecanismos de acesso excepcional, o objetivo final do "hacking governamental" é

---

93 BISSON, David. FBI Used Metasploit Hacking Tool in "Operation Torpedo". *Tripwire* (16-12-2014). Disponível em: <https://www.tripwire.com/state-of-security/latest-security-news/fbi-used-metasploit-hacking-tool-in-operation-torpedo/>. Acesso em: 31 de março de 2021.

94 ALFIN, Dan. Playpen' creator sentenced to 30 Years. *FBI News* (5-5-2017). Disponível em: <https://www.fbi.gov/news/stories/playpen-creator-sentenced-to-30-years>. Acesso em: 31 de março de 2021.

garantir o acesso a informações contidas em dispositivos eletrônicos, esteja esse dispositivo sob custódia da autoridade de investigação ou acessado remotamente. Retomam-se aqui as mesmas preocupações relacionadas à privacidade e à segurança dos usuários exploradas anteriormente: ao contrário de outras formas invasivas de investigação, como a interceptação telefônica (cujo acesso se dá apenas ao conteúdo de conversas pontuais, via de regra entre apenas duas pessoas), o acesso aos dados armazenados em dispositivos via *hacking* é substancialmente mais agressivo, uma vez que boa parte da vida pessoal e profissional de cidadãos está registrada nesses aparelhos e serviços. No que tange ao conteúdo de mensagens e e-mails, há ainda a questão do acesso a registros da vida pessoal de indivíduos que não fazem parte da investigação (STEPANOVICH, 2016, p. 13; PRIVACY INTERNATIONAL, 2018, p. 6-7).

Sobre o ponto da segurança dos sistemas e dispositivos[95]: a descoberta e a exploração de vulnerabilidades preexistentes pelas autoridades não impede que elas sejam encontradas por criminosos. A depender de sua gravidade e do número de sistemas e usuários possivelmente afetados, questiona-se se haveria a necessidade de as autoridades alertarem os desenvolvedores do software sobre a existência da vulnerabilidade para que ela possa ser corrigida (HERPIG, 2018, p. 15; PRIVACY INTERNATIONAL, 2018, p. 23). Em contraposição, encontrar tais vulnerabilidades costuma ser um processo bastante trabalhoso e custoso. Como veremos de forma mais profunda no item 5.3.3.4, esta é uma das questões mais complexas e controversas do "hacking governamental".

Por fim, há ainda uma questão específica do "hacking governamental" como meio de obtenção de prova: a ausência de um arcabouço jurídico que o operacionalize em conformidade aos direitos fundamentais e ao devido processo legal. Suas características bastante particulares e seu potencial invasivo requerem o desenvolvimento de regulação jurídica específica para sua utilização. A seguir, explorarei os principais desafios a serem enfrentados para sua implementação.

---

95 Outras questões técnicas sobre segurança no "hacking governamental" são exploradas com detalhes em PFEFFERKORN (2018).

5.3.3. Desafios regulatórios

Identifico cinco tópicos principais que devem ser abordados em uma possível regulação jurídica do "hacking governamental": (i) a sua definição jurídica e as suas modalidades; (ii) o estabelecimento de pré-requisitos para sua autorização; (iii) o desenvolvimento e compartilhamento das ferramentas de *hacking* entre autoridades de investigação; (iv) a transparência e a divulgação das vulnerabilidades; e (v) as questões jurisdicionais.

Ao longo dos últimos anos, alguns países vêm implementando em seu ordenamento jurídico leis que tratam direta ou indiretamente de "hacking governamental". Algumas dessas leis sugerem respostas aos pontos aqui analisados. Oportunamente, farei referência a essas soluções ao longo do texto.

5.3.3.1. Definição de "Hacking Governamental" e suas modalidades

Um primeiro desafio que se coloca no debate sobre "hacking governamental" é a sua própria conceptualização. Na literatura, é possível encontrar inúmeros termos para se referir à prática: mais abrangentes, como "lawful hacking", "government hacking" e "law enforcement hacking", e mais específicos, como "network investigative techniques" (apenas para acesso a redes) e "uso de malware em investigação criminal" (restringindo a ferramenta de *hacking* ao *malware*). Optei, aqui, por utilizar o termo "hacking governamental", por ser mais popular e abrangente que os demais.

De forma ampla, *hacking* pode ser definido como "manipulação de software, dados, sistema computacional, rede ou outro dispositivo eletrônico sem a permissão ou conhecimento da pessoa ou organização responsável por ele ou por demais dispositivos afetados por essa manipulação"[96] (STEPANOVICH, 2016, p. 5). Nesse sentido, o "hacking go-

96 Tradução própria. No original, em inglês: "the manipulation of software, data, a computer system, network, or other electronic device without the permission of the person or organization responsible for that software application, data, computer system, network, or electronic device, and/or without the permission or knowledge of users of that or other software, data, computers, networks, or devices ultimately affected by the manipulation".

vernamental" consiste, no contexto de investigações criminais[97], na utilização dessas técnicas e suas respectivas ferramentas[98] para acessar dados em redes e dispositivos a partir da exploração de vulnerabilidades[99] existentes no sistema.

Regulações devem se estruturar a partir dessa definição mais abrangente, uma vez que esta não limita a atividade de *hacking* à exploração de vulnerabilidades de técnicas de software ou hardware, abrangendo também técnicas de engenharia social (*e.g.*, *phishing* ou *pretexting*), focando no acesso a dados, que é, no final das contas, seu objetivo principal.

Tomando o acesso a dados como referencial, o "hacking governamental" pode ser dividido em duas categorias principais: (i) utilização de ferramentas de *hacking* para acesso remoto a dispositivos e, consequentemente, aos dados neles armazenados (por exemplo, instalação remota de um *keylogger* para fins de monitoramento das atividades de determinado usuário); ou (ii) utilização de ferramentas de *hacking* no contexto da perícia de determinado dispositivo apreendido (por exemplo, acesso aos conteúdos de um *smartphone* criptografado, como no caso San Bernardino).

Ainda que ambas as modalidades apresentem ameaças à privacidade de usuários e segurança de redes e dispositivos, a intrusividade, o

---

97 E para fins de inteligência nacional. Como foge do escopo deste livro, não tratarei desse ponto em específico.

98 Utilizarei de forma genérica a expressão "**ferramenta de *hacking***" para me referir a qualquer tipo de ferramenta (software ou hardware) que viabilize: o acesso a redes e a dispositivos de terceiros sem autorização do administrador e/ou o controle das funções de administrador dessas redes e dispositivos. Busco incluir na expressão ameaças à segurança da informação, como *malware, spyware, trojans, keyloggers, rootkits, bootkits, logic bombs*, dentre outros. A diferenciação técnica dessas ameaças, ainda que relevantíssima na Ciência da Computação, foge do escopo deste livro.

99 Utilizarei, aqui, a definição de vulnerabilidade proposta por Bellovin et al. (2014, p. 22): "A vulnerability is a weakness in a system that can potentially be manipulated by an unauthorized entity to allow exposure of some aspect of the system. Vulnerabilities can be bugs (defects) in the code, such as a 'buffer overflow' or a 'use-after-free instance', or misconfigurations, such as not changing a default password or running open, unused services. Another common type of vulnerability results from not correctly limiting input text (this is also known as not sanitizing input), *e.g.*, 'SQL injection'. Alternatively, a vulnerability can be as simple as using a birth date of a loved one as a password. A vulnerability can be exploited by an attacker".

alcance e os riscos do *acesso remoto a dados* devem ser tratados com particular cautela. Essa divisão e a diferença de tratamento devem ser observadas na regulação do "hacking governamental".

5.3.3.2. Requisitos de admissibilidade

Assim como todo meio de obtenção de prova, o "hacking governamental", seja na modalidade de acesso aos dados em aparelhos apreendidos, seja no acesso a dados na forma remota, deve observar os direitos fundamentais e o devido processo legal. No contexto da sociedade da informação, intrinsicamente dependente de dispositivos digitais, faz sentido afirmar que o "hacking governamental" é uma medida muito mais invasiva que técnicas tradicionais de investigação, como a interceptação telefônica. O maior grau de invasividade gera, naturalmente, a necessidade de limitar seu escopo de aplicação e estabelecer condições para que ela só seja utilizada quando realmente necessário.

É essencial que, em futuras legislações sobre o tema, a medida seja utilizada apenas *ultima ratio*, após o esgotamento dos demais meios menos intrusivos de investigação (mesmo que eles também sejam bastante intrusivos, como a já mencionada interceptação telefônica), além, claro, de ponderações acerca da proporcionalidade do uso da medida, avaliada caso a caso.

Nesse sentido, o primeiro passo é estabelecer a necessidade de ordem judicial específica para o seu uso. Em relatório específico sobre emergentes regulações de "hacking governamental" na União Europeia, Gutheil et al. (2017, p. 47) indica a obrigatoriedade de ordem judicial na maior parte dos países analisados (França, Alemanha, Itália, Holanda e Polônia). Além disso, algumas legislações estabelecem outras medidas de contenção interessantes, como a limitação temporal do uso da medida quando na modalidade de acesso remoto a dados[100], e a necessidade de delimitar

---

100 A recente reforma do Código de Processo Penal alemão (*Strafprozessordnung* – StPO), de agosto de 2017, estabeleceu talvez a mais abrangente regulação jurídica do "hacking governamental". A limitação temporal encontra-se no § 100(a-g) da lei. Na França, a reforma do Código de Processo Penal (*Côde de Procedure Pénal* – CPP-Fr), pela Loi n. 2016-731 de 2016, também incluiu determinados dispositivos sobre

ao máximo os alvos da investigação para concessão da ordem judicial, indicando indivíduos, dispositivos e tipos de informações/dados da forma mais precisa possível[101].

Ainda em relação às ordens judiciais, um desafio que transcende a mera regulação jurídica do tema é a qualificação de juízes e desembargadores sobre o funcionamento básico e o grau de instrusividade do "hacking governamental", de forma que estes possam decidir de forma qualificada.

Uma outra ferramenta de limitação, presente nas legislações alemãs[102] e francesas[103], por exemplo, é o estabelecimento de uma lista taxativa de tipos penais, baseados em sua gravidade, que autorizam o uso da técnica na investigação, de abuso de menores a terrorismo.

Esses tipos de restrições não apenas visam coibir abusos, mas também otimizar a alocação de recursos, algo que, como se verá a seguir, é um dos principais desafios da viabilização do "hacking governamental" como meio de investigação.

5.3.3.3. Desenvolvimento, aquisição e compartilhamento de ferramentas

Razoavelmente pouco analisado em estudos estadunidenses e europeus, os custos de desenvolvimento e a aquisição de ferramentas de "hacking governamental" consistem em um grande desafio para autoridades de investigação não tão bem financiadas. De um lado, as ferramentas podem ser bastante caras, como supostamente aconteceu no caso de San Bernardino, em que reportou-se que a solução custou certa de 1 milhão de dólares[104]. De outro lado, os custos desse tipo de atividade são

---

a medida, com a limitação estando presente nos artigos 706-102-1 e 706-102-2 (GUTHEIL et al., 2017, p. 72).

101 A necessidade de indicação específica dos alvos encontra-se no § 100(a-g) do StPO alemão, além de estar prevista também no ordenamento jurídico holandês, no recente Computer Crime III Act (*wet Computercriminaliteit III*) de 2019.

102 A lista de crimes pode ser encontrada no § 100ª (2) do StPO.

103 A lista pode ser encontrada nos artigos 706-73 e 706-73-1 do CPP-Fr.

104 Cf. YADRON, Danny. 'Worth it': FBI admits it paid $1.3m to hack into San Bernardino iPhone. *The Guardian* (21-4-2016). Disponível em: <https://www.

necessariamente recorrentes, uma vez que as vulnerabilidades exploradas são constantemente corrigidas em atualizações dos sistemas, tornando-as rapidamente inutilizáveis (NASEM, 2018, p. 73; HENNESSEY, 2016).

O preço e a facilidade de obtenção dessas ferramentas variam de acordo com o tipo e segurança do sistema que as autoridades policiais buscam acessar. Sistemas de segurança de código aberto[105] desenvolvidos com a segurança do usuário em mente, como é o caso do aplicativo Signal, costumam apresentar pouquíssimas vulnerabilidades. Isso ocorre porque o código aberto permite a realização de auditorias externas (geralmente realizadas pela comunidade do software livre e pela academia) para identificação e rápida correção de falhas de segurança.

Mesmo os sistemas de código fechado, como os aplicativos de mensagem iMessage e WhatsApp e os sistemas operacionais Windows e macOS, também passam por verificações de segurança rigorosas e constantes, uma vez que sua adoção por boa parte dos usuários torna-os frequente alvos de ataques de *hackers* maliciosos.

Exemplos dessas ferramentas mais complexas são as vulnerabilidades *zero-day*, vulnerabilidades não intencionais que são descobertas e exploradas antes do conhecimento do desenvolvedor[106]. Essas condições tornam-nas difíceis de serem encontradas, caras (caso adquiridas de terceiros) e, como mencionado anteriormente, utilizáveis temporariamente, até a devida atualização que as corrija[107].

Com isso em mente, duas questões principais podem ser colocadas: como essas ferramentas serão adquiridas e quem arcará com os custos de pesquisa e desenvolvimento delas?

---

theguardian.com/technology/2016/apr/21/fbi-apple-iphone-hack-san-bernardino-price-paid>. Acesso em: 31 de março de 2021.

105 Software de código aberto é aquele cujo código encontra-se publicamente disponível.

106 Cf. 1.2.3.3 *supra*.

107 Parte-se, aqui, do pressuposto que os usuários frequentemente atualizem os sistemas para correção das vulnerabilidades. Caso um investigado não o faça, por alguma razão, a vulnerabilidade ainda poderá será utilizada pela autoridade de investigação.

Sobre a aquisição de ferramentas, podemos elencar três possibilidades principais (FINKLEA, 2017, p. 9): (i) utilização de vulnerabilidades encontradas em bancos de dados públicos; (ii) desenvolvimento de ferramentas pelas próprias autoridades; e (iii) aquisição das ferramentas de terceiros.

(i) Utilização de vulnerabilidades encontradas em bancos de dados públicos, como a *National Vulnerabilities Database*[108] e o *Metasploit Project*[109]. É natural que a maior parte das vulnerabilidades disponíveis nesses bancos de dados já tenham sido corrigidas em atualizações do sistema, mas elas ainda são úteis caso o usuário investigado não tenha instalado a atualização – algo que costuma ser bastante recorrente.

(ii) Desenvolvimento das ferramentas internamente, realizado pelas próprias autoridades de investigação. Em teoria, trata-se do cenário ideal, uma vez que isso garante maior controle sobre seu funcionamento, sua disponibilidade e sua aplicação.

No entanto, ao contrário dos tradicionais grampos telefônicos, que envolvem um número limitado de tecnologias e agentes (uma vez que os grampos são realizados dentro da infraestrutura dos provedores de serviços de telefonia), o "hacking governamental" pode envolver uma multiplicidade de softwares, hardwares e sistemas de segurança. As soluções de "hacking governamental" tendem a ser feitas sob medida para seu alvo.

Além disso, o custo do desenvolvimento é contínuo, uma vez que as ferramentas de *hacking* podem se tornar inúteis após a vulnerabilidade explorada ser encontrada e corrigida pelo fornecedor. Essa necessidade de investimento recorrente pode ser uma barreira para países mais pobres.

(iii) Aquisição de ferramentas desenvolvidas por terceiros. Superam-se, nesse caso, os custos e o tempo para desenvolvimento e a falta de

---

108 Banco de vulnerabilidades públicas administrado pelo NIST: <https://nvd.nist.gov/vuln>. Acesso em: 31 de março de 2021.

109 Plataforma/banco de dados sobre vulnerabilidades de sistemas; fornece ferramentas geralmente utilizadas para testes de segurança: <https://www.metasploit.com/>. Acesso em: 31 de março de 2021.

capacidade técnica, adquirindo uma solução sob medida para o sistema-alvo da investigação. Desvantagens incluem, como tratado no item 5.3.2, o fortalecimento de um mercado dessas ferramentas (PFEFFERKORN, 2018, p. 5) e um desestímulo geral à divulgação de vulnerabilidades – para que divulgar ao administrador do sistema se ela pode ser vendida às autoridades? (BELLOVIN et al., 2014, p. 47).

Ademais, pode-se levantar também algumas questões éticas da aquisição dessas ferramentas com determinadas empresas: gigantes do ramo, como a italiana *Hacking Team* e a israelense *NSO Group*, têm histórico de negociação com governos autoritários, que se utilizam dessas ferramentas para cometer graves violações a direitos humanos[110].

Finalmente, outra questão relacionada ao desenvolvimento e à aquisição das ferramentas refere-se ao seu compartilhamento de forma segura entre autoridades de investigação nacionais e locais, além da devida capacitação técnica de agentes acerca de sua utilização. Tudo isso é necessário para garantir a eficácia da medida em todas as esferas das forças policiais (ROZENSHTEIN, 2019, p. 1201).

5.3.3.4. Transparência e Divulgação de vulnerabilidades

O ponto mais controverso na incipiente literatura sobre "hacking governamental" refere-se à necessidade ou não de divulgação das vulnerabilidades exploradas pelas autoridades aos fornecedores dos softwares ou hardwares afetados e como essa divulgação deve ser conduzida.

De um lado, a não divulgação da vulnerabilidade pode gerar consequências desastrosas para os usuários do sistema afetado, uma vez que a mera existência dessas vulnerabilidades possibilita que elas sejam

---

110 Sobre a utilização de *spyware* da NSO Group pelo governo da Arábia Saudita, ver: MARCZAK, Bill et al. The Kingdom Came to Canada How Saudi-Linked Digital Espionage Reached Canadian Soil. *The Citizenlab* (1º-10-2018). Disponível em: <https://citizenlab.ca/2018/10/the-kingdom-came-to-canada-how-saudi-linked-digital-espionage-reached-canadian-soil/>; sobre negociações entre o *Hacking Team* e governos da Síria, Bahrein e Turquia, ver: CURRIER, Cora; BOIRE, Morgan. A Detailed Look at Hacking Team's Emails About Its Repressive Clients. *The Intercept* (7-7-2015). Disponível em: <https://theintercept.com/2015/07/07/leaked-documents-confirm-hacking-team-sells-spyware-repressive-countries/>. Acesso em: 31 de março de 2021.

encontradas e exploradas por criminosos. Além disso, há ainda o perigo de criminosos acessarem toda a base de dados de vulnerabilidades não divulgadas sob a guarda das autoridades de investigação. A depender do seu alcance (quais sistemas atinge) e severidade (que tipo de acesso/controle ela viabiliza), as consequências de um vazamento podem ser desastrosas (ROZENSHTEIN, 2019, p. 1208; NASEM, 2018, p. 72).

Um caso recente ilustra muito bem o nível que o problema pode chegar: no início de 2017, um grupo de cibercriminosos autointitulado "The Shadow Brokers" publicou na Internet uma série de arquivos secretos da NSA relacionados às suas atividades de vigilância cibernética. A publicação incluía diversas vulnerabilidades (incluindo *zero-days*) utilizadas pela Agência para tal. Uma delas, apelidada de "EternalBlue", era utilizada para invasão de diversos sistemas operacionais Windows (Vista, 7, 8 e 10). Ainda que tenha sido corrigida pela Microsoft em atualizações posteriores desses sistemas, a vulnerabilidade vazada foi utilizada para disseminar o *ransomware* Wannacry[111], que se proliferou em dezenas de países, afetando hospitais, empresas e até mesmo o Tribunal de Justiça de São Paulo ao longo de 2017[112]. Posteriormente, a mesma vulnerabilidade foi utilizada para o desenvolvimento e a disseminação de um *ransomware* ainda mais potente, o NotPetya, que afetou redes e plataformas públicas e privadas na Ucrânia, na França, na Alemanha, na Rússia, no Reino Unido, dentre outros países[113].

De outro lado, a divulgação de vulnerabilidades pode torná-las descartáveis para as autoridades de investigação, uma vez que é natural

---

111 Cf. BARRETT, Brian. The Encryption Debate Should End Right Now. *Wired* (jun./2017). Disponível em: <https://www.wired.com/story/encryption-backdoors-shadow-brokers-vault-7-wannacry/>. Acesso em: 31 de março de 2021.

112 Cf. Ciberataque faz sistema do Tribunal de Justiça de SP cair; sites do MP e do TRT também saem do ar. *G1* (mai./2017). Disponível em: <https://g1.globo.com/sao-paulo/noticia/sites-do-governo-de-sp-do-tj-e-do-mp-saem-do-ar-apos-ciberataques-em-larga-escala.ghtml>. Acesso em: 31 de março de 2021.

113 Cf. The Untold Story of NotPetya, the Most Devastating Cyberattack in History. *Wired* (22-8-2018). Disponível em: <https://www.wired.com/story/notpetya-cyberattack-ukraine-russia-code-crashed-the-world/>. Acesso em: 31 de março de 2021.

que os fornecedores a corrijam em atualizações subsequentes do sistema[114]. Nesse sentido, caso as autoridades precisem acessar o sistema novamente, elas precisariam encontrar e explorar uma nova vulnerabilidade. Naturalmente, reincidem-se aqui os custos de aquisição/desenvolvimento das ferramentas, algo explorado no item anterior (HENNESSEY, 2016; ROZENSHTEIN, 2019, p. 1209).

Devido aos diversos tipos de vulnerabilidades, seu alcance, seus efeitos e seus impactos, não acredito que uma única solução regulatória possa resolver a questão da divulgação. Conforme sugerido em trabalhos anteriores (LIGUORI, 2020 e LI et al., 2018), acrescentado soluções propostas por Pell e Finochiaro (2017, p. 1565-1568), sugiro que o procedimento deve se pautar com base em quatro considerações:

1. Impacto da vulnerabilidade

Para responder à primeira e principal questão, *se* a vulnerabilidade deve ser divulgada ou não, deve-se avaliar uma série de questões técnicas. Pell e Finochiaro (2017, p. 1565) sugerem avaliar o impacto da vulnerabilidade na segurança da informação a partir de quatro pontos: (i) a *prevalência* da vulnerabilidade, que consiste no número de sistemas afetados por ela; (ii) sua *densidade*, ou seja, a quantidade de informações que podem ser expostas por meio dessa vulnerabilidade; (iii) a *sensibilidade* dessas informações, avaliando seu conteúdo, usuários e setores afetados; e (iv) a *severidade* da vulnerabilidade, que leva em consideração questões técnicas de sua utilização, como facilidade de exploração, privilégios administrativos garantidos por ela, complexidade de ataques, entre outros.

Esse primeiro ponto é exclusivamente técnico, fugindo do escopo deste livro dissertar sobre a melhor forma de sua condução.

2. Momento da divulgação

Superada a primeira questão, é necessário definir em que momento a vulnerabilidade deve ser divulgada. Deve-se aguardar o fim do pro-

---

114 Vale ressaltar que a vulnerabilidade só será de fato inutilizável caso, além da correção realizada pelo fornecedor, o usuário investigado também atualize o sistema. Isso nem sempre é o caso, como os *ransomwares* WannaCry e NotPetya claramente demonstraram.

cesso como um todo, o fim da investigação criminal ou ela já deve ser divulgada logo após a obtenção dos meios de prova? Caso a vulnerabilidade esteja sendo usada para obtenção de meios de prova em investigações concomitantes, deve-se aguardar o fim de todas elas? Quais outros fatores devem ser levados em consideração?

3. Partes informadas

É importante que a divulgação seja feita ao fornecedor do software/hardware onde a vulnerabilidade foi encontrada, mas é necessário informar também outras partes afetadas, especialmente os usuários dos sistemas explorados. Não proponho, obviamente, divulgar aos usuários o funcionamento da vulnerabilidade, mas apenas informar sua existência e a necessidade de atualização do sistema.

A forma de divulgação aos usuários é importante porque, dependendo do que exatamente é revelado, criminosos podem ser capazes de identificar o funcionamento interno da vulnerabilidade e utilizá-la para invadir sistemas desatualizados. Esforços para conscientizar os usuários sobre a importância das atualizações de software por razões de segurança são obrigatórios; caso contrário, tanto o rigoroso processo de divulgação de vulnerabilidades pelas autoridades quanto as correções feitas pelo fornecedor podem se tornar inúteis na prática.

4. Forma de divulgação

Por fim, muito cuidado deve ser empreendido na forma da divulgação da vulnerabilidade ao fornecedor, de maneira que esta ocorra com segurança, sem que criminosos possam ter acesso a ela antes que o fornecedor tenha a oportunidade de corrigir o sistema em nova atualização.

Questões de transparência e divulgação de vulnerabilidades vêm sendo abordadas em emergentes regulações de "hacking governamental" ao redor do mundo. Na **Alemanha**, em relação à transparência às partes afetadas na investigação, a recente reforma no Código de Processo Penal alemão (StPO) incluiu dois mecanismos relevantes: o primeiro[115] refere-

---

115 Cf. StPO § 101 em geral.

-se à necessidade de informar as partes afetadas pela investigação (investigados e terceiros) no instante em que a divulgação não afete a sua condução (GUTHEIL et al., 2017, p. 80).

O segundo mecanismo consiste na obrigação das autoridades de investigação elaborarem relatórios de transparência sobre a utilização de técnicas de "hacking governamental" para o Departamento Federal de Justiça (*Bundesamt für Justiz*)[116]. O relatório deve conter, dentre outras coisas: (i) o número de investigações em que o "hacking governamental" foi usado para obtenção de informações; (iii) o número de ordens judiciais autorizando o procedimento; (iii) a descrição dos meios utilizados na investigação (leia-se: as ferramentas de *hacking*); (iv) a descrição dos sistemas/redes afetados e o que foi feito neles; (v) o tipo criminal que ensejou a autorização da medida; e (vi) as informações sobre os tipos de dados coletados na investigação (HERPIG, 2018, p. 12; GUTHEIL et al., 2017, p. 80; LIGUORI, 2020, p. 329). Não há na Alemanha, ainda, nenhum tipo de regulação específica para divulgação de vulnerabilidades aos fornecedores.

Ainda que não possua nenhuma lei que trate especificamente de "hacking governamental", os **Estados Unidos** possuem um mecanismo bastante interessante de avaliação de divulgação de vulnerabilidades, trata-se do *Vulnerabilities Equities Process* (VEP). Este é um processo de deliberação administrativo que busca determinar se vulnerabilidades utilizadas por autoridades de investigação e agências de inteligência devem ser divulgadas aos fornecedores e, caso positivo, estabelecer qual deve ser o procedimento para tal (PELL, FINOCHIARO, 2017, p. 1554). O órgão responsável por isso é a *Equities Review Board*, um fórum deliberativo composto por membros de diversas esferas do governo estadunidense[117].

---

116 Cf. StPO § 100b (6) e (7).

117 A *Equities Review Board* é composta por membros dos seguintes órgãos: Departamento de Justiça, Departamento do Tesouro, Departamento de Estado, Departamento de Segurança Nacional, CIA, Departamento de Defesa, Departamento de Energia, Departamento de Comércio e o Escritório do Diretor de Inteligência Nacional.

Por muitos anos, a própria existência do VEP existiu sob sigilo, com confirmações sobre seu funcionamento ocorrendo apenas em 2014, após a *Electronic Frontier Foundation* ajuizar uma ação FOIA[118] contra a NSA sobre o uso de vulnerabilidades pela agência[119]. No final de 2017, após o imbróglio gerado com a divulgação do *EternalBlue* e os *ransomwares* WannaCry e NotPetya, o governo estadunidense publicou oficialmente um documento detalhando a estrutura administrativa da *Equities Review Board* e o procedimento deliberativo do VEP[120]. De forma geral, levam-se em consideração quatro pontos principais para decidir se determinada vulnerabilidade deve ser divulgada ou não: (i) seu impacto no sistema afetado e em seus usuários; (ii) sua importância operacional para as atividades de investigação e inteligência; (iii) o impacto comercial da vulnerabilidade; e (iv) riscos que a divulgação pode acarretar para relações internacionais dos EUA[121].

A existência desse tipo de procedimento é essencial na regulação das atividades de "hacking governamental", mas o VEP em específico é problemático na medida em que as suas atividades ainda ocorrem em sigilo, sem um arcabouço jurídico que estabeleça mecanismos de transparência e *accountability*. A falta deste, além das limitadas informações públicas sobre o VEP, tornam difícil avaliar se o mecanismo é, de fato, eficaz diante do que se propõe a fazer.

---

118 *Freedom of Information Act. FOIA requests* e *FOIA lawsuits* são procedimentos estadunidenses para viabilizar acesso a informações não divulgadas do governo dos EUA.

119 Informações sobre o processo: EFF *vs.* NSA, ODNI – Vulnerabilities, FOIA. Disponível em: <https://www.eff.org/cases/eff-v-nsa-odni-vulnerabilities-foia>. Acesso em: 31 de março de 2021. O documento que resultou do ajuizamento da FOIA lawsuit e confirmou a existência do VEP pode ser encontrado aqui: <https://www.eff.org/document/vulnerabilities-equities-process-january-2016>. Acesso em: 31 de março de 2021.

120 WHITE HOUSE. Vulnerabilities Equities Policy and Process for the United States Government, November 15, 2017. Disponível em: <https://www.whitehouse.gov/sites/whitehouse.gov/files/images/External - Unclassified VEP Charter FINAL.PDF>. Acesso em: 31 de março de 2021.

121 Uma lista razoavelmente detalhada dos critérios levados em consideração no VEP pode ser encontrada no Anexo B do documento mencionado na nota anterior.

5.3.3.5. Jurisdição e outras questões relevantes

A questão jurisdicional[122] está especificamente relacionada à modalidade de "hacking governamental" de acesso remoto a dados: e se uma rede ou dispositivo-alvo estiver localizado fora da jurisdição onde o *hacking* foi autorizado? A estrutura transnacional da Internet, juntamente com a popularidade dos serviços em nuvem (cujos servidores estão espalhados por todo o mundo), uso de VPNs e uso da rede Tor evidenciam o problema jurisdicional.

Todo esse ecossistema exige, na esfera nacional, o estreitamento das relações entre autoridades de investigação a nível estadual e federal, e, na esfera transnacional, um aprimoramento dos tratados internacionais sobre cooperação entre autoridades de investigação, para que os esforços locais de "hacking governamental" sejam eficazes.

Por fim, vale ainda mencionar uma questão exclusivamente técnica, mas que deve ser impreterivelmente enfrentada na condução do "hacking governamental": uma vez que determinadas ferramentas podem garantir ao invasor certos privilégios administrativos do sistema – como a possibilidade de alteração das informações lá contidas –, é preciso garantir que eventuais meios de prova colhidos não tenham sido alterados pelas autoridades. Vale apontar que cientistas da computação têm se debruçado sobre essa questão específica[123].

---

122 Questões jurisdicionais na Internet, não apenas em relação a investigações criminais, são incrivelmente complexas e merecem estudos de direito internacional dedicados exclusivamente a elas. Por essa razão, além de limitações temporais, este livro não tratará de forma aprofundada sobre esse ponto. Indicarei ao longo do texto, no entanto, que se trata de uma preocupação relevante. Para uma abordagem mais aprofundada da matéria em geral, ver: SVANTESSON, Dan Jerker B. *Solving the internet jurisdiction puzzle*. Oxford: Oxford University Press, 2017. Sobre jurisdição e "hacking governamental" em específico, ver GHAPPOUR, Ahmed. Searching Places Unknown: Law Enforcement Jurisdiction on the Dark Web. *Stanford Law Review*, v. 69, p. 1075, 2017; e KERR, Orin S.; MURPHY, Sean D. Government Hacking to Light the Dark Web: What Risks to International Relations and International Law. *Stanford Law Review Online*, v. 70, p. 58, 2017.

123 Ver, por exemplo, COSIC, Jasmin. BACA, Miroslav. Do We Have Full Control Over Integrity in Digital Evidence Life Cycle? *Proceedings of the ITI 2010 32nd Int. Conf. on Information Technology Interfaces*, 2010.

5.3.4. Emergência do tema e ausência do debate no Brasil

O "hacking governamental" é, de longe, a alternativa à imposição de mecanismos de acesso excepcional mais sugerida em trabalhos acadêmicos e *policy papers* sobre o tema[124]. No entanto, poucos deles lidam com a temática de maneira profunda, explorando suas vantagens, desvantagens e seus desafios e indicando em quais situações específicas sua utilização responderia satisfatoriamente aos anseios das autoridades de investigação no contexto do debate "going dark".

Enquanto parte dos acadêmicos e especialistas, no debate público, concentram seus esforços em denunciar os problemas da regulação restritiva de sistemas criptográficos, alguns países vêm propondo e implementando legislações sobre "hacking governamental", seja em oposição ou em adição à regulação da criptografia, sendo exemplos notáveis a França[125], a Austrália[126] e a Alemanha[127] (LIGUORI FILHO, 2020; LI et al., 2018).

---

124 Realizei, em trabalho anterior (LIGUORI FILHO, 2020), um breve levantamento de relatórios e artigos que exploram ou sugerem como solução ao debate "going dark" o "hacking governamental". São eles: HENNESSEY (2016); ROZENSHTEIN (2019); KUEHN; MCCONNELL (2018); LEWIS et al. (2017); NGUYEN (2017.); CASTRO; MCQUINN, 2016; KOOPS; KOSTA (2018); NASEM (2018). Além de ser o principal objeto de estudo em STEPANOVICH (2016), MAYER (2018), LI et al. (2018) e Herpig (2018).

125 Na França, optou-se por uma abordagem dupla, com normas tratando tanto da limitação ao uso da criptografia quanto sobre "hacking governamental". O principal diploma normativo responsável por essas alterações é a Lei 2016-731, que alterou tanto o Código Penal como o Código de Processo Penal francês. O Código Penal (artigo 434-15-2) foi alterado a fim de endurecer a norma relacionada à recusa da entrega de chaves criptográficos quando exigido por uma ordem judicial. O Código de Processo Penal foi alterado na secção 6 do Capítulo II do Título XXV do Livro IV, expandindo os poderes de investigação no que diz respeito ao acesso remoto aos dados informáticos. Ver, em geral, ACHARYA et al., 2017 e LIGUORI FILHO, 2020.

126 Na Austrália, o acesso do governo aos dados criptografados é regulamentado e o *hacking* do governo é regulado pela Lei de Telecomunicações (Interceptação e Acesso) de 1997, a Lei de Dispositivos de Vigilância de 2004 e a Lei de Crimes de 1914. Todas essas leis foram recentemente alteradas pela Telecommunications and Other Legislation Amendment (Assistência e Acesso) de 2018, que ampliou razoavelmente os poderes de investigação da lei. Cf, em geral, ACCESSNOW, 2018.

127 A Alemanha, por sua vez, optou por uma abordagem distinta em 2017: no lugar de legislar de forma restritiva ao desenvolvimento, à implementação e ao uso da criptografia, o país reformou seu ordenamento processual penal de forma a expandir

No Brasil, discussões sobre o tema são praticamente inexistentes. A medida não veio à tona no debate sobre os bloqueios do WhatsApp e a produção acadêmica sobre ela é quase nula[128]. Entretanto, recentes movimentações legislativas e judiciais têm o potencial de impactar abordagens do "hacking governamental" no país, por mais que não lidem diretamente com ele.

Na esfera judicial, uma recente decisão do STJ, o **RHC 99.735/SC**[129], de relatoria da Ministra Laurita Vaz, declarou nula uma prova obtida por meio do "espelhamento"[130] de uma conta de WhatsApp de um investigado no computador das autoridades de investigação. No acórdão, a Ministra indica que a obtenção de provas por meio do espelhamento seria um "tipo híbrido de obtenção de prova", uma vez que permite o acesso tanto às mensagens trocadas em tempo real quanto às mensagens armazenadas, afastando a possibilidade de simples analogia à interceptação telefônica ou telemática. Além disso, a Ministra aponta um outro problema do uso da técnica, a possibilidade de as autoridades interferirem no conteúdo das mensagens, seja apagando antigas ou enviando novas:

> (...) ao contrário da interceptação telefônica, no âmbito da qual o investigador de polícia atua como mero observador de conversas empreendidas por terceiros, no espelhamento via WhatsApp Web o investigador

---

e procedimentalizar as atividades de acesso remoto a dados (chamado no Código de Processo Penal de *online-durchsuchung*, "buscas online") e de interceptações telefônicas e telemáticas. Cf. HERPIG, 2018; LI et al., 2018.

128 Notáveis exceções são o CryptoMap (LIGUORI FILHO et al., 2018), que trabalha o "hacking governamental" como uma das alternativas à restrição da criptografia; e um artigo de opinião escrito pelos pesquisadores do InternetLab Dennys Antonialli e Jacqueline Abreu, "E Quando o Policial Vira Hacker?". Disponível em: <http://www.internetlab.org.br/pt/privacidade-e-vigilancia/e-quando-o-policial-vira-hacker/>. Acesso em: 31 de março de 2021.

129 RECURSO EM HABEAS CORPUS 99.735. Disponível em: <http://www.internetlab.org.br/wp-content/uploads/2018/12/document.pdf>. Acesso em: 31 de março de 2021.

130 O WhatsApp fornece um serviço chamado "WhatsApp Web", no qual o usuário pode utilizar o aplicativo em um navegador web por meio de uma conexão entre seu celular e seu computador. Para conectar os dispositivos, basta escanear um "QRCode" na tela do computador. Uma vez ativa a conexão entre os dispositivos, é possível acessar, do computador, todas as mensagens de WhatsApp armazenadas no celular e até mesmo enviar e receber mensagens a contatos.

> de polícia tem a concreta possibilidade de atuar como participante tanto das conversas que vêm a ser realizadas quanto das conversas que já estão registradas no aparelho celular, haja vista ter o poder, conferido pela própria plataforma online, de interagir nos diálogos mediante envio de novas mensagens a qualquer contato presente no celular e exclusão, com total liberdade, e sem deixar vestígios, de qualquer mensagem passada, presente ou, se for o caso, futura.

Ainda que não envolva o desenvolvimento ou aquisição de caras e complexas ferramentas de *hacking* com vulnerabilidades *zero-day*, a questão suscitada nesse caso é fundamentalmente uma questão de "hacking governamental" na modalidade de acesso remoto a dispositivos. O seu resultado final – acesso a conversas armazenadas e em tempo real – seria exatamente o mesmo se a conta de WhatsApp fosse acessada por meio da exploração de alguma vulnerabilidade do sistema. Nesse sentido, a decisão pode representar um marco importante para uma a ascensão do debate sobre isso no Brasil.

Na esfera legislativa, entretanto, a recente reforma no sistema processual penal brasileiro por meio do "Pacote Anticrime" (Lei n. 13.962/2019) concede ao juiz das garantias, de forma vaga, poderes para decidir sobre os requerimentos de "interceptação telefônica, do fluxo de comunicações em sistemas de informática e telemática ou de outras formas de comunicação"[131]. O texto, bastante genérico em sua última parte, pode ser interpretado de forma a viabilizar a autorização do uso de ferramentas de *hacking* nas investigações sem lidar com nenhum dos problemas levantados anteriormente.

O fato é que o "hacking governamental" já é uma realidade presente e sua importância tende apenas a crescer – lado a lado com seus problemas e desafios. De forma a evitar regulações incompletas e problemáticas, é extremamente importante que o tema tome protagonismo no debate público. O debate sobre acesso a dados criptografados em investigações só será superado quando ele puder ser desvinculado da pressão pela restrição da criptografia, e isso não será possível enquanto as soluções alternativas não estiverem sob os holofotes da discussão.

---

131 Art. 3º-B, XI, *a*, do Código de Processo Penal.

CAPÍTULO 6

LIÇÕES E RECOMENDAÇÕES: AVANÇANDO O DEBATE "GOING DARK"

Ao longo desta obra, teci considerações sobre abordagens regulatórias que buscaram resolver, de uma maneira ou de outra, o debate "going dark". No capítulo anterior, busquei analisar criticamente modelos regulatórios da criptografia presentes em diversos países, além de apontar para a existência de mecanismos alternativos de regulação e suas vantagens e desvantagens. O objetivo deste capítulo é, de forma compilada e sistematizada, apresentar as minhas contribuições prescritivas para o debate. Pretendo contribuir de duas formas.

A primeira contribuição, com viés mais objetivo, consiste em propor algumas orientações e sugestões, tiradas de tudo o que foi estudado aqui até agora, sobre o papel do direito na regulação da criptografia, indicando o que deve ser promovido e o que deve ser limitado. Além disso, proporei alternativas jurídicas para enfrentamento do problema a curto e longo prazos, com base no que foi estudado no Capítulo 5. A pretensão não é resolver, de maneira alguma, o debate de forma definitiva – isso exige o diálogo e participação constante dos setores público, privado, técnico, acadêmico e da sociedade civil –, mas sim de propor orientações mais concretas e objetivas com relação ao encaminhamento futuro do debate.

A segunda contribuição tem um caráter mais geral, voltado ao estudo da relação entre direito e tecnologia como um todo. A ideia é identificar no próprio debate "going dark" alguns pontos em comum entre ele e outros debates envolvendo direito e novas tecnologias. Com isso, busco identificar algumas "lições" que podem ser benéficas na condução e nos estudos desses debates e nas propostas regulatórias que deles podem surgir.

6.1. Qual deve ser o papel do direito?

Este item busca responder a questão central que orientou o desenvolvimento desta obra: no contexto do debate "going dark", qual deve ser o papel do direito na regulação da criptografia?

No entanto, para não me limitar a orientações em relação à criptografia em si, procuro também oferecer soluções alternativas às demandas das autoridades de investigação que não necessariamente envolvem a imposição de restrições ao desenvolvimento, implementação e utilização de sistemas criptográficos.

Na primeira parte deste item, tratarei especificamente do papel do direito em relação à criptografia, enquanto na segunda parte, apresentarei algumas sugestões a curto e a longo prazo para as questões levantadas ao longo do debate "going dark".

6.1.1. Regulação da Criptografia

O direito tem um relevante papel duplo em relação à regulação da criptografia. Tendo em vista a importância do mecanismo para o exercício de direitos fundamentais na esfera digital, a pressão de autoridades pela sua restrição e as soluções regulatórias problemáticas exploradas no item 5.1 deste livro, é importante que o direito tenha um papel de estímulo e promoção do desenvolvimento, da implementação e da utilização de criptografia pela população em geral, ao mesmo tempo que deve impedir imposições restritivas ao mecanismo.

Por outro lado, é papel do direito reconhecer também o viés antiforense que a disseminação de criptografia representa para as investigações criminais. Isso é particularmente evidente no que tange a celulares legitimamente apreendidos com conteúdo cifrado. Nesse sentido, o desafio do regulador é encontrar uma solução que atinja os resultados pretendidos – acesso ao conteúdo de forma legível – sem impor restrições a provedores, sistemas, garantindo ao titular do dispositivo apreendido o devido processo legal e não prejudicando, de maneira alguma, o público que nada tem a ver com a causa da apreensão dos dispositivos em primeiro lugar.

6.1.1.1. "Privacidade + Segurança": Estímulo à Criptografia forte (desenvolvimento e implementação)

O primeiro grande desafio do debate "going dark" é entender que a abordagem dicotômica de "privacidade *vs.* segurança" ou de "segurança *vs.* segurança" não faz sentido na prática. Tendo em vista a importância da criptografia não apenas no exercício de direitos fundamentais na esfera digital, mas também para a segurança da informação como um todo – o que abarca desde a segurança de infraestrutura crítica[1], até as próprias atividades de investigação[2] – é inviável pensar que sua utilização massiva pode ser reduzida a um suposto embate entre dois valores em oposição. Quanto mais a nossa vida – pública, privada, pessoal, profissional – for dependente dos meios digitais, mais importante será a segurança dos nossos dados e de nossas comunicações. A sugestão de que devem ser impostas restrições à criptografia é, de um lado, uma falha em compreender a importância da criptografia e a questão maior trazida pelo debate "going dark" (a necessidade de adequar os meios de investigação ao século XXI) e, de outro lado, uma outra falha em olhar para meios alternativos de se chegar onde se gostaria de chegar com a limitação da criptografia.

Esse diagnóstico não implica que o papel de direito em relação a criptografia é inexistente, ou que a abordagem do direito deve ser omissa

---

1 Cf. Critical Infrastructure Cybersecurity Depends on Strong Encryption. The Software Alliance. *BSA*. Disponível em: <https://www.bsa.org/files/policy-filings/BSA_Encrypt_CriticalInfrastructure-web.pdf>. Acesso em: 31 de março de 2021.

2 Cf. 2.2.4.2 *supra*.

a fim de garantir um "deixe estar" no desenvolvimento de sistemas criptográficos. Muito pelo contrário, tendo em vista as constantes e renovadas pressões por parte de autoridades para restrição da criptografia[3], o direito pode ter um papel fundamental em promover o uso de criptografia, de maneira semelhante à Holanda e Alemanha, como visto no item 5.1.4.

Curiosamente, por mais que o debate se renove com certa frequência, acredito que o papel do direito deve ser orientado pela antiga – mas supreendentemente atual – política alemã de criptografia, de 1999 (*Eckpunkte der deutschen Kryptopolitik*), que vale a pena retomar os 5 pontos principais:

1. Não haverá nenhum tipo de proibição ou limitação de produtos de criptografia;
2. Os produtos de criptografia deverão ser testados quanto à sua segurança, a fim de aumentar a confiança dos usuários em relação a eles;
3. O desenvolvimento de produtos de criptografia é essencial para a segurança do país e para garantir às empresas a capacidade de competir internacionalmente. Por isso seu desenvolvimento deve ser estimulado;
4. As autoridades de investigação criminal não devem ser enfraquecidas pelo uso generalizado da criptografia. Para isso, o desenvolvimento de competências técnicas adicionais para essas autoridades deve ser estimulado;
5. A cooperação internacional em questões de criptografia, tais como padrões abertos e interoperabilidade, é essencial e deve ser fomentada multilateralmente.

Em geral, todas as recomendações deste livro orbitam, de uma forma ou de outra, no entorno dessa política de mais de duas décadas atrás.

---

3 Cf. COUNCIL OF THE EUROPEAN UNION. Council Resolution on Encryption: Security through encryption and security despite encryption (6-11-2020). Disponível em: <https://files.orf.at/vietnam2/files/fm4/202045/783284_fh_st12143-re01en20_783284.pdf>. Acesso em: 31 de março de 2021.

6.1.1.2. Estabelecimento de um regime de exceção ao *nemo tenetur se detegere* em casos excepcionais

A questão do direito a não autoincriminação e o fornecimento de senhas e/ou biometria para acesso a dados cifrados ainda é ponto de incertezas e de discussão tanto no Brasil como em outros países. Nos EUA, devido a importância da 5ª Emenda à Constituição no ordenamento jurídico, o debate tem contornos mais claros do que por aqui.

No Brasil, temos o direito a não autoincriminação como derivado da interpretação extensiva de um direito fundamental – o direito ao silêncio, presente no art. 5º, LXIII, da CF. Os seus contornos não são claramente definidos em nosso ordenamento jurídico, o que gera diversas dúvidas em relação a uma possível obrigação de fornecer meios para decriptação de dispositivos.

Acredito, no entanto, que a questão dos dados cifrados pode ser um ótimo motivo para discutir uma possível regulamentação desse princípio no Brasil. A ideia não é reduzir a regulamentação a sua restrição, mas dar-lhe contornos claros, delimitando seu escopo de aplicação, os princípios norteadores e as limitações, garantindo mais segurança jurídica ao investigado e aos investigadores.

Como o direito à não autoincriminação é um direito fundamental, qualquer tipo de restrição deve ser avaliado com cautela e de forma balanceada. Vale ressaltar aqui que, naturalmente, não se trata de um direito absoluto e que já há limitações a ele no ordenamento brasileiro, como as já mencionadas confissões obtidas por meio de interceptação telefônica devidamente autorizada, e a Lei n. 12.654/2012, que traz uma exceção específica ao direito de não fornecimento de material biológico[4].

Nesse sentido, tendo em vista o potencial danoso que consiste a devassa dos dados contidos em dispositivos eletrônicos – muitas vezes mais íntimos e sensíveis que qualquer tipo de material obtido na residência de investigados, e mesmo em conversas telefônicas interceptadas –, proponho que uma possível futura regulamentação do princípio se

4 Cf. 4.1.3.3 *supra*.

baseie em algumas premissas, algumas derivadas da própria LIT, mas com cautelas adicionais tendo em vista a invasividade do ato:

(i) **A entrega do conteúdo na forma legível deve ser tecnicamente possível.** Para ocultar informações em seu computador, um investigado pode utilizar mecanismos como o *USBKill*, um software que cifra e torna automaticamente inacessível todos os conteúdos da máquina – seja para o usuário como para terceiros. Nesse caso, é tecnicamente impossível que o investigado forneça o conteúdo na forma legível. O mesmo vale para um administrador de um sistema de comunicação cifrado ponta a ponta: é tecnicamente impossível o fornecimento de conteúdos compartilhados por usuários por meio dele;

(ii) **O requerido deve dispor dos meios técnicos para entregar o conteúdo na forma legível.** Se os dados de seu dispositivo foram cifrados por terceiros, ou se o requerido perdeu as chaves, não há que se falar em restrição ao *nemo tenetur se detegere*;

(iii) **A restrição deve se limitar ao fornecimento das informações mínimas para que o conteúdo cujo acesso foi legitimamente autorizado seja legível** (*e.g.*, senha). A restrição deve ser direcionada e restrita, não abrange qualquer divulgação de informação que não seja a necessária para decriptação;

(iv) **Deve haver indícios razoáveis de autoria pelo detentor do dispositivo cifrado.** Aqui, segue-se a mesma linha do que está previsto na LIT;

(v) **A prova não pode ser produzida por nenhum outro meio disponível.** Deve-se aplicar essa limitação ao direito a não autoincriminação como *ultima ratio*, posterior até outros meios de investigação invasivos, como a interceptação telefônica; e

(vi) **Deve-se aplicar a restrição apenas a alguns tipos de crimes.** A restrição não pode, em hipótese nenhuma, se tornar regra em relação a todo e qualquer dispositivo apreendido. Minha sugestão é que o regulador, em diálogo com a sociedade, estabeleça uma lista taxativa de crimes em que há a possibilidade de aplicação dessa limitação.

Esse tipo de abordagem deve ser perseguido com todas as cautelas que restrições a direitos fundamentais requerem, mas se bem balanceada, pode ser uma saída a algumas das demandas trazidas por autoridades no debate "going dark".

6.1.2. Problemas do século XXI devem ser enfrentados com soluções do século XXI

Por mais que a criptografia tenha sido o elemento central do debate "going dark", após tudo o que foi analisado ao longo desta obra é possível afirmar que a incapacidade de acesso a dados cifrados pelas autoridades de investigação é um dos sintomas de uma questão maior e muito mais complexa: como adequar todo um sistema de investigação desenvolvido e regulado na era analógica à realidade digital contemporânea?

As restrições regulatórias à tecnologia visam, de certa forma, tentar "equalizar" a paridade de armas entre investigador e investigado. Tendo em vista o desproporcional potencial danoso dessa abordagem restritiva, resta retirar os holofotes da criptografia para iluminar formas alternativas de investigação.

Buscarei, neste item, apontar possíveis soluções alternativas a curto e a longo prazo, com base no que abordei nesta obra.

6.1.2.1. Soluções jurídicas a curto prazo: Aprimoramento do regime de obtenção de metadados e dados em nuvem

Um primeiro esforço regulatório consiste no aprimoramento do acesso a informações que são tecnicamente possíveis de serem acessadas, em oposição a imposições restritivas a tecnologia para que autoridades possam acessar ainda mais informações, estas não tecnicamente possíveis de serem obtidas. Nesse sentido, é importante o aprimoramento de regimes de obtenção de: (i) dados armazenados em nuvem; e (ii) de metadados, na medida em que for tecnicamente possível aos provedores de serviços.

Em relação aos dados armazenados em nuvem há, naturalmente, a questão da devassa de dados e da invasividade da medida, o que implica na necessidade de uma regulamentação robusta que envolva o sopesamento de direitos fundamentais e o estabelecimento de freios e contrapesos em relação ao acesso a esses dados.

Além disso, há uma questão de direito internacional inerente à própria estrutura dos serviços de nuvem: qual é a forma de obtenção de dados que, possivelmente, estão localizados fora do Brasil? Um recente debate acerca desse tópico em específico foi levado ao STF em 2020, por meio da ADC 51[5]. A esperança é que esse tipo de debate qualificado na suprema corte reacenda a necessidade de revisitar o sistema processual penal brasileiro a fim de suprir essas questões.

Em relação aos metadados, eles oferecem uma gama de vantagens que vão além da mera disponibilidade na forma legível: são estruturados, estão presentes na quase totalidade de provedores de serviços, e requerem pouco poder computacional para o seu processamento de forma massiva.

Os seus problemas são quase tão intensos quanto suas vantagens: sua coleta e sua análise em massa suscitam diversas considerações sobre vigilância e privacidade. Esforços regulatórios são necessários para impedir a utilização desenfreada desse tipo de informação.

Recentemente, no Brasil, há uma movimentação no sentido de estabelecer freios e contrapesos na utilização desses tipos de dados para fins de persecução penal. No final de 2019, a Câmara dos Deputados nomeou uma comissão de juristas para desenvolver um Anteprojeto de Lei voltado à proteção de dados pessoais na esfera criminal. Com a comissão, a ideia foi preencher a lacuna deixada pela LGPD, que deixa de fora de seu escopo de aplicação tratamentos de dados para fins de segurança pública[6].

O Anteprojeto foi divulgado publicamente em dezembro de 2020[7]. O texto, com fortes influências da Diretiva 2016/680 da União Europeia,

---

5 Autora da ADC 51 defende cumprimento do acordo Brasil-EUA. *STF Notícias* (10-2-2020). Disponível em: <http://www.stf.jus.br/portal/cms/verNoticiaDetalhe.asp?idConteudo=436573>. A ADC 51 ensejou uma audiência pública no STF, cuja transcrição pode ser encontrada aqui: <http://www.stf.jus.br/arquivo/cms/audienciasPublicas/anexo/ADC51Transcricoes.pdf>. Acesso em: 31 de março de 2021.

6 Maia cria comissão de juristas para propor lei sobre uso de dados pessoais em investigações. *Agência Câmara de Notícias* (27-11-2019). Disponível em: <https://www.camara.leg.br/noticias/618483-maia-cria-comissao-de-juristas-para-propor-lei-sobre-uso-de-dados-pessoais-em-investigacoes/>. Acesso em: 31 de março de 2021.

7 Texto completo do APL pode ser encontrado aqui: <https://www2.camara.leg.br/atividade-legislativa/comissoes/grupos-de-trabalho/56a-legislatura/comissao-de-juristas-dados-pessoais-seguranca-publica/documentos/outros-documentos/DADOSAnteprojetocomissaoprotecaodadossegurancapersecucaoFINAL.pdf>. Acesso em: 31 de março de 2021.

estabelece diversas obrigações às autoridades no tratamento de dados pessoais para fins de investigação. Tendo o conceito de dado pessoal como "informação relacionada a pessoa natural identificada ou identificável" – mesma definição da LGPD – temos que a vasta maioria dos metadados e dos conteúdos armazenados em nuvem se encaixam nessa definição, sendo o APL um grande primeiro passo na regulamentação desses tipos de tratamentos e na modernização do sistema processual penal brasileiro como um todo.

6.1.2.2. Soluções jurídicas a longo prazo: Estabelecimento de um *framework* jurídico para a tutela do "hacking governamental", orientado pela proteção de direitos fundamentais

No capítulo anterior, eu afirmei que o "hacking governamental" é o inevitável futuro do debate "going dark". Para não correr o risco de ser mal interpretado, afirmo aqui que ele é o futuro do *debate*, e não das *investigações em si*. Não há como o "hacking governamental" ser o futuro dos meios de investigação se ele já ocorre desde o final da década de 1990. O problema, que deve ser enfrentado quando ele tomar os holofotes do debate, é sua *regulamentação*.

Como explorado ao longo deste livro, conversas telefônicas, provas físicas e buscas e apreensões nas residências de investigados dão lugar à perseguição das mesmas provas que seriam obtidas analogicamente pelo meio digital. É natural que a investigação criminal dependa cada vez mais de acesso a dispositivos e a arquivos digitais, e o "hacking governamental" é a consequência mais direta desse cenário (perícia em dispositivos bloqueados, acesso remoto a computadores para monitoramento das atividades etc.).

De um lado, como eu afirmei anteriormente, acredito que adequar os meios de investigação à realidade digital, viabilizando que autoridades possam utilizar ferramentas para explorar as vulnerabilidades não intencionais já contidas em sistemas e assim acessar as informações que buscam é algo mais desejável do que a imposição estatal de vulnerabilidades em sistemas criptográficos.

De outro lado, é necessária uma regulamentação cuidadosa e balanceada para a sua operacionalização na prática, tendo em vista a complexidade envolvida no desenvolvimento dessas ferramentas, a insegurança que ela gera para *todos* os usuários de determinado sistema explorado e o grau de invasividade que a devassa de dispositivos – seja naqueles apreendidos ou, mais ainda, nos acessados remotamente – significa para o direito à privacidade.

Nesse sentido, acredito que a superação da falsa dicotomia do debate "privacidade *vs.* segurança" ou "segurança *vs.* segurança" posta pelo debate "going dark" só será superada quando houver a compreensão de que o que deve ser debatido não é se devemos regular a criptografia para viabilizar a investigação criminal, mas sim a questão maior de como adequar a atividade de investigação ao século XXI. Uma vez compreendido isso, faz-se necessário estabelecer a melhor forma de viabilizar essa adequação na prática, pautada pela proteção dos direitos e garantias fundamentais.

Entendo que o "hacking governamental" deve ser o aspecto central dessa discussão, e retomo aqui os cinco desafios que surgem para sua regulamentação e que devem, necessariamente, ser enfrentados no debate:

(i) **Deve-se estabelecer de forma clara qual é a definição e quais são as modalidades de "hacking governamental" a serem regulamentados.** Esse ponto inicial é fundamental para definir o que será balanceado posteriormente. Minha sugestão é tomar o acesso a dados como ponto fundamental e dividir seu escopo em duas frentes: (1) utilização de ferramentas de *hacking* no contexto da perícia de determinado dispositivo apreendido; e (2) utilização de ferramentas de *hacking* para acesso a dispositivos de forma remota.

(ii) **É necessário que se imponha requisitos de admissibilidade ao "hacking governamental".** A ideia é que, em primeiro lugar, o mecanismo só possa ser utilizado como *ultima ratio*, esgotados todos os outros meios menos intrusivos de investigação. Em segundo lugar, por causa do potencial invasivo do *hacking* e a necessidade da especificação de seu objetivo, sua condução deve ser previamente autorizada por juiz competente (necessidade de autorização judicial). Por fim, em terceiro lugar, seguindo os passos de legislações existentes na Alemanha e na França, é necessário limitar o "hacking governamental" a uma lista taxativa de crimes investigados.

(iii) Essas ferramentas nem sempre estão disponíveis publicamente e muitas vezes são custosas para desenvolver. Deve-se discutir, portanto, **como essas ferramentas serão adquiridas e quem arcará com os custos de pesquisa e o desenvolvimento delas.** Há diversas questões sobre as capacidades técnicas e financeiras de autoridades de investigação em financiar suas próprias ferramentas; ao mesmo tempo, há diversas questões éticas sobre a aquisição de ferramentas de empresas terceiras.

(iv) **O maior desafio é definir se, quando, como e para quem eventuais vulnerabilidades exploradas pelas autoridades devem ser divulgadas.** Isso é trabalhado com mais detalhes no item 5.3.3.4, mas minha sugestão é que o procedimento de divulgação de vulnerabilidades deve se pautar em quatro considerações: (1) o impacto da vulnerabilidade; (2) o momento da divulgação; (3) as partes que devem ser informadas (desenvolvedor do sistema e usuários); e (4) a forma da divulgação.

(v) **Por fim, deve-se levar em consideração os impactos transacionais que esse tipo de investigação pode gerar.**

A ideia, aqui, não é esgotar o debate sobre "hacking governamental" – ainda mais que ele é praticamente inexistente na maioria dos países, incluindo no Brasil –, mas sim identificar seus pontos de contenção principais e sugerir alguns encaminhamentos para esses pontos, na esperança de trazer insumos para uma maturação mais rápida do debate por aqui, tendo em vista sua inevitabilidade.

6.1.2.3. Capacitação técnica de investigadores, juízes e *policymakers*

Este é um ponto fundamental de qualquer tipo de regulação de tecnologias: é necessário que aqueles que desenvolvem as normas, aqueles que aplicam as normas e aqueles que estão sujeitos às normas entendam o funcionamento, os limites e o impacto de seus atos em relação a essas tecnologias. Esse aprendizado acontece tanto por meio de capacitações oferecidas aos profissionais dentro de suas instituições como por meio do diálogo com os demais setores da sociedade, em especial com a comunidade técnica.

Vimos isso de forma positiva e proativa com o advento da LGPD. Sua concepção contou com diversas contribuições da sociedade por meio de consultas públicas[8], e, com sua entrada em vigor, observamos diversas movimentações relacionadas à capacitação de autoridades e orientações sobre a aplicação da lei[9].

De forma geral, o STF tem sido um grande centralizador de debates públicos sobre direito e tecnologia, realizando audiências públicas multissetoriais para a discussão de temas tecnológicos para além dos bloqueios de aplicativos, como o direito ao esquecimento[10] e o controle de dados de usuários por provedores de internet no exterior[11].

Esse tipo de iniciativa deve não apenas ser perseguida, como estimulada.

6.2. Lições da Escuridão: o que o debate "going dark" nos ensina sobre o papel do direito na regulação da tecnologia?

Esta segunda parte do capítulo tem como objetivo identificar, dentro do debate "going dark", pontos relevantes que podem ajudar a orientar debates futuros sobre regulação de tecnologia, mesmo que estes não

---

8 Cf. Debate público sobre o anteprojeto de lei de proteção de dados pessoais. Os resultados da consulta se tornariam, posteriormente, o PL n. 5276/16, um dos PLs-base do que se tornaria a LGPD. *Ministério da Justiça*. Disponível em: <http://pensando.mj.gov.br/dadospessoais/participe/>. Acesso em: 31 de março de 2021.

9 Cf., por exemplo, o Portal LGPD do STJ: <https://www.stj.jus.br/sites/portalp/Leis-e-normas/lei-geral-de-protecao-de-dados-pessoais-lgpd>; e o Roteiro de Atuação do MPF para o "Sistema Brasileiro de Proteção e Acesso a Dados Pessoais", disponível em: <http://www.mpf.mp.br/atuacao-tematica/ccr3/documentos-e-publicacoes/roteiros-de-atuacao/sistema-brasileiro-de-protecao-e-acesso-a-dados-pessoais-volume-3>. Acesso em: 31 de março de 2021.

10 Recurso Extraordinário 1.010.606/RJ. Rel. Min. Dias Toffoli. Convocação de Audiência Pública. Assunto: Aplicabilidade do direito ao esquecimento na esfera civil, em especial quando esse for invocado pela própria vítima ou por seus familiares (17-5-2017). Disponível em: <http://www.stf.jus.br/arquivo/cms/audienciasPublicas/anexo/DespachoDireitoAoEsquecimento.pdf>. Acesso em: 31 de março de 2021.

11 Ação Declaratória de Constitucionalidade 51/DF. Rel. Min. Gilmar Mendes. Despacho de Convocação de Audiência Pública (6-11-2019). Disponível em: <http://www.stf.jus.br/arquivo/cms/audienciasPublicas/anexo/ADC51.pdf>. Acesso em: 31 de março de 2021.

envolvam segurança pública e privacidade. Entendo que há, ao menos estruturalmente, certos erros e desafios que sempre enfrentamos no campo do direito e tecnologia, independentemente do tópico. Pretendo, com isso, abstrair algumas "lições" do "going dark" – sem qualquer pretensão de que elas sejam exaustivas – que podem ser úteis aos estudiosos do tema.

Optei por trabalhar essas "lições" a partir de três elementos que julgo onipresentes em debates de direito e tecnologia: (i) reações regulatórias reativas, imediatas e impensadas; (ii) impacto transnacional de regras locais; e (iii) os limites da tecnologia e do direito.

6.2.1. Cuidado com soluções juridicamente simples para problemas tecnologicamente complexos

A cada nova iteração do debate "going dark", fica evidente o caráter reativo das autoridades governamentais tanto em relação à identificação do problema como nas propostas de solução. Isso não é algo incompreensível, o desenvolvimento tecnológico é rápido e dinâmico, e muitos dos problemas que surgem com ele demandam soluções igualmente rápidas e dinâmicas. No entanto, a dificuldade em identificar a raiz do problema e de situar a tecnologia como fator contributivo para ele desencadeia uma série de soluções problemáticas e incompletas, que geram efeitos negativos a curto e a longo prazo.

Esse viés reativo da regulação é identificado em diversos debates sobre temas de direito e tecnologia e, de uma forma ou de outra, parecem se repetir a cada novo desenvolvimento tecnológico que gera impacto relevante na sociedade. A seguir, elenco três aspectos relevantes sobre reações regulatórias imediatas e problemáticas à tecnologia.

6.2.1.1. Problemas de eficácia da norma jurídica

O primeiro e mais evidente problema de reações regulatórias imediatas está na própria eficácia da norma jurídica. Ao não compreender as questões trazidas pela tecnologia a fundo, soluções normativas podem simplesmente não surtir efeito algum na prática. Isso pode se materializar das seguintes maneiras:

Em primeiro lugar, uma norma jurídica voltada a uma tecnologia pode **impor uma obrigação tecnicamente impossível de ser cumprida**, por causa do não entendimento do regulador sobre aspectos técnicos do que se pretende regular. Vimos isso nas ordens judiciais que obrigavam o WhatsApp a entregar o conteúdo das mensagens compartilhadas e a impossibilidade do ato devido à criptografia ponta a ponta. Trata-se de uma obrigação impossível de ser cumprida por causa das limitações técnicas do sistema; na prática, não há como a obrigação surtir os efeitos pretendidos, sendo ineficaz.

Em segundo lugar, caso o regulador não seja capaz de compreender de forma ampla os problemas que ele pretende mitigar, é possível que a **norma se torne obsoleta rapidamente**. Leis voltadas à restrição de aplicações específicas tendem a deixar de surtir efeito conforme essas aplicações se tornem obsoletas e não utilizadas pela população em geral. Anteriormente, vimos as tentativas da Índia em limitar a disseminação de criptografia forte no país no final da década de 1990, estabelecendo em 40 bits o tamanho máximo das chaves criptográficas[12]. Hoje em dia é impensável a utilização de sistemas tão frágeis, e a norma é ineficaz no território indiano.

Um exemplo brasileiro dessa segunda abordagem – não tão caricato quanto o indiano – é o Decreto n. 7.962/2013, que regulamenta o *e-commerce*. O decreto foi elaborado e sancionado em uma época em que as "compras coletivas" (*e.g.*, Groupon, Peixe Urbano) eram moda no Brasil, e dedica mais da metade do texto a essa modalidade de comércio. Conforme o tempo foi passando, cada vez menos as pessoas se utilizam de plataformas de compras coletivas, com a lei caminhando para a ineficácia pelo simples desuso da tecnologia.

Por fim, em terceiro lugar, há talvez o maior problema relacionado à ineficácia da norma jurídica no contexto tecnológico: **a dificuldade de aplicação e controle da lei na prática**. Nesse sentido, tem-se que as regras são claras e sabidas, mas o *enforcement* delas é por vezes ou muito custoso, ou complexo ou tecnicamente impossível. É possível

12 Cf. 5.1.2 *supra*.

acessar aplicações bloqueadas em países autoritários – como o Paquistão ou a China – por meio de VPNs ou da rede Tor, tornando o bloqueio ineficaz na prática.

Aqui no Brasil, temos algo parecido no contexto do compartilhamento ilegal de filmes via Internet: a proibição é clara e os usuários têm ciência de sua existência. Mas como é complexo e custoso o monitoramento desse tipo de compartilhamento, as pessoas simplesmente o fazem sem correr o risco de sofrerem as consequências[13]. Por isso, a proibição é ineficaz para coibir o ato.

Eventuais imposições de mecanismos de acesso excepcional provavelmente cairiam nessa terceira vertente, com usuários mais experientes simplesmente migrando para serviços não afetados pela regulação ou se utilizando de redes VPN ou Tor para utilizar serviços bloqueados.

6.2.1.2. Impacto duradouro no desenvolvimento tecnológico

É importante mencionar que restrições regulatórias impostas a tecnologias hoje terão, muito provavelmente, reflexos no desenvolvimento dessas tecnologias no futuro – mesmo que o entendimento mude e leis sejam alteradas. Podemos ilustrar esse impacto de duas formas diferentes.

Em primeiro lugar, restrições impostas a determinada tecnologia, evidentemente, desestimulam o desenvolvimento tecnológico em relação a ela. Como mencionado no ponto anterior, é possível que haja algum tipo de estímulo em desenvolver a tecnologia de forma a contornar a regulação, mas via de regra é natural que empresas e indivíduos evitem desenvolver soluções e produtos que podem, eventualmente, ser inviabilizados por causa de regulações preexistentes.

Em segundo lugar, como tratado no Capítulo 1[14], há ainda a questão da retrocompatibilidade, que pode ser ainda pior. Sistemas de comunicação

---

13 O Brasil é o 4º país que mais pirateia filmes no mundo. MÜLLER, Leo. Brasil é o 4º país que mais consome pirataria no mundo, diz estudo. *TecMundo* (23-3-2018). Disponível em: <https://www.tecmundo.com.br/mercado/128532-brasil-4-pais-consome-pirataria-mundo-diz-estudo.htm>. Acesso em: 31 de março de 2021.

14 Cf. 1.2.1.2 *supra*.

precisam ser capazes de operar entre hardwares/softwares novos e antigos. Escolhas prejudiciais feitas hoje em relação a esses sistemas os impactarão no futuro. Nesse sentido, ainda que regulações restritivas sejam posteriormente repensadas e revistas, seu impacto seguirá sendo sentido no desenvolvimento tecnológico por bastante tempo (LANDAU, 2017, p. 94-95).

6.2.1.3. Breve comentário sobre leis tecnologicamente neutras

Na grande maioria das discussões envolvendo regulação de tecnologia em que identifica-se a necessidade de legislação específica para lidar com a matéria, é muito comum que se defenda a ideia de *leis tecnologicamente neutras*. Uma rápida busca no Google, em português mesmo, já nos aponta para uma série de artigos e textos elogiando ou apontando a importância desse tipo de lei no contexto tecnológico, seja em relação à LGPD[15], ao MCI[16], ao PL de Fake News proposto em 2020[17], e até mesmo em questões envolvendo regulação de seguros[18]. Fora do Brasil, esse

---

15 "A lei é **tecnologicamente neutra**, deixando a cargo do agente que defina (de maneira responsável) a estrutura e soluções que serão empregadas." O jogo dos 7 erros da LGPD: o que ainda não te contaram sobre o projeto de adequação. *Linkedin* (3-11-2019). Disponível em: <https://www.linkedin.com/pulse/o-jogo-dos-7-erros-da-lgpd-que-ainda-n%25C3%25A3o-te-contaram-de-prado-chaves/>. Acesso em: 31 de março de 2021.

16 "Assim, a ABRANET defende que a regulamentação do Marco Civil da Internet seja feita de forma breve e pontual, sendo seu texto **tecnologicamente neutro**." Contribuição da ABRANET ao Marco Civil da Internet. Disponível em: <https://marcocivil.cgi.br/docs/contribs/topico/5>. Acesso em: 31 de março de 2021.

17 "Na mesma linha, Carlos Affonso Souza, do ITS, apontou que a internet não é terra sem lei e que nela se aplicam as leis específicas para a rede e também as criadas antes da internet. 'A tese que o ITS vem defendendo é atacar o financiamento das fake news, é seguir o dinheiro e não legislar o conteúdo, mas focar em comportamento', disse. Para ele, a lei deve ter uma redação mais focada, mais cirúrgica e **tecnologicamente neutra**." Fake News: é um erro achar que o Brasil pode ter uma Internet para chamar de sua. *Convergência Digital* (25-6-2020). Disponível em: <https://www.convergenciadigital.com.br/cgi/cgilua.exe/sys/start.htm?UserActiveTemplate=site&infoid=54035&sid=4>. Acesso em: 31 de março de 2021.

18 Gabriel Bernardino: Regulação de seguros deve ser tecnologicamente neutra. *Revista Cobertura* (11-5-2018). Disponível em: <https://www.revistacobertura.com.br/2018/05/11/gabriel-bernardino-regulacao-de-seguros-deve-ser-tecnologicamente-neutra/>. Acesso em: 31 de março de 2021.

tópico é amplamente debatido, com autores mostrando-se favoráveis a leis tecnologicamente neutras[19], e outros contrários[20].

A ideia dessas leis é relativamente simples, trata-se da premissa de que a legislação não deve individualizar, especificar ou descrever uma tecnologia em particular, mas sim abordar a tecnologia em termos mais amplos, sendo capazes de abranger mais de uma tecnologia existente e, possivelmente, tecnologias futuras que ainda não sejam conhecidas no momento da elaboração da legislação (BIRNHACK, 2012, p. 36). A ideia é centrar a elaboração dessas legislações pela função ou objetivo que se quer obter com elas na sociedade. Estabelecendo esses *objetivos* de forma clara – o que geralmente é atingido por meio de uma abordagem principiológica –, a regulação é capaz de abranger os *meios* (da tecnologia em si) de forma mais flexível, mas sem gerar muita incerteza jurídica.

De acordo com Michael Birnhack (2012), as leis tecnologicamente neutras são uma boa saída para regulação da tecnologia quando, no caso concreto, elas são capazes de atingir três objetivos: (i) flexibilidade; (ii) inovação; e (iii) harmonização.

Em relação à **flexibilidade**, Birnhack (Idem, p. 38) indica que leis tecnologicamente neutras podem ser flexíveis na medida em que elas são capazes de abranger uma multiplicidade de tecnologias diferentes. Uma vez que o direito não é capaz de "prever" o desenvolvimento e o impacto de novas tecnologias, tendo em vista que esta se amplia de forma muito mais rápida do que o ordenamento jurídico, é importante que uma lei seja desenvolvida de forma a não se tornar obsoleta ou ineficaz a curto prazo. Na prática, a ideia é que o legislador se foque nas suas funções e no comportamento humano por trás da tecnologia.

Como abordei no item 6.2.1.1., uma lei voltada a uma tecnologia em específico está fadada a se tornar ineficaz na medida em que essa tecnologia se torna obsoleta ou é abandonada pelo público em geral. De nada adiantaria uma lei que obrigue investigados a entregar a senha numéri-

---

19 Cf. KOOPS (2006); BIRNHACK (2012).

20 Cf. OHM, Paul. The argument against technology-neutral surveillance laws. *Tex. L. Rev.*, v. 88, p. 1685, 2009.

ca de seus dispositivos eletrônicos se, no futuro, todos os dispositivos forem desbloqueados unicamente por dados biométricos, por exemplo.

Por outro lado, a flexibilidade jamais deve andar sozinha, com o perigo de gerar enorme insegurança jurídica em relação a sua aplicação. Podemos observar isso em relação às obrigações genéricas de assistência à decriptação, vistas no item 5.1.3.1. Ao regular apenas o comportamento – a assistência em fornecer os conteúdos – sem levar em consideração outros aspectos, como a capacidade técnica e a harmonização com demais direitos (não autoincriminação, por exemplo), obrigações genéricas de assistência geram insegurança jurídica tanto aos investigados quanto aos investigadores.

Sobre o segundo objetivo, as leis tecnologicamente neutras devem regular a tecnologia de forma a estimular (ou a não desestimular) a **inovação**. Birnhack (2012, p. 43-44) indica a importância desse objetivo ao descrever como lei voltadas a tecnologias específicas prejudicam a inovação de três grandes maneiras:

> Primeiro, se a lei escolher uma tecnologia, o incentivo para desenvolver outras tecnologias que atinjam a mesma função pode diminuir. Uma escolha tecnologicamente neutra, por outro lado, incentiva a concorrência entre os desenvolvedores e entre as tecnologias. Ela cria um espaço para a inovação (...).
>
> Em segundo lugar, uma escolha legislativa por uma tecnologia específica pode causar um bloqueio tecnológico: a tecnologia escolhida será utilizada mesmo que existam tecnologias superiores. Uma vez implementada e amplamente utilizada uma tecnologia, há custos de mudança para outras tecnologias (...).
>
> Em terceiro lugar, uma lei voltada especificamente para uma tecnologia pode gerar incentivos para trabalhar em torno de suas regras. Isso pode acontecer quando a lei impõe deveres ou responsabilidade legal a uma parte que opera ou utiliza uma tecnologia específica. A empresa ou o engenheiro experiente projetará a tecnologia de modo a evitar a definição legal da tecnologia específica, evitando assim a responsabilidade[21].

---

21 Tradução própria. No original, em inglês: "First, if the law chooses one technology, the incentive to develop other technologies that achieve the same function might

Nesse sentido, leis tecnologicamente neutras seriam capazes de fomentar a inovação sem estimular *bypasses* tecnológicos nem engessar modelos de negócio. No entanto, deve-se levar em consideração que leis abertas podem, também, desestimular o desenvolvimento tecnológico na medida em que desenvolvedores não conseguem prever como a lei será aplicada na prática.

Por fim, o terceiro objetivo consiste na capacidade de **harmonização** dessas leis nos ordenamentos jurídicos preexistentes. Uma lei tecnologicamente neutra é capaz de abranger diversas tecnologias, não com base em suas especificidades, mas em suas funções. Ordenamentos jurídicos que identifiquem as mesmas questões relativas a determinadas tecnologias e abordem de forma tecnologicamente neutra sua regulação são capazes de chegarem nas mesmas funções, assim possibilitando a sua harmonização no aspecto transnacional – algo muito importante em um mundo conectado.

Exemplo prático desse objetivo são as legislações de proteção de dados no Brasil (LGPD) e na União Europeia (GDPR). Partindo dos mesmos princípios e com os mesmos objetivos, as legislações são em grande parte harmônicas.

Entendidas as possíveis vantagens das leis tecnologicamente neutras, vale destacar que não é a todas as tecnologias e situações que elas são desejáveis. Exemplo claro disso é a regulação de armas de fogo. Tendo em vista todas as questões que envolvem sua utilização, temos que o legislador optou por regular a tecnologia (arma de fogo) de forma espe-

---

decrease. A technology-neutral choice, on the other hand, encourages competition among developers and among technologies. It creates a breathing space for innovation (...).
Second, a legislative endorsement of one particular technology might cause a technological lock-in: the chosen technology will be used even if there are superior technologies. Once a technology is implemented and widely used, there are costs of switching to other Technologies (...).
Third, a technology-specific rule might provide incentives to work around the regulation. This might happen when the regulation imposes duties or legal liability on a party that operates or uses a specific technology. The savvy business or engineer will design the technology so to avoid the law's definition of the particular technology, thus avoiding the liability".

cífica – por meio do controle e da imposição de condições para aquisição das armas – e de forma ampla – regulando comportamentos advindos dela, como lesão corporal grave, homicídio, latrocínio.

Bert Jaap-Koops (2006) sugere uma série de critérios para definir quando e como regular por meio de leis tecnologicamente neutras, que podem ser segmentados a partir de três chaves de análise: (i) critérios relativos ao escopo da regulação; (ii) critérios relativos ao contexto da regulação; e (iii) critérios relativos às formas da regulação na prática.

Sobre o **escopo** da regulação, deve-se identificar o seu objetivo, suas funções. Ponto importante a entender é se a regulação em questão visa salvaguardar normas e valores fundamentais ou fazer com que as coisas funcionem de forma eficaz e eficiente (Idem, p. 20). Ademais, deve estar claro se o controle jurídico em si da tecnologia é desejável (há a necessidade de regulação?) e o quão urgente é a regulação. Por fim, deve-se avaliar qual é o nível de segurança jurídica necessário para atingir as funções almejadas.

Sobre o **contexto** da regulação, Koops (Idem, 22) indica a importância de entender o nível de "turbulência tecnológica" gerada pela tecnologia, definida como:

> (...) tecnologia que está se desenvolvendo rapidamente com inovações substanciais, novas funções e grandes avanços em escala a cada um ou dois anos, cuja necessidade de neutralidade tecnológica da regulamentação é diferente da tecnologia que está se desenvolvendo em um ritmo muito mais lento[22].

Há ainda que realizar esforços para entender os efeitos colaterais da regulação; ter muito cuidado com a redação das normas, a fim de indicar se o intuito é que ela seja interpretada de forma extensiva ou restritiva; e, por fim, ter ideias claras de como será viabilizada a aplicação da norma jurídica na prática.

---

22 Tradução própria. No original, em inglês: "technology which is developing rapidly with substantial innovations, new functions, and big advances in scale occurring every one or two years, the need for technology neutrality of regulation is different from that with technology that is developing at a much slower rate".

Por fim, sobre a **forma** da regulação na prática, deve-se avaliar o nível de regulação requerida a partir da esfera regulatória que está elaborando a norma jurídica. Em outras palavras, regulações desenvolvidas na esfera constitucional, por exemplo, tendem a ser mais abstratas e principiológicas, logo leis tecnologicamente neutras são bastante adequadas. Regulações setoriais, por outro lado, tendem a atacar problemas específicos, concretos e temporais, contexto no qual leis neutras talvez não façam sentido.

A ideia desse ponto é apenas trazer ao debate algumas questões relacionadas a leis tecnologicamente neutras e indicar que, mesmo que elas ofereçam diversas vantagens, deve-se observar caso a caso o contexto que pede esse tipo de regulação e levar em consideração suas limitações.

Para fins do objeto desta obra, a ideia das leis tecnologicamente neutras é bastante interessante quando falamos da regulação do "hacking governamental": orientado por princípios, pela prestação de contas e não adstrito a uma única tecnologia em si (*malware*, *keylogger* ou algum outro tipo de meio técnico de acesso aos dados), um futuro debate legislativo sobre a regulação dessa técnica de investigação pode se beneficiar dos pontos trazidos aqui por Birnhack e Koops.

6.2.2. Na Internet, restrições locais têm impactos transnacionais

Um problema incrivelmente complexo que perpassa o debate "going dark", mas que foge ao escopo deste livro e merece trabalho próprio a ele dedicado é a questão do impacto transnacional que regulações locais de tecnologia podem gerar, em especial, com relação a aplicações de Internet[23]. Mencionei esse ponto de forma breve no Capítulo 3, mas vale aqui reproduzir um trecho do que levantei em trabalho anterior (LIGUORI FILHO, SALVADOR, 2018, p. 158):

---

23 Para quem quiser se iniciar na temática, sugiro as seguintes leituras: SVANTESSON, Dan Jerker B. *Solving the internet jurisdiction puzzle*. Oxford University Press, 2017; e ZITTRAIN, Jonathan L. Be careful what you ask for: Reconciling a global internet and local law. Who rules the net, 2003.

> Diferentemente de diversos outros debates regulatórios, cujos efeitos práticos costumam se limitar ao território do Estado regulador, a limitação do desenvolvimento, do uso e do comércio de criptografia em qualquer país provavelmente terá efeitos ao redor do planeta. Exemplo desse fenômeno é o que se denomina "problema do país menos confiável" (*least trusted country problem*) (SWIRE, AHMAD, 2012, p. 457).
>
> Quando lembramos que um mesmo serviço de comunicação costuma ser utilizado em vários países e que as comunicações via internet quase sempre atravessam fronteiras, podemos perceber como a regulação da criptografia em um país pode criar uma falha de segurança que afeta todos os outros que utilizam um mesmo sistema de comunicação. Se um país proíbe criptografia eficaz ou impõe vulnerabilidades aos serviços utilizados em seu território, então a comunicação que parte desse país ou passa por sua infraestrutura estará necessariamente menos segura. Afirma-se, nesse sentido, que um sistema de comunicação internacional é tão seguro quanto o país mais restritivo envolvido permite que ele seja.

Isso é aplicável mesmo que determinado provedor de aplicação seja capaz de oferecer versões diferentes de um mesmo serviço a países com regulações distintas: se Alice, uma pessoa de um país que estimula criptografia forte quiser se comunicar com Bob, uma pessoa de um país com imposição de *backdoors*, as comunicações de Alice estarão tão seguras quanto o sistema utilizado por Bob. Isso pode gerar diversas questões em relação à jurisdição e outros pontos relativos a direito internacional (*e.g.*, soberania).

Reflexos práticos da incorporação de normas locais em tecnologias globais podem ser identificados no direito autoral. A vasta maioria das plataformas de compartilhamento de conteúdo de usuários (redes sociais, SoundCloud, YouTube), em geral baseadas nos EUA, implementaram em suas aplicações o sistema de *notice and takedown* para remoção de conteúdo que supostamente viola direitos autorais. Trata-se do sistema imposto pela legislação estadunidense de direito autoral, em que basta o detentor da obra notificar a plataforma para que o conteúdo seja removido, sem qualquer apreciação judicial.

Esta é uma escolha que teve reflexos práticos em países com legislação autoral mais flexível, em que a remoção não é imediata (como o *notice and notice* no Canadá) e em países que não tinham uma sistemática para remoção de conteúdo na Internet – como foi o caso do Brasil até 2015[24].

Em relação à imposição de mecanismos de acesso excepcional, o problema é muito mais intenso devido à essencialidade do papel da criptografia nos meios de comunicação modernos. Peter Swire e Kenesa Ahmad (2012, p. 458-459), que cunharam o termo "problema do país menos confiável", explicam de forma clara:

> No final das contas, as leis que limitam a criptografia forte criam falhas de segurança. As comunicações que originam, terminam, atravessam ou cumprem as leis dessas nações são sistematicamente enfraquecidas – elas são tão seguras quanto estariam nas mãos de nosso país menos confiável, qualquer que seja o país que imponha essas limitações. (...) Se as chaves são mantidas em diversos países, então haverá muitos pontos de ataque em potencial. Uma entidade responsável pela guarda de chaves pode entregar as chaves, mesmo sem ordens judiciais ou outras garantias jurídicas. (...) Criminosos ou outros podem corromper os membros dessas entidades, colocando efetivamente as chaves nas mãos de partes maliciosas. Pense em comunicações importantes nas mãos do país em que você menos confia no mundo. Essa é a Internet que resultaria se fossem impostos limites à criptografia forte[25].

---

24 O cenário por aqui ainda é incerto, mas adotamos o sistema de *notice and takedown* de forma razoavelmente concreta com o Recurso Especial 1.512.647/MG, do STJ, em 2015, de relatoria do Min. Luis Felipe Salomão.

25 Tradução própria. No original, em inglês: "Ultimately, laws that limit effective encryption create security holes. Communications that originate, end, travel through, or comply with the policies of those nations are systematically weakened – they are as secure as they would be in the hands of our least trusted country, whatever country that may be. (...) The arguments against key escrow, or other limits on effective encryption, are even more persuasive in a world where several (...) countries impose such limits. If keys are held in numerous countries, then there are many potential points of compromise. A key recovery organization may relinquish the keys even in the absence of court orders or other rule-of-law protections (...) Criminals or others might corrupt insiders at the organization, effectively placing the keys in the hands of malicious parties. Think about important communications in the hands of the country you trust least in the world. That is the Inter- net that would result from limits on strong encryption".

De qualquer forma, temos que imposições restritivas locais a serviços oferecidos ao redor do mundo podem ter dois tipos de consequências diferentes: (i) a restrição do sistema para todos os usuários fora da jurisdição restritiva; ou (ii) simplesmente a retirada de circulação do serviço no país em questão – algo pouco eficaz sob o ponto de vista da regulação, tendo em vista os diversos meios alternativos para acesso às aplicações (VPNs, Tor).

6.2.3. *Nerd harder* e os limites da tecnologia e do direito

Para finalizar, vale ainda explorar um ponto que muitas vezes é reduzido por estudiosos do debate "going dark" como desconhecimento ou desonestidade de autoridades governamentais, mas que, na verdade, infelizmente tem um peso retórico bastante relevante no debate público, em especial com relação aos mais leigos (a vasta maioria da população): os limites técnicos da tecnologia.

Por vezes, a percepção que algumas dessas autoridades passam é a de que a tecnologia é ilimitada, possível de alcançar qualquer resultado desejado, bastando que aqueles que a desenvolvem queiram e se esforcem para atingir tal resultado.

Uma declaração que ficou bastante famosa e foi motivo de chacota para os estudiosos do debate, sendo replicada em inúmeros trabalhos (GILL et al., 2018; VEEN, 2017; ACCESS NOW, 2018), foi a do ex-primeiro ministro da Austrália Malcolm Turnbull em uma coletiva de imprensa sobre segurança nacional e criptografia. Turnbull foi enfático em apontar que a solução para a impossibilidade de acesso às mensagens no sistema E2EE deveria ser resolvida de forma coordenada entre os provedores de serviços e autoridades de investigação, mas logo em seguida aponta que os próprios provedores devem oferecer essa solução às autoridades[26]:

---

26 THE HON. MALCOLM TURNBULL MP PRIME MINISTER. Press Conference with the Attorney-General, Senator the Hon. George Brandis QC and the Acting Commissioner of the Australian Federal Police, Mr Michael Phelan APM AFP Headquarters, Sydney (14-7-2017). Transcrição completa disponível em: <https://parlinfo.aph.gov.au/parlInfo/search/display/display.w3p;query=Id:%22media/pressrel/5400131%22>. Acesso em: 31 de março de 2021.

PRIMEIRO MINISTRO:

(...) A consequência disso é que temos um cenário em que se impossibilita que agências de investigação, da polícia e os serviços de segurança possam interceptar e ter acesso às comunicações legalmente, e ninguém discutiu sobre isso. Este tem sido o caso desde sempre. Agora, devido a essa criptografia de ponta a ponta, todas essas informações, todos esses dados, a comunicação tendo sido efetivamente inacessível pelas autoridades. Isso não é aceitável. Somos uma sociedade, uma democracia, sob o Estado de direito, e a lei deve prevalecer tanto online quanto offline.

JORNALISTA:

Primeiro Ministro, o senhor diz querer que essas empresas de tecnologia cooperem e trabalhem com o senhor. E se elas não cooperarem? Você pode forçá-las a fazê-lo?

PRIMEIRO MINISTRO:

Bem, é aí que precisamos da cooperação internacional de que George estava falando anteriormente. Na verdade, quando estive em Londres há apenas alguns dias, estava me encontrando com a Secretária de Estado Amber Rudd, que havia se reunido com os outros ministros de segurança da Five Eyes e ela estará viajando para o Vale do Silício com sua contraparte americana para levantar essas mesmas questões.

Olha, não estou sugerindo que isso seja um negócio fácil. Mas o fato é que temos um problema. Temos um problema real que nossas agências de investigação estão cada vez mais incapazes de descobrir o que terroristas e traficantes de drogas e redes de pedofilia estão fazendo por causa da criptografia forte.

O que precisamos é da cooperação, onde pudermos forçá-la o faremos, mas precisaremos da cooperação das empresas de tecnologia para proporcionar acesso de acordo com a lei[27] (grifos meus).

---

27 Tradução própria. No original, em inglês:
"PRIME MINISTER: (...) The bottom line is we have got a situation where you have gone from the law enforcement agencies, police, the security services being able lawfully to intercept communications and lawfully have access to communications, and no-one's argued about that. That's been the case forever. Now, because of this end-to-end encryption, all of that information, all of that data, that communication being effectively dark to the reach of the law. That's not acceptable. We are a society, a democracy, under the rule of law, and the law must prevail online as well as offline.
(....)
JOURNALIST: Prime Minister, you say you want these tech companies to cooperate and work with you. What if they don't? Can you force them to?

Imediatamente após esse comentário, Turnbull fez a declaração que o tornaria infame no debate:

> JORNALISTA:
> As leis da matemática não se sobreporão às leis da Austrália? E vocês não estarão também forçando todos a sistemas descentralizados como consequência?
> PRIMEIRO-MINISTRO:
> As leis da Austrália prevalecem na Austrália, posso assegurar-lhe disso. **As leis da matemática são muito louváveis, mas a única lei que se aplica na Austrália** é a lei da Austrália (grifos meus)[28].

Por mais absurda que essa declaração possa parecer aos que entendem o mínimo de matemática (e de direito), ela é uma versão bastante caricata de um argumento replicado diversas vezes, por inúmeras autoridades, como o já mencionado ex-diretor do FBI Christopher Wray[29]:

> Somos um país com inovações inacreditáveis. Colocamos o homem na lua. Temos o poder de voar. Temos veículos autônomos... A ideia

---

PRIME MINISTER: Well, this is where we need the international cooperation that George was talking about earlier. In fact, when I was in London just a few days ago, I was meeting with the Home Secretary Amber Rudd, who had been meeting with the other Five Eyes security ministers and she'll be travelling to Silicon Valley with her American counterpart to raise these very issues .Look, I'm not suggesting this is an easy nut to crack. But the fact is we've got a problem. We have got a real problem that our law enforcement agencies are increasingly unable to find out what terrorists and drug traffickers and paedophile rings are up to because of the very high levels of encryption. What we need is the cooperation, where we can compel it we will, but we will need the cooperation from the tech companies to provide access in accordance with the law".

28 Tradução própria. No original, em inglês:
"JOURNALIST: Won't the laws of mathematics trump the laws of Australia? And aren't you also forcing everyone to decentralised systems as a result?
PRIME MINISTER: The laws of Australia prevail in Australia, I can assure you of that. The laws of mathematics are very commendable but the only law that applies in Australia is the law of Australia".

29 FBI Boss Chris Wray: We Put A Man On The Moon So Why Not Encryption Backdoors? *TechDirt* (25-7-2018). Disponível em: <https://www.techdirt.com/articles/20180721/12074340282/fbi-boss-chris-wray-we-put-man-moon-so-why-not-encryption-backdoors.shtml>. Acesso em: 31 de março de 2021.

de que não possamos resolver esse problema como sociedade – eu simplesmente não consigo engolir[30].

É possível observar falas nesse sentido também por autoridades brasileiras na audiência pública sobre bloqueios de aplicativos[31]:

> Nós não estamos propondo aqui criar nenhum *backdoor*, subverter criptografia ou fazer algo dessa monta. Propõe-se que a empresa forneça metadados, que acreditamos que ela disponha, mediante ordem judicial referente a um caso em investigação, não a uma coisa ampla, e interceptação telemática posterior a um pedido judicial – quer dizer, não se está pedindo conversas anteriores, mas conversa subsequentes –, com a possibilidade talvez de notificar conteúdo relacionado a pornografia infantil, quando forem compartilhados elementos de mídia, como imagens e vídeos.

Cory Doctorow alcunhou esse tipo de declaração como *nerd harder*[32]: a humanidade já desenvolveu tecnologias disruptivas, coisas que jamais imaginávamos ser possível. Como que não haveria possibilidade de desenvolver um sistema seguro que auxiliasse as autoridades de investigação? Bastaria que os desenvolvedores se esforçassem mais.

Minha opinião é que essa percepção não deve ser descartada apenas como propaganda do desconhecimento do debate e da técnica por figuras de autoridade, mas o reflexo de uma percepção prejudicial que é compartilhada por diversas esferas da sociedade[33].

---

30 Tradução própria. No original, em inglês: "We're a country that has unbelievable innovation. We put a man on the moon. We have the power of flight. We have autonomous vehicles... [T]he idea that we can't solve this problem as a society – I just don't buy it".

31 Arguição de Ivo de Carvalho Peixinho, Perito Criminal da Polícia Federal na Audiência Pública sobre a ADPF 403 e ADPF 5.527. Transcrição disponível em: <http://www.stf.jus.br/arquivo/cms/audienciasPublicas/anexo/ADI5527ADPF403AudinciaPblicaMarcoCivildaInterneteBloqueioJudicialdoWhatsApp.pdf>. Acesso em: 31 de março de 2021.

32 Cf. DOCTOROW, Cory. NERD HARDER! FBI Director reiterates faith-based belief in working crypto that he can break. *Boingo Boingo* (12-1-2018). Disponível em: <https://boingboing.net/2018/01/12/imaginary-numbers.html>. Acesso em: 31 de março de 2021.

33 Isso pode ser ilustrado por meio da máxima de Arthur C. Clarke: "Any sufficiently advanced technology is indistinguishable from magic".

Além disso, ela não está restrita ao debate "going dark", mas a todos os debates que envolvem, de uma forma ou de outra, a regulação de tecnologia. Vemos isso no razoavelmente "antigo" debate sobre controle de direitos autorais na Internet e automatização de remoção de conteúdo[34], e no recente debate sobre desinformação e moderação de postagens em redes sociais[35]. Ao contrário do que abordei no item 6.2.1, busca-se, aqui, uma suposta solução tecnicamente "simples" ("mágica") para problemas tecnicamente e juridicamente complexos.

A dificuldade disso pode ser identificada na própria declaração de Turnbull, nas diferenças fundamentais entre as "leis da matemática" e as "leis do direito". Joan Feigenbaum e Daniel J. Weitzner (2018) explicam de forma bastante clara: desenvolvedores de sistemas trabalham com lógicas *binárias* – com regras – por causa das próprias limitações das regras matemáticas. O direito, apesar de também trabalhar com regras, é da mesma forma composto de princípios, que necessitam de uma avaliação cheia de nuances, de sopesamentos e balanceamentos a cada caso prático, com o risco de afetar negativamente outros princípios de forma desarrazoada em caso de avaliações errôneas.

Na prática, as questões são simples quando se buscam meios tecnológicos para aplicação de *regras* jurídicas, que se adequam muito bem na lógica binária: um sistema de câmeras pode ser desenvolvido para identificar, de forma automatizada, se determinada pessoa está fumando em um local proibido. A regra é a proibição do fumo, e a câmera identifica se o indivíduo está com um cigarro na boca ou não.

---

34 Esse debate só é considerado "antigo" apenas para os padrões do direito e tecnologia, tendo começado a se falar em automatização do falho sistema de *notice and takedown* a partir do final da década de 2000. Trabalhei esse ponto em maiores detalhes com o sistema Content ID do Youtube em minha dissertação de mestrado. Cf. LIGUORI FILHO, Carlos Augusto. *Tente Outra Vez:* O anteprojeto de reforma da lei de direitos autorais, sua compatibilidade na sociedade da informação e a espera pela reforma que nunca chega. Dissertação (Mestrado em Direito). 224f. FGV Direito SP, 2016, p. 129-135.

35 WOOLLEY, Samuel. We're fighting fake news AI bots by using more AI. That's a mistake. *MIT Tecnology Review* (8-1-2020). Disponível em: <https://www.technologyreview.com/2020/01/08/130983/were-fighting-fake-news-ai-bots-by-using-more-ai-thats-a-mistake/>. Acesso em: 31 de março de 2021.

As questões tornam-se imensamente mais complexas quando tratamos de *princípios*. Voltando ao sistema de direitos autorais, por exemplo, queremos fundamentalmente equilibrar duas grandes funções: de um lado, queremos garantir ao autor controle sobre suas obras, de forma que ele possa se beneficiar de sua exploração e continue a produzir intelectualmente – por isso é concedido a ele direitos morais e patrimoniais sobre a obra; de outro, queremos garantir ao público o acesso a cultura, para que este possa usufruir das obras produzidas, seja de forma passiva (lendo um livro, ouvindo uma música), como de forma ativa (utilizando obras preexistentes para desenvolver obras novas) – por isso o sistema impõe o domínio público e as limitações ao direito autoral.

Desenvolver uma tecnologia que possa realizar esse cuidadoso balanceamento na prática é algo, até o momento, impossível. Há anos, o YouTube vem aprimorando a sua tecnologia *Content ID*, um sistema que busca identificar de forma automatizada reproduções não autorizadas de obras protegidas. Ainda que ele funcione perfeitamente para a identificação dessas cópias, ele não é capaz de avaliar se a reprodução se encaixa ou não em alguma das limitações ao direito autoral (ou no chamado *fair use* – a limitação ao direito autoral constante nos sistemas de *common law*). Isso prejudica criadores que dependem da plataforma para suas carreiras[36].

A questão da criptografia é ainda mais complexa, e o que está em jogo é muito mais prejudicial do que a plataforma do YouTube. Temos o conjunto de direitos cujo exercício é viabilizado na esfera digital pela criptografia, explorados no Capítulo 2, como a privacidade e a liberdade de expressão; temos a complexa garantia da segurança pública em um mundo cada vez mais conectado; temos também a importância da criptografia para a própria atividade de investigação; e, enfim, temos a ascensão de ciberataques, a importância da criptografia e da cibersegurança para o funcionamento de serviços essenciais. Ao contrário das questões de direito autoral, é muito mais difícil identificar no debate "going dark"

---

36 Cf. LESTER, Toni; PACHAMANOVA, Dessislava. The Dilemma of False Positives: Making Content ID Algorithms More Conducive to Fostering Innovative Fair Use in Media Creation. *UCLA Ent. L. Rev.*, v. 24, p. 51, 2017.

valores em oposição de forma maniqueísta. Essa dificuldade complexifica muito mais qualquer tipo de resposta tecnológica satisfatória. A certeza que se tem, nesse cenário, é que mecanismos de acesso excepcional, não importa a forma como se materializem, são necessariamente prejudiciais e não devem ser perseguidos.

Isso não quer dizer que soluções tecnológicas não devem ser buscadas – concordo com Wray no ponto que o ser humano é capaz de desenvolver soluções inovadoras e tecnologias disruptivas. A questão é que elas devem ser exploradas de forma responsável, transparente, auditável e em constante diálogo com a comunidade técnica, com a sociedade civil, academia, e setores públicos e privados. Até o momento, pelo conjunto de conhecimento adquirido pela humanidade até agora, e levando em consideração as leis da matemática, não foi possível desenvolver as tecnologias almejadas pelas autoridades sem o enfraquecimento de sistemas criptográficos.

CONSIDERAÇÕES FINAIS

No ramo da criptografia, há uma piada popular sobre um "eficiente" método de decriptação, a chamada "criptoanálise de mangueira de borracha". A técnica é simples: basta pegar uma mangueira de borracha e espancar a pessoa que detém as chaves criptográficas até que ela as entregue. Trata-se de um procedimento simples, sem qualquer necessidade de poderio computacional, além de ser capaz de obter a chave direto da fonte. Randall Munroe, autor da tirinha *xkcd,* ilustra bem a técnica:

Figura 6 – *Security*, por xkcd

Fonte: <https://xkcd.com/538/>.

Apesar de ser uma "brincadeira com um fundo de verdade", em alguns casos extremos[1], essa percepção cética tanto do direito quanto da criptografia apenas ressalta a sua importância na prática e a necessidade de harmonia entre elas.

Para sintetizar e concluir o percurso deste livro e elucidar essa importância, volto aos problemas de pesquisa elencados na Introdução:

(i) *Levando em consideração a essencialidade das tecnologias de informação e comunicação na sociedade atual e o papel da criptografia em seu desenvolvimento e na segurança, quais direitos fundamentais são viabilizados e quais são prejudicados pela criptografia, em sua elaboração, implementação e utilização?*

A criptografia tem um papel fundamental para a segurança da informação, seja na comunicação de dados, como em seu armazenamento. Em um mundo cada vez mais dependente da esfera digital, é possível identificar sua importância também na viabilização do exercício de direitos nesses ambientes.

Ao garantir a confidencialidade das informações, é evidente o papel da criptografia no exercício do direito à privacidade – seja qual for o conceito de direito à privacidade adotado. Ademais, a criptografia tem um papel muito importante em relação à liberdade de expressão e comunicação online, em especial, com relação à chamada "privacidade intelectual", garantindo ao indivíduo espaços privados – de não interferência – para o desenvolvimento e a exploração de atividades intelectuais, além de garantir a liberdade de comunicação de forma confidencial.

Além disso, a criptografia é fundamental para o desenvolvimento tecnológico, principalmente em um mundo que preza pela segurança das informações e pela privacidade de seus usuários.

(ii) *Quais são as consequências, no que tange à garantia desses direitos, de estabelecer restrições jurídicas para o desenvolvimento, a implementação e a utilização da criptografia?*

---

1 Cf. Rubber-Hose Cryptanalisys. *Schneier on Security* (27-10-2008). Disponível em: <https://www.schneier.com/blog/archives/2008/10/rubber_hose_cry.html>. Acesso em: 31 de março de 2021.

Essas consequências foram vistas na prática, nas duas iterações das *CryptoWars*.

A relação da criptografia com a segurança pública, desde os anos 1990, é conturbada. Ainda que seu uso massivo possa dificultar o trabalho de autoridades de investigação na produção de certos tipos de prova, ela também tem uma função importante em garantir a segurança e o sigilo das comunicações entre autoridades, das provas obtidas e armazenadas em computador, dentre outras.

Mesmo assim, a pressão de autoridades em regular de forma restritiva a implementação e utilização de criptografia forte é constante. Com a implementação por padrão de criptografia em aplicações populares, como WhatsApp, iMessage e em sistemas operacionais como o iOS, essa pressão se intensificou.

Boa parte do debate centrou-se nessa dicotomia: de um lado, autoridades dizendo que a criptografia impede a realização de suas atividades; de outro lado, setor técnico, indústria e academia apontando para os impactos desastrosos da restrição à criptografia.

O grande problema, que é o que leva à estagnação do debate, é a falha em compreender que a questão é muito maior que a criptografia em si; é uma questão de adequar a investigação criminal ao desenvolvimento tecnológico. A restrição à criptografia é apenas uma saída aparentemente "fácil", que não atinge a raiz do problema.

Essa falta de compreensão não está restrita às autoridades de investigação, mas àqueles que se opõem à restrição da criptografia também: sem essa visão ampla, não é possível avançar no debate de forma *prescritiva*, por mais que os argumentos em prol da criptografia estejam corretos em si. Não se oferecem soluções alternativas às demandas das autoridades, porque, bem, muitas delas também parecem não saber qual é a questão maior que têm de enfrentar.

(iii) *Como deve ser enfrentada a questão da impossibilidade de acesso a dados criptografados no contexto de investigações criminais e as consequências trazidas por isso?*

Olhando para o cenário de forma ampla, é possível identificar a possibilidade de mecanismos alternativos de investigação, como a análise de metadados, o acesso a dados armazenados em nuvem e, o que julgo que será o futuro natural do debate, o "hacking governamental".

Todos eles, de forma geral, são menos danosos do que a imposição de restrição à criptografia, mas devem ser responsavelmente regulamentados, sempre em constante diálogo com a sociedade e tendo como norte os direitos e as garantias fundamentais.

Encarados esses três problemas principais, enfrente a pergunta de pesquisa central que orientou todo o desenvolvimento deste livro: *qual deve ser o papel do direito diante das questões trazidas pelo debate "going dark"?*

Resumindo tudo o que abordei no Capítulo 6, proponho uma resposta sucinta em cinco pontos:

(i) O direito deve olhar para o problema que ensejou o debate sobre regulação da tecnologia como um todo, buscando compreender se ele deriva, de fato, da tecnologia em si;

(ii) O regulador deve entender a importância, o funcionamento e os limites técnicos dessa tecnologia;

(iii) Deve-se buscar alternativas menos danosas, tendo em vista o papel dessa tecnologia para o exercício de direitos;

(iv) Se for possível encontrar essas alternativas, é necessário regulá-las de forma responsável e adequada aos direitos fundamentais; e

(v) Por último, mas não menos importante, é papel fundamental do direito garantir que nenhuma mangueira de borracha seja utilizada ao longo de todo esse processo.

REFERÊNCIAS

ABELSON, Harold et al. *The Risks of Key Recovery, Key Escrow, and Trusted Third-Party Encryption*. Columbia Academic Commons, 1997.

________. Keys Under Doormats: Mandating Insecurity by Requiring Government Access to All Data and Communications. *Communications of the ACM*, v. 58, n. 10, p. 24-26, 2015.

ABREU, Jacqueline de Souza. Passado, presente e futuro da criptografia forte: desenvolvimento tecnológico e regulação. *Revista Brasileira de Políticas Públicas*, v. 7, n. 3, 2017, p. 25-42.

________. ANTONIALLI, Dennys. *Vigilância sobre as comunicações no Brasil*: interceptações, quebras de sigilo, infiltrações e seus limites constitucionais. Relatório de pesquisa. Internetlab, 2017.

ACHARYA, Bhairav; BANKSTON, Kevin; SCHULMAN, Ross; WILSON, Andi. *Deciphering the European Encryption Debate:* France. New America – Open Technology Institute, 2017a.

________; ________;________;________. *Deciphering the European Encryption Debate:* Germany. New America – Open Technology Institute, 2017b.

________; ________;________;________. *Deciphering the European Encryption Debate:* United Kingdom. New America – Open Technology Institute, 2017c.

ADAMS, Devin M. The 2016 Amendments to Criminal Rule 41: National Search Warrants to Seize Cyberspace, Particularly Speaking. *University of Richmond Law Review*, v. 51, p. 727, 2017.

ADDAWOOD, Aseel; ZOU, Yixin; BASHIR, Masooda. Users' Attitudes Towards the "Going Dark" Debate. In: NICHOLSON, Denise (Ed.) *Advances in Human Factors in Cybersecurity:* Proceedings of the AHFE 2017 International Conference on Human Factors in Cybersecurity. New York: Springer, 2017.

ALIMONTI, Veridiana. Criptografia e regulação: o recado dos direitos humanos e das garantias constitucionais. *Revista dos Tribunais – Caderno Especial*, v. 998, p. 41, 2018.

AMNESTY INTERNATIONAL. Encryption: A Matter of Human Rights. Relatório de Pesquisa, 2017. Disponível em: <https://www.amnesty.nl/content/uploads/2016/03/160322_encryption_-_a_matter_of_human_rights_-_def.pdf?x93624>. Acesso em: 31 de março de 2021.

ANTONIALLI, Dennys; CRUZ, Francisco; VALENTE, Mariana. ESPECIAL: o que dizem especialistas em criptografia sobre o bloqueio do WhatsApp. Deu nos autos. *Folha de S. Paulo*, 21 de julho de 2016.

________. ABREU, Jacqueline de Souza; MASSARO, Heloisa Maria Machado; LUCIANO, Maria. Acesso de autoridades policiais a celulares em abordagens e flagrantes: retrato e análise da jurisprudência de tribunais estaduais. *Revista Brasileira de Ciências Criminais*, v. 154, ano 27, 2019, p. 177-214.

ARANHA, Diego F. O que é criptografia fim a fim e o que devemos fazer a respeito? *Revista dos Tribunais – Caderno Especial*, v. 998, p. 27, 2018.

ATWOOD, Riley J. The Encryption Problem: Why the courts and technology are creating a mess for law enforcement. *Saint Louis University Public Law Review*, v. XXIV, 2015, p. 407-433.

AZEREDO, João Fábio A. Sigilo das comunicações eletrônicas diante do Marco Civil da Internet. In: De LUCCA, Newton et al. (Coords.). *Direito & Internet III*. São Paulo: Quartier Latin, 2015. t. II.

BADARÓ, Gustavo Henrique Righi Ivahy. Interceptação de comunicações telefônicas e telemáticas: limites ante o avanço da tecnologia. In: LIMA,

José Correa de; CASARA, Rubens R. (Coords.) *Temas para uma perspectiva crítica do Direito:* homenagem ao professor Geraldo Prado. Rio de Janeiro: Lumen Juris, 2010, p. 483-499.

________. *Processo penal*. 4. ed. São Paulo: RT, 2016.

BALKIN, Jack M. Digital speech and democratic culture: A theory of freedom of expression for the information society. *New York University Law Review*, v. 79, p. 1, 2004.

________. Free Speech in the Algorithmic Society: Big Data, Private Governance, and New School Speech Regulation. *UC Davis Law Review*, v. 51, p. 1149-1210, 2018.

BAMBAUER, Derek E. Privacy *Versus* Security. *Journal of Criminal Law & Criminology*, v. 103, n. 3, 2013.

BARAK, Aharon. Proportionality. In: ROSENFELD, Michel (Ed.). *The Oxford Handbook of Comparative Constitutional Law*. Oxford: Oxford University Press, 2012.

BARR, Allen Cook. Guardians of Your Galaxy S7: Encryption Backdoors and the First Amendment. *Minnesota Law Review*, v. 101, 2016.

BELLOVIN, Steven M. *Thinking Security:* Stopping Next Year's Hackers. Boston: Addison-Wesley, 2015.

________. BLAZE, Matt; CLARK, Sandy; LANDAU, Susan. Lawful Hacking: Using Existing Vulnerabilities for Wiretapping on the Internet. *Northwestern Journal of Technology and Intellectual Property*, v. 12, n. 1, 2014.

BENKLER, Yochai. *The Wealth of the Networks*. New Haven: Yale Press, 2006.

BERKMAN KLEIN CENTER. Don't Panic: Making progress in the "going dark debate". Relatório de Pesquisa, Harvard University, 2016.

BIRNHACK, Michael. Reverse engineering informational privacy law. *Yale Journal of Law & Technology*, v. 15, p. 24, 2012.

BLAZE, Matt. Protocol Failure in the Escrowed Encryption Standard. *Proceedings of the 2nd ACM Conference on Computer and Communications Security*, 1994.

BRAGATTO, Rachel Callai; SAMPAIO, Rafael Cardoso; NICOLÁS, Maria Alejandra. A segunda fase da consulta do marco civil da internet: como foi construída, quem participou e quais os impactos. *Revista Eptic*, v. 17, n. 1, 2015, p. 237-255.

BROWN, Ian; KORFF, Douwe. Terrorism and the Porportionality of Internet Surveillance. *European Journal of Criminology*, n. 6, v. 2, 2009, p. 119-134.

BRUCE, Ingvild. Forced Biometric Authentication On a Recent Amendment in the Norwegian Code of Criminal Procedure. *Digital Evidence & Elec. Signature L. Rev.*, v. 14, p. 26, 2017.

BURROWES, Frederick. A proteção constitucional das comunicações de dados: internet, celulares e outras tecnologias. *Revista Jurídica da Presidência da República*, v. 9, n. 87, 2007.

CAMP, L. Jean; LEWIS, Kenneth. Code as Speech: a discussion of Bernstein v. USDOJ, Karn v. USDOS, and Junger v. Daley in light of the U.S. Supreme Court's shift to Federalism. *Ethics and Information Technology*, v. 1, n. 2, 2001.

CAPRONI, Valerie. Going Dark: Lawful electronic surveillance in the face of new technologies. In: Hearing before the subcommittee on crime, terrorism and homeland security of the House Committee on the Judiciary, 2011. Disponível em: <https://archives.fbi.gov/archives/news/testimony/going-dark-lawful-electronic-surveillance-in-the-face-of-new-technologies>. Acesso em: 31 de março de 2021.

CARDULLO, Paolo. "Hacking multitude" and Big Data: Some insights from the Turkish "digital coup". *Big Data & Society*, v. 2, n. 1, 2015.

CARNEGIE Endowment for International Peace. Moving the Encryption Policy Conversation Forward. Working Group Paper, 2019.

CASTRO, Daniel; MCQUINN, Alan. Unlocking Encryption: Information Security and the Rule of Law. Relatório de Pesquisa. ITIF – Information Technology & Innovation Foundation, 2016.

CEPI – CENTRO DE ENSINO E PESQUISA EM INOVAÇÃO. CryptoMap: uma pesquisa sobre o debate jurídico da criptografia. Relatório de Pesquisa, FGV Direito SP, 2019. Disponível em: <http://www.fgv.br/direitosp/cryptomap/>. Acesso em: 31 de março de 2021.

CHACON, Eduarda. Encriptação e acesso judicial. *Migalhas*. 22 de março de 2016. Disponível em: <http://www.migalhas.com.br/dePeso/16,-MI236262,81042-Encriptacao+e+acesso+judicial>. Acesso em: 31 de março de 2021.

CHANDLER, Jennifer. Privacy *versus* national security: Clarifying the trade-off. In: KERR et al. (Orgs.) *Lessons from the identity trail:* Anonymity, privacy and identity in a networked society. Oxford: OUP, p. 121-38, 2009.

CLARK, Franklin; DILIBERTO, Ken. *Investigating computer crime*. CRC Press, 1996.

COMEY, James B. Going Dark: are technology, privacy, and public safety on a collision course? Palestra ministrada na *Brookings Institution*, em 16 de outubro de 2014. Transcrição disponível em: <https://www.fbi.gov/news/speeches/going-dark-are-technology-privacy-and-public-safety-on-a-collision-course>. Acesso em: 31 de março de 2021.

________. Going Dark: Encryption, Technology, and the Balances Between Public Safety and Privacy. Depoimento apresentado ao *Senate Judiciary Committee*, em Washington, D.C., em 8 de julho de 2015. Transcrição disponível em: <https://www.fbi.gov/news/testimony/going-dark-encryption-technology-and-the-balances-between-public-safety-and-privacy >. Acesso em: 31 de março de 2021.

CONLAN, Kevin; BAGGILI, Ibrahim; BREITINGER, Frank. Anti-forensics: Furthering digital forensic science through a new extended, granular taxonomy. *Digital Investigation*, v. 18, p. S66-S75, 2016.

CORN, Geoffrey S. Averting the Inherent Danger of "Going Dark": why congress must require a locked front door to encrypt data. *Washington and Lee Review*, v. 72, n. 3, 2015, p. 1433.

COSTA, Dieogo Erthal Alves da. *Nemo tenetur se detegere* e dados criptografados: restabelecendo o equilíbrio. In: SALGADO, Daniel Resende; QUEIROZ, Ronaldo Pinheiro de (Orgs.). *A prova no enfrentamento à macrocriminalidade*. São Paulo: JusPodivm, 2019, p. 209-252.

COSTA, Helena Lobo; LEONARDI, Marcel. Busca e apreensão e acesso remoto a dados em servidores. *Revista Brasileira de Ciências Criminais*, v. 88, 2011, p. 203.

COUCEIRO, João Claudio. *A garantia constitucional do direito ao silêncio*. São Paulo: RT, 2004.

DIFFIE, Whitfield. The Impact of a Secret Cryptographic Standard on Encryption, Privacy, Law Enforcement and Technology. Testimony before Congress, 11 de maio de 1993. Disponível em: <https://www.epic.org/crypto/clipper/diffie_testimony.html>. Acesso em: 31 de março de 2021.

________. LANDAU, Susan. *Privacy on the Line*: the Politics of Wiretapping and Encryption. 2. ed. Cambridge: MIT Press, 2007.

DONEDA, Danilo. A regulação da criptografia e o bloqueio do WhatsApp. Opinião, *Consultor Jurídico*, 30 de maio de 2017.

________. *Da Privacidade à Proteção de Dados Pessoais*. Rio de Janeiro: Renovar, 2006.

DUAN, Charles; RIZER, Arthur; GRAVES, Zach; GODWIN, Mike. Policy Approaches to the Encryption Debate. Policy Paper. R Street Policy Study, n. 133, 2018.

ETZIONI, Amitai. End to End Encryption, the Wrong End. *South Carolina Law Review*, v. 67, 2016, p. 561-583.

________. The Limits of Privacy. In: COHEN, Andrew I.; WELLMAN, Christopher H. (Eds.). *Contemporary Debates in Applied Ethics*. Malden: Blackweel, 2005.

FAYET, Fábio Agne; CARVALHO, Anderson Vieira. WhatsApp, sigilo de dados e prova ilícita: para dizer o óbvio. *Revista Brasileira de Ciências Criminais*, v. 140, ano 26, 2018, p. 297-322.

FEIGENBAUM, Joan; WEITZNER, Daniel J. On the Incommensurability of Law and Technical Means: Or, what cryptography can't do. In: MATYÁS, V. et al. (Eds.). *Security Protocols 2018*, LNCS 11286, 2018, p. 266-279.

FERNANDES, Vanessa. A Necessidade de Desencriptação de Smartphones para Obtenção de Prova no Processo Penal: restrições ao princípio da não autoincriminação na era digital. Dissertação (Mestrado em Ciências Jurídica-Criminais). 237f. Universidade de Lisboa, 2017.

FERRAZ JR. Tercio Sampaio. Sigilo de dados: o direito à privacidade e os limites à função fiscalizadora do Estado. *Revista da Faculdade de Direito, Universidade de São Paulo*, v. 88, p. 439-459, 1993.

FINKLEA, Kristin. Law Enforcement Using and Disclosing Technology Vulnerabilities. *Congressional Research Service*, n. 7-5700, 2017.

GAVISON, Ruth. Privacy and the Limits of the Law. In: SCHOEMAN, Ferdinand. *Philosophical Dimensions of Privacy:* An Anthology. Cambridge: Cambridge University Press, 1984.

GILL, Lex; ISRAEL, Tamir; PARSONS, Christopher. Shining a Light on the Encryption Debate: a Canadian field guide. Relatório de Pesquisa, CitizenLab – University of Toronto, 2018.

GODOY, Luiz Roberto Ungaretti. A evolução tecnológica e o monitoramento de sinais: uma nova regulamentação jurídica. Tese (Doutorado em Direito). 261f. PUC-SP, 2016.

GOMES, Luiz Flávio. MACIEL, Silvio. *Interceptação telefônica e das comunicações de dados e telemáticas:* comentários à Lei 9.296/1996. 4. ed. São Paulo: RT, 2018.

GRAY, Andrew. "Cloud" Atlas – A map to amending metadata privacy law in the modern era. *Gonzaga Law Review*, v. 52, n. 2, 2016, p. 146-176.

GRECO Filho, Vicente. *Interceptação telefônica*. São Paulo, Saraiva, 1996.

GRUPO DE ENSINO E PESQUISA EM INOVAÇÃO. Um novo mundo de dados: Relatório Final. Relatório de Pesquisa, FGV Direito SP, 2017.

GUTHEIL, Mirja; LIGER, Quentin; HEETMAN, Aurélie; EAGER, James; CRAWFORD, Max. Legal Frameworks for Hacking by Law Enforcement: Identification, Evaluation and Comparison of Practices. Relatório de Pesquisa. Study for the LIBE Committee of the European Parliament, 2017.

HARRIS, Ryan. Arriving at an anti-forensics consensus: Examining how to define and control the anti-forensics problem. *Digital Investigation*, v. 3, p. 44-49, 2006.

HENNESSEY, Susan. Lawful Hacking and the Case for a Strategic Approach to "Going Dark". In: O'Hanlon, Michael (Ed.). *Brookings Big Ideas for America*. Brookings Institution Press, 2016.

HERPIG, Sven. Government Hacking: Global Challenges. Relatório de Pesquisa. Stiftung Neue Verantwortung, 2018.

HOWELL, Kendall. The Fifth Amendment, Decryption and Biometric Passcodes. *Lawfare*, 2017. Disponível em: <https://www.lawfareblog.com/fifth-amendment-decryption-and-biometric-passcodes>. Acesso em: 31 de março de 2021.

INFORMATION TECHNOLOGY & INNOVATION FOUNDATION. Unlocking Encryption: Information Security and the Rule of Law. Relatório de Pesquisa. Março, 2016.

INTERNETLAB. *Bloqueios.info*. 2017. Disponível em: <bloqueios.info>.

JOHNSON, Eric. Lost in the cloud: Cloud storage, privacy, and suggestions for protecting users' data. *Stanford Law Review*, v. 69, p. 867, 2017.

KAMINSKY, Margot. Standing after Snowden: Lessons on Privacy Harm from National Security Surveillance Litigation. *DePaul Law Review*, v. 66, 2017.

KAYE, David. Report of the Special Rapporteur on the promotion and protection of the right to freedom of opinion and expression. United Nations Human Rights Council, 29th Session, 2015.

________. Encryption and Anonymity Follow-up Report. *United Nations Human Research Paper*, 1/2018, junho de 2018.

KEHL, Danielle; WILSON, Andi; BANKSTON, Kevin. Doomed to Repeat History? Lessons from the crypto wars of the 1990s. Relatório de Pesquisa, Open Technology Institute, 2015.

KERR, Orin; SCHNEIER, Bruce. Encryption Workarounds. *Georgetown Law Journal*, v. 989, 2018, p. 106.

KOOPS, Egbert Jakob. The Crypto Controversy: A key conflict in the information society. Tese (Doutorado em Direito). 285f. Katholieke Universiteit Brabant, 1999.

_________. Should ICT regulation be technology-neutral? In: KOOPS, Egbert Jakob et al. (Eds.). *Starting Points For Ict Regulation. Deconstructing Prevalent Policy One-Liners, It & Law Series*, v. 9, p. 77-108, 2006. Disponível em: <https://papers.ssrn.com/sol3/papers.cfm?abstract_id=918746>. Acesso em: 31 de março de 2021.

________; KOSTA, Eleni. Looking for some light through the lens of "cryptowar" history: Policy options for law enforcement authorities against "going dark". *Computer Law & Security Review*, n. 34, 2018, p. 830.

KUEHN, Andreas; MCCONNELL, Bruce. Encryption Policy in Democratic Regimes: Finding Convergent Paths and Balanced Solutions. Relatório de Pesquisa. EastWest Institute, 2018.

LANDAU, Susan. Choices: Privacy & Surveillance in a Once & Future Internet. **Daedalus**, v. 145, n. 1, 2016, p. 54-64.

________. *Listening In:* Cybersecurity in an Insecure Age. New Haven: Yale University Press, 2017.

________. *Surveillance or Security?* The Risks Posed by New Wiretapping Technology. Cambridge: MIT Press, 2011.

LEMOS, Ronaldo. SOUZA, Carlos Affonso. *Marco Civil da Internet*: construção e aplicação. Rio de Janeiro: Editar, 2016.

LEONARDI, Marcel. *Tutela e privacidade na internet*. São Paulo: Saraiva, 2012.

________. Internet: Elementos fundamentais. In: SILVA, Regina; SANTOS, Manoel. *Responsabilidade civil na internet e nos demais meios de comunicação*. Série GVlaw. 2. ed. São Paulo: Saraiva, 2014.

LESSIG, Lawrence. *Code and other Laws of Cyberspace*. V. 2.0. Cambridge: Basic Books, 2006.

LEWIS, James; ZHENG, Denise; CARTER, William. The Effect of Encryption on Lawful Access to Communications and Data. Relatório de Pesquisa. CSIS – Center for Strategic & International Studies, 2017.

LI, Chen-Yu; HUANG, Chien-Cheng; LAI, Feipei; LEE, San-Liang; WU, Jingshown. A Comprehensive Overview of Government Hacking Worldwide. *IEEE Access*, v. 6, p. 55053-55072, 2018.

LIGUORI, Carlos. Exploring Lawful Hacking as a Possible Answer to the "Going Dark" Debate. *Michigan Technology Law Review*, v. 26, n. 2, p. 318-245, 2020.

LIGUORI FILHO, Carlos Augusto. Criptografia em debate: tendências regulatórias ao redor do mundo. *Revista dos Tribunais – Caderno Especial*, v. 998, p. 61-76, 2018.

________. O zap e a toga: mapeamento do debate sobre bloqueio de aplicativos e criptografia no STF. *Jota*, 2017. Disponível em: <https://www.jota.info/opiniao-e-analise/colunas/agenda-da-privacidade-e-da-protecao-de-dados/o-zap-e-a-toga-15062017>. Acesso em: 31 de março de 2021.

________; SALVADOR, João Pedro Favaretto. *Crypto wars* e bloqueio de aplicativos: o debate sobre regulação jurídica da criptografia nos Estados Unidos e no Brasil. *Revista da Faculdade de Direito da UFPR*, v. 63, n. 3, p. 135-161, set./dez. 2018.

LIMA, Cecília Barreto. Silêncio no STF: análise jurisprudencial do tribunal sobre o "princípio da não produção de provas contra si mesmo" e o "direito ao silêncio". Monografia (Especialização em Direito Público) SBDP, 2012.

LIMA NETO, José Henrique Barbosa Moreira. Da inviolabilidade de dados: inconstitucionalidade da Lei 9.296/96 (Lei de Interceptação de Comunicações Telefônicas). *Cadernos de Direito Constitucional e Ciência Política*, ano 6, n. 23, abr./jun. 1997, p. 187-188.

LOPES JR., Aury. *Direito processual penal*. 14. ed. São Paulo: Saraiva, 2017.

LYON, David. Surveillance Studies: Understanding visibility, mobility and the phenetic fix. *Surveillance & Society*, v. 1, n. 1, p. 1-7, 2002.

MACHADO, Diego; DONEDA, Danilo. Proteção de dados pessoais e criptografia: tecnologias criptográficas entre anonimização e pseudonimização de dados. *Revista dos Tribunais – Caderno Especial*, v. 998, p. 99, 2018.

MANPEARL, Eric. Preventing "Going Dark": a sober analysis and reasonable solution to preserve security in the encryption debate. *University of Florida Journal of Law and Public Policy*, v. 28, 2017, p. 65.

MARCACINI, Augusto Tavares Rosa. *Direito e informática*: uma abordagem jurídica sobre a criptografia. Rio de Janeiro: Forense, 2002.

MATSNEV, Brandon. Code Speak: Constitutional Avoidance on the First Amendment Encryption Question. *Temple Law Review*, v. 90, p. 305, 2017.

MATTHEW, Richard; SHAMBAUGH, George. The pendulum effect: Explaining shifts in the democratic response to terrorism. *Analysis of Social issues and Public Policy*, v. 5, n. 1, p. 223-233, 2005.

MAURUSHAT, Alana; BENNETT-MOSES, Lyria; VAILE, David. Using "big" metadata for criminal intelligence: understanding limitations and appropriate safeguards. *Proceedings of the 15th International Conference on Artificial Intelligence and Law*, 2015, p. 196-200.

MAYER, Johnathan. Government Hacking. *Yale Law Journal*, v. 127, n. 3, 2018.

________; MUTCHLER, Patrick; MITCHELL, John C. Evaluating the privacy properties of telephone metadata. *Proceedings of the National Academy of Sciences*, v. 113, n. 20, 2016, p. 5536-5541.

MEIKLEJOHN, Alexander. *Free Speech and its Relation to Self-Government*. New York: Harper, 1948. Disponível em: <http://digicoll.library.wisc.edu/cgi-bin/UW/UW-idx?id=UW.MeikFreeSp>. Acesso em: 31 de março de 2021.

MENDES, Gilmar Ferreira; COELHO, Inocêncio Mártires; BRANCO, Paulo Gustavo Gonet. *Curso de direito constitucional*. 4. ed. São Paulo: Saraiva, 2009.

________; PINHEIRO, Jurandi Borges. Interceptações e privacidade: novas tecnologias e a Constituição. In: MENDES, Gilmar Ferreira; SARLET, Ingo Wolfgang; COELHO, Alexandre Zavaglia (Coords.). *Direito, Inovação e Tecnologia*. São Paulo: Saraiva, 2015. v. 1.

MENDES, Laura Schertel. *Privacidade, proteção de dados e defesa do consumidor*: linhas gerais de um novo direito fundamental. São Paulo: Saraiva, 2014.

MILL, John Stuart. *On Liberty and the Subjection of Women*. New York: Henry Holt and Company, 1879. Versão digital disponível em: <https://oll.libertyfund.org/titles/mill-on-liberty-and-the-subjection-of-women--1879-ed#lf0159_label_008>. Acesso em: 31 de março de 2021.

NASEM – NATIONAL ACADEMIES OF SCIENCES, ENGINEERING & MEDICINE. *Decrypting the Encryption Debate*: A framework for decision makers. Washington: The National Academies Press, 2018.

NATIONAL RESEARCH COUNCIL. *Cryptography's role in securing the information society*. National Academies Press, 1996.

NISSENBAUM, Helen. *Privacy in Context:* Technology, policy and the integrity of social life. Stanford: Stanford Law Books, 2010.

PELL, Stephanie K. You Can't Always Get What You Want: How will law enforcement get what it needs in a post-CALEA, cybersecurity-centric encryption era? *North Carolina Journal of Law and Technology*, v. 17, n. 4, Maio de 2016.

PFEFFERKORN, Riana. The Risks of "Responsible" Encryption. Relatório de Pesquisa. The Stanford Center for Internet and Society, 2017.

________. Security Risks of Government Hacking. Relatório de Pesquisa. The Stanford Center for Internet and Society, 2018.

POST, Robert. Encryption Source Code and the First Amendment. *Berkeley Tecnology Law Journal*, v. 15, 2000, p. 713-726.

PRIVACY INTERNATIONAL. Pay No Attention to That Man Behind the Curtain: Exposing and Challenging Government Hacking for Surveillance. Relatório de Pesquisa, 2018.

QUEIJO, Maria Elizabeth. *O direito de não produzir prova contra si mesmo:* o princípio *nemo tenetur se detegere* e suas decorrências no processo penal. São Paulo: Saraiva, 2003.

QUEIROZ, Rafael Mafei Rabelo. Privacidade, Criptografia e dever de cumprimento de ordens judiciais por aplicativos de trocas de mensagem. *Revista dos Tribunais – Caderno Especial*, v. 998, p. 13, 2018.

QUINLAN, Sayako; WILSON, Andi. *A Brief History of Law Enforcement Hacking in the United States*. New America. Cybersecurity Initiative, 2017.

RICHARDS, Neil. Intellectual Privacy. *Texas Law Review*, v. 87, 2008.

RODOTÀ, Stefano. *A vida na sociedade da vigilância*: a privacidade hoje. Trad. Danilo Doneda e Luciana Cabral Doneda. Rio de Janeiro: Renovar, 2007.

ROZENSHTEIN, Alan Z. Surveillance Intermediaries. *Stanford Law Review*, v. 70, 2018, p. 99.

________. Wicked Crypto. *UC Irvine Law Review*, v. 9, 2019.

RYAN, Jill M. Freedom to Speak Unintelligibly: The First Amendment Implications of Government – Controlled Encryption. *William & Mary Bill of Rights Journal*, v. 4, n. 3, 1996.

SAAD, Marta. *O direito de defesa no inquérito policial*. São Paulo: RT, 2004.

SACHAROFF, Laurent. Unlocking the Fifth Amendment: Passwords and Encrypted Devices. *Fordham Law Review*, v. 87, n. 1, 2018.

SCHAUER, Frederick. *Fear, Risk and the First Amendment:* Unraveling The Chilling Effect. In Faculty Publications, 1978.

SCHNEIER, Bruce. *Secrets & Lies:* Digital Security in a Networked World. New York: Wiley, 2000.

________. Protecting privacy and liberty. *Nature*, v. 413, n. 6858, p. 773-773, 2001.

________; SEIDEL, Kathleen; VIJAYAKUMAR, Saranya. A Worldwide Survey of Encryption Products (February 11, 2016). *Berkman Center Research Publication*, n. 2016-2. Disponível em: <https://ssrn.com/abstract=2731160>. Acesso em: 31 de março de 2021.

SCHULZ, Wolfgang; van HOBOKEN, Joris. *Human Rights and Encryption*. UNESCO Series on Internet Freedom, 2016.

SEVERSON, Daniel. The Encryption Debate in Europe. *Hoover Institution Aegis Paper Series*, n. 1702, 2017.

SHEARING, Matt. The Australian Assistance and Access Bill – An In Depth Guide: What it means, how it applies and what can you do. Disponível em: <https://web.archive.org/web/20190331103411/https://mattshearing.com/2019/01/17/australian-assistance-and-access-bill/>. Acesso em: 31 de março de 2021.

SIDI, Ricardo. A interceptação das comunicações telemáticas no processo penal. Dissertação (Mestrado em Direito). 266 f. Universidade de São Paulo, 2014.

SILVA, José Afonso da. *Curso de direito constitucional positivo*. 37. ed. São Paulo: Malheiros, 2014.

SINGER, P. W.; FRIEDMAN, Allan. *Cybersecurity and Cyberwar*: what everyone needs to know. Oxford University Press, 2014.

SINGH, Simon. *O livro dos* códigos: a ciência do sigilo – do antigo Egito à criptografia quântica. 2. ed. Trad. Jorge Calife. Rio de Janeiro: Record, 2002.

SOESANTO, Stefan. *No Middle Ground*: Moving on from the Crypto Wars. European Council on Foreign Relations – Policy Brief, 2018.

SOLOVE, Daniel. Conceptualizing Privacy. *California Law Review*, v. 90, n. 4, 2002.

________. I've got nothing to hide and other misunderstandings of privacy. *San Diego Law Review*, v. 44, p. 745, 2007.

________. *Nothing to Hide:* The False Tradeoff Between Privacy and Security. New Haven: Yale University Press, 2013.

SOGHOIAN, Christopher. Caught in the Cloud: Privacy, Encryption, and Government Back Doors in the Web 2.0 Era. *Journal on Telecommunications and High Tech Law*, v. 8, 2010, p. 359-424.

SOUZA, Carlos Affonso. LEMOS, Ronaldo. *Marco Civil da Internet:* construção e aplicação. Juiz de Fora: Editar, 2016.

________; LEMOS, Ronaldo; BOTTINO, Celina. *Marco Civil da Internet:* jurisprudência comentada. São Paulo: RT, 2018.

________; MANGETH, Ana Lara. A criptografia entre flexibilização e bloqueio de aplicações: lições internacionais e a experiência brasileira. In: DONEDA, Danilo; MACHADO, Diego (Coords.). *A criptografia no direito brasileiro*. São Paulo: RT, 2019.

STEPANOVICH, Amie. A Human Rights Response to Government Hacking. Policy Paper – Access Now, 2016.

SUNSTEIN, Cass. Constitutional Caution. *The University of Chicago Legal Forum*, 1996.

SWIRE, Peter. From real-time intercepts to stored records: why encryption drives the government to seek access to the cloud. *International Data Privacy Law*, v. 2, n. 4, 2012.

________; AHMAD, Kenesa. Encryption and Globalization. *Columbia Science & Technology Law Review*, v. XIII, 2012.

TERZIAN, Dan. Forced Decryption as a Forgone Conclusion. *California Law Review*, v. 6, 2015, p. 27-36.

THOMSON, Judith Jarvis. The Right to Privacy. In SCHOEMAN, Ferdinand. *Philosophical Dimensions of Privacy:* An Anthology. Cambridge: Cambridge University Press, 1984.

UNITED STATES DISTRICT COURT CENTRAL DISTRICT OF CALIFORNIA. Apple Inc's Motion To Vacate Order Compelling Apple Inc. To Assist Agents In Search, And Opposition To Government's Motion To Compel Assistance, In The Matter Of The Search Of An Apple iPhone Seized During The Execution Of A Search Warrant On A Black Lexus Is300, California License Plate 35kgd203, 2016.

VANCE, JR. Cyrus. The Encryption Tightrope: Balancing Americans' Security and Privacy. Depoimento apresentado ao *United States House of Representatives, Committee on the Judiciary*, Washington, D.C. no dia 1º de março de 2016. Disponível em: <https://www.manhattanda.org/written--testimony-of-manhattan-da-cyrus-r-vance-jr-the-encryption-tightrope--balancing-americans-security-and-privacy/>. Acesso em: 31 de março de 2021.

VANDENBERG, Dustin Taylor. Encryption Served Three Ways: Disruptiveness as the Key to Exceptional Access. *Berkeley Technology Law Journal*, v. 32, 2017, p. 531.

VEEN, Jeroen. Essence of Encryption: A case study of the nascence of the Dutch Government Position on Encryption. Cybersecurity Academy, 2017.

WARREN, Samuel. BRANDEIS, Louis. The right to privacy. *Harvard Law Review*, v. 4, n. 5, p. 193-220, 1890.

WESTIN, Alan. *Privacy and Freedom*. New York: IG Publishing, 2015.

WHITMAN, James. The Two Western Cultures of Privacy: Dignity versus Liberty. *Yale Law Journal*, v. 113, 2004.

WISEMAN, Timothy A. Encryption, Forced Decryption and the Constitution. *I/S A Journal of Law and Policy*, v. 11, n. 2, 2015.

XIA, Feng; YANG, Laurence T.; WANG, Lizhe; VINEL, Alexey. Internet of things. *International journal of communication systems*, v. 25, n. 9, p. 1101, 2012.

ZHANG, Haibin. How Secure Is Your Data When It's Stored in the Cloud? *Scientific American*, 2018. Disponível em: <https://www.scientificamerican.com/article/how-secure-is-your-data-when-it-rsquo-s-stored-in-the-cloud/>. Acesso em: 31 de março de 2021.

ZILLI, Marcos. A prisão em flagrante e o acesso de dados em dispositivos móveis. Nem utopia, nem distopia. Apenas a racionalidade. INTERNETLAB. Processo Penal e Direitos Fundamentais na era digital: doutrina e prática em debate. São Paulo, 2018.

ANEXO - GLOSSÁRIO SIMPLIFICADO DE TERMOS TÉCNICOS[1]

ALGORITMO CRIPTOGRÁFICO

Conjunto de procedimentos e operações matemáticas que, a partir de uma chave criptográfica, realiza as funções de cifrar e decifrar conteúdo.

ATAQUE DE FORÇA BRUTA

Consiste em tentar todas as combinações possíveis para encontrar a chave criptográfica. Todo e qualquer tipo de algoritmo criptográfico é "quebrável" por meio dessa técnica. No entanto, dependendo do tamanho da chave criptográfica (bits), o número de chaves possíveis é tão grande que todo o poder computacional moderno não seria capaz de encontrar a resposta em menos do que algumas centenas de milhares de anos. Nos dias de hoje, chaves de 64 bits são facilmente quebradas via força bruta por computadores robustos, enquanto chaves de 80 bits podem ser quebradas por poderosas agências de inteligência.

---

1 Informações adaptadas de SCHNEIER, KERR (2017); STEPANOVICH (2016); ARANHA (2018); SINGER, FRIEDMAN (2014); KESSLER (1998); SCHNEIER (2000); SINGH (2002) e LANDAU (2007).

CHAVE CRIPTOGRÁFICA

Informação numérica que determina o resultado do processo criptográfico – seja conteúdo legível, conteúdo cifrado ou vice-versa. Uma vez descoberta a chave, o conteúdo pode ser decifrado. Consiste em uma corrente aleatória de bits (menor parcela de informação passível de ser processada por um computador) que é gerada para embaralhar e desembaralhar informações. Quanto maior for o tamanho da chave, mais difícil se torna quebrar a criptografia. Um sistema de chaves de 128 bits (bastante utilizado nos dias de hoje) possui 2 128 chaves únicas possíveis. Com a tecnologia atual, não há qualquer tipo de poder computacional que consiga "chutar" todas as chaves possíveis num sistema de 128 bits.

CIFRAR

Transformação de texto/conteúdo compreensível (*plaintext*) em conteúdo cifrado (*cyphertext*). Essa transformação é realizada por meio do algoritmo criptográfico, que "embaralha" o conteúdo do *plaintext* a partir da chave criptográfica. Exemplo: "Como vai?" → kjwbd93819b7w.

CRIPTANÁLISE

É o estudo e a análise de sistemas criptográficos cujo objetivo é acessar os conteúdos cifrados na forma legível mesmo se a chave criptográfica for desconhecida. Se, por um lado, é utilizada por atacantes, por outro, trata-se de uma atividade essencial para assegurar a integridade e segurança desses sistemas.

CRIPTOGRAFIA

Trata-se da técnica cujo objetivo principal é esconder o significado de determinada mensagem/conteúdo por meio de um processo chamado de cifragem. "Para tornar a mensagem incompreensível, o texto é misturado de acordo com um protocolo específico, que já foi estabelecido por ambos transmissor e receptor. (...) o receptor pode reverter o protocolo misturador e tornar a mensagem compreensível. (...) Sem conhecer o protocolo de codificação, [um terceiro] achará difícil, senão impossível recriar a mensagem original a partir do texto cifrado" (SINGH, 2002).

CRIPTOGRAFIA ASSIMÉTRICA/CRIPTOGRAFIA DE CHAVE PÚBLICA

Tipo de criptografia que utiliza chaves distintas: uma para cifrar e outra para decifrar. O sistema conjuga as duas funções principais da criptografia: o segredo e a autenticação. No sistema, cada parte da comunicação possui duas chaves: uma chave pública e uma chave privada. Em uma conversa privada entre Victor e Carlos, por exemplo, Carlos cifra a mensagem a partir da chave pública de Victor, e este utiliza sua própria chave privada para decifrá-la. Cifrar via chave pública consiste em uma operação de "mão única", não podendo esta ser utilizada para decifrar. Esse sistema permite a comunicação segura sem a necessidade de compartilhamento prévio da chave, como ocorre com sistemas de criptografia simétrica.

CRIPTOGRAFIA FORTE

Termo genérico que se refere a qualquer tipo de mecanismo criptográfico que adote algoritmos/padrões considerados seguros pela comunidade técnica internacional (*e.g.*, AES para criptografia simétrica e RSA para assimétrica) e cujo sistema não possua nenhum tipo de vulnerabilidade aparente ou proposital. Essa expressão é utilizada ao longo deste livro para se referir tanto a criptografia de dispositivos (para dados armazenados/disco rígido) quanto para criptografia em sistemas de comunicação (principalmente a criptografia ponta a ponta com o recurso *forward secrecy*).

CRIPTOGRAFIA PONTA A PONTA (PONTO A PONTO OU FIM A FIM)

Trata-se de uma modalidade de sistema criptográfico que torna o conteúdo das mensagens legível apenas para o remetente e seu destinatário (as "pontas" da comunicação). Boa parte dos aplicativos populares de mensagem instantânea se utilizam desse tipo de sistema (como o WhatsApp, o iMessenger e o Signal). O sistema funciona a partir de uma conjugação de mecanismos de criptografia simétrica e assimétrica, o que torna praticamente inviável o acesso por terceiros ao conteúdo da mensagem em si. Nesse sistema, ainda que uma mensagem passe por um servidor central até chegar no celular do receptor (*e.g.*, o servidor do WhatsApp), o servidor apenas terá acesso ao conteúdo na forma criptografada, sendo incapaz de identificar o conteúdo da mensagem.

CRIPTOGRAFIA SIMÉTRICA/CRIPTOGRAFIA DE CHAVE PRIVADA

Tipo de criptografia que utiliza a mesma chave para cifrar e para decifrar o conteúdo. No caso de comunicações, é necessário que ambos o emissor e receptor detenham essa chave para viabilizar a interação.

DECIFRAR

Realização da operação inversa à cifragem, em que o conteúdo cifrado (*cyphertext*) é transformado em conteúdo legível (*plaintext*). A tradução é feita a partir da mesma chave criptográfica utilizada para cifrar. Exemplo: kjwbd93819b7w → "Como vai?".

FORWARD SECRECY

Em sistemas de criptografia ponta a ponta, o *forward secrecy* ("sigilo encaminhado"), consiste na alteração da chave simétrica para cada comunicação (ou sessão). Nesse sentido, caso um atacante descubra a chave criptográfica de uma mensagem, por exemplo, ele não será capaz de utilizá-la para decifrar nenhuma das mensagens pretéritas, uma vez que cada uma delas necessitará de uma chave distinta.

MECANISMOS DE ACESSO EXCEPCIONAL/*BACKDOOR*

Termo genérico para se referir a qualquer tipo de vulnerabilidade inserida propositadamente em um sistema criptográfico que tenha a finalidade de viabilizar o acesso ao conteúdo das informações em *plaintext* a terceiros. *Backdoor* é uma forma pejorativa utilizada para se referir a esses mecanismos no contexto do debate internacional sobre acesso a dados criptografados em investigações criminais.

SISTEMA CRIPTOGRÁFICO

Trata-se do sistema que viabiliza o processo de cifrar e decifrar conteúdos na prática. Seus elementos principais são: (i) o algoritmo criptográfico; e (ii) a chave criptográfica.

TECNOLOGIA DE "DUPLA UTILIZAÇÃO"

Termo utilizado para se referir a bens (materiais e imateriais) que podem ser utilizados para fins civis/pacíficos e para fins militares. Essa classificação é comumente utilizada para justificar a imposição de restrições à utilização, à comercialização e, principalmente, à exportação e à importação desse tipo de produto. Há certa controvérsia na categorização de determinadas tecnologias como sendo de "dupla utilização", que abrange desde determinadas substâncias químicas e tecnologias nucleares até sistemas criptográficos.

VULNERABILIDADE

Trata-se de uma "fraqueza" no *design*, na implementação, nos controles internos ou na segurança de determinado sistema que pode ser explorada por terceiros, viabilizando que este adquira determinadas autorizações de acesso que não deveriam ser viabilizadas, ou que um atacante possa alterar o devido funcionamento do sistema.

VULNERABILIDADE *ZERO DAY*

Trata-se de uma vulnerabilidade não intencional que é descoberta e explorada (geralmente de forma maliciosa) após o oferecimento do sistema criptográfico para uso. Nesse sentido, os desenvolvedores conhecem a vulnerabilidade há "zero dias".